北京电影学院视听传媒专业系列教材

视听新媒体语言艺术

孙宇龙　著

浙江摄影出版社
全国百佳图书出版单位

本书系“本科教学质量提高教学研究项目——视听传媒学院教材建设（一期）”成果之一

编者的话

新媒体时代的来临，促使影像艺术创作发生自主转型。这种转型与时代发展、媒介变革和人文进步等密切相关，既体现出新媒体新的内涵，又将时代与人物命运的议题摆在我们面前。人类发展离不开媒介，人类借助媒介交流信息、启发思考，推进文明。新媒体的常态化，促使人们之间信息、情感交流变得更为便捷、交互和细化。人类，逐渐走向新媒介生存的场域之中。

站在这个全新的场域中，我们倍感欣喜地认知他者、社会和自我。时代赋予我们认知的权利，媒介赋予我们认知的能力，而影像，更是成为新媒体时代人们日常交流的工具。视听新媒体的诞生加速了人类文明的进程，短视频、网络直播、自媒体等新形态的出现，为艺术创作提供了一种全新的思路；传统电影的新媒体化转型，表明了电影艺术在新媒体时代有了较好的适应力；更为广阔的受众群体的转型，更是体现出大众文化和流行文化等多元文化的发展对人类产生的深刻影响……我们生活在美好的新时代，展望多元的新媒介发展，带着欣喜，带着渴望，更带着教育工作者的责任！

二十多年前，我曾与浙江摄影出版社合作，主编《北京电影学院摄影专业系列教材》。至今，全国各高校依然在使用这套教材。在二十多年后的今天，有幸再次与浙江摄影出版社合作，主编这套《北京电影学院视听传媒专业系列教材》。本套教材尚属国内首批视听传媒专业教材，教材的出版，将有益于当今中国高校视听传媒专业教育的发展，对各高校创建视听传媒专业无疑是雪中送炭。

在此，要特别感谢各位编委，正是因为大家的辛勤努力，才有了本套教材的问世。

感谢浙江摄影出版社几十年来对我们工作的支持与帮助。当然，此套教材在编写与出版过程中难免会有不完善之处，敬请各位老师、同学和读者谅解，我们会在今后的工作中加以完善和改进。

谢谢！

宿志刚

北京电影学院视听传媒学院院长

2021年4月

目 录

第一章

当代视听媒介符号与语言现象

1

何为新媒体？美国《连线》杂志将其定义为“所有人对所有人的传播”。其实很多年以前，电视对于报纸而言，也被称为新媒体。“新”是相对而言的。何为视听媒体？视听媒体是相对于融媒体而言的一种新媒体。当下，定义新媒体是一件吃力不讨好的事，但新媒体与视听媒体的发展却是无法阻挡的。90年前，莫霍利－纳吉说[①]：“未来的文盲将是对摄影一无所知的人，而不是不懂书写的人。”电影导演乔治·卢卡斯（George Lucas）也强调：“如果没有掌握视听媒介语言，未来的处境和文盲无二。”[②]这两段话涉及视听媒介语言与影像叙事的关系。其实在人类语言文字出现之前，我们的世界就已是影像的世界。那么，影像与视听媒介语言及影像叙事究竟是何种关系？网络时代的“屏幕少年”（Screenager）[③]或许验证了这一关系。

第一节　视听媒介技术与视听媒介语言现象

2014年，《一位少年扎西的媒介之旅》[④]与《母亲的故事：一个下岗女工的社会互动和自我建构》[⑤]文章引发年度争议。争议的焦点是两位硕士生以讲故事的形式完成论文，并被专家评为省级优秀论文。“讲故事本身并不决定文本是论文还是记叙文，起决定作用的是叙事行为能否提出和回答有学术价值的问题”[⑥]。此后，

① 拉兹洛·莫霍利－纳吉（Laszlo Moholy-Nagy，1895-1946），德国20世纪最杰出的前卫艺术家之一。曾任教于早期的包豪斯，他在学术上对表现、构成、未来、达达和抽象派兼收并蓄，以各种手段进行影像试验。最突出的研究是以光、空间和运动为对象。曾以透明塑料和反光金属为实验材料，创作“光调节器”雕塑。生前著有大量艺术理论著作，如《新视觉》（1946）与《运动中的影像》（1947）。

② [美]斯蒂芬·阿普康（Stephen Apkon）著，马瑞雪译，影像叙事的力量——在多屏世界上塑造“视觉素养”的启蒙书（The Age of The Image）[M]，浙江人民出版社，2017年6月。见该书封面。

③ “屏幕少年”（Screenager）最早出现在道格拉斯·洛西科夫的《游戏未来》（*Playing the Future*），该书关注的是伴随个人电脑成长的一代儿童。

④ 次仁群宗，一位少年扎西的媒介之旅[D]，南京大学，2014。作者是南京大学新闻传播学院2014年省级优秀硕士论文作者与毕业生。

⑤ 蒋易澄，母亲的故事：一个下岗女工的社会互动和自我建构[D]，云南大学，2014。作者是云南大学人文学院新闻系2014年优秀硕士论文作者与毕业生。

⑥ 清华大学的梁君健评论，见甘险峰、邵延鹏，从“编辑思维”到“用户思维”——新媒体环境下如何做好理论传播[J]，青年记者，2016（30）：P28-29。

以讲故事记叙的文体语言方式完成硕博、本科论文的现象如潮水般涌现。与此同时，视听媒介新技术变化、主体与职业语言变化也是日渐明显。变化永远在路上。当今时代，视听媒介已成为一种“公共服务 + 产业发展”的“无边界生态”形态，完全浸入日常生活，视听媒介语言成为日常生活不可或缺的工具。

▼ 视听媒介产业范式下的技术技法言语

媒介产业化已成为“互联网 +”时代的不争事实，视听媒介产业范式下的直播平台、短视频平台等火爆一时，而视听媒介技术创新更是迅猛发展。近几年，我国在区块链、5G、AI、大数据等核心技术领域的创新能力不断增强，视听产业融合度高，推动视听语言的不断发展。视听表达无所不在，传统视听技术已让世间万物几乎都被拍摄下来。所谓媒介时代，是新技术日新月异，表达与阅读无缝覆盖。4D、VR、AR、MR 等技术，给视觉主体与受众带来了全新体验。

机器生产内容（MGC）[1] 大量涌现

穿戴视听设备、无人机、全景视频、虚拟现实、语音交互及实时事实核查等视听高新技术的迭代暂且不说，大数据与预设模板设置，将使机器生产内容（MGC）批量化产品的聚合、生产、分发提速。新华社早在 2017 年就发布国内首条时长 2 分 8 秒的 MGC 视频新闻，制作仅耗时 10 秒。此后，各大视频网站与平台相继推出 MGC 视频新闻。2017 年，大量涌现的机器人写作和 AI 技术成为“5G 时代”来临的显性标志。写稿机器人最初出现于 2009 年的美国，是通过名为“Stats Monkey”的人工智能软件实现的。2017 年，报道中国两会的 12 家媒体推出了 15 位智能新闻机器人参与视听新闻的宣传报道，如腾讯的“Dream Writer”、新华社的“快笔小新”、财新传媒的“财小智”等。智能机器人生产创作的视听内

① MGC（Machine-generated Content 的英文首字母缩写），机器生产内容，电脑通过摄像头、传感器、无人机等方式获取新的视频、数据信息，然后经由图像识别、视频识别等技术让机器进行内容理解和信息价值判断。基于大数据将新理解的内容与已有数据进行关联，对语义进行检索和重排，以智能生产稿件。人工智能还将基于文字稿件和采集的多媒体素材，经过视频编辑、语音合成、数据可视化等一系列过程，生成一条富媒体资讯。

容广泛应用于各行业。2017 年，四川九寨沟发生七级地震，机器人在 25 秒内完成四张配图和 540 字的信息发布稿件。视听媒介语言的智能化表明，视听媒介语言时代已真正到来。

影像呈现到屏幕呈现的转变

传统视听媒介的影像生产，是以影像的视觉真实或模拟真实的影像再现的。由于受制于当时的技术条件，多以影像的形式传播呈现。数字化与网络化之后，视听媒介的视听呈现，是以手机为代表的各种大小屏幕为主。无论以何种技术生成的视听内容，如传统银盐影像、数字影像、虚拟动态影像，甚至各种形式的影像，或其他屏幕呈现方式已经充斥了现实世界。视听媒介语言从传统的介质状态转变为以屏幕呈现为主的传播消费状态。屏幕视听观看与消费成为传播形式的主流，受众对于用何种技术技法创作或生产影像内容已不介意，介意的是从屏幕呈现出来的影像消费与观感体验。视觉呈现已转化为一种视觉屏幕“消费”了。

数字与网络视听技术下的影像转变

数字化与网络化相继袭来，传统视听媒介技术，让影像不仅可创作记录，也可无限复制、拼贴、更改，动静态无缝转换融合。如 2017 年《人民日报》为纪念建军 90 周年推出“我的军装照”活动，累计屏幕浏览次数 11.55 亿次。其实质是运用 H5 手段与人脸识别技术创新生成虚拟的视听影像。“我的军装照”活动获得了第 28 届中国新闻奖一等奖，颠覆了传统新闻照片的标准与价值观。人脸识别技术现已广泛应用于航空、交通、医疗等各个领域。传统老照片也可用视听数字技术在屏幕改装换面以新的视听形式进行呈现，如新华社的《国家相册》系列视频，用 3D、CAD、AE 技术，把珍贵的老照片嵌入新视听媒介中，产生新的叙事语境与视觉体验。

▼“视觉赋能”使视听媒介设备语言流行

相机赋能是一个机械设备视觉智能化的学习应用过程，让相机等视听设备通过其自身系统的智能学习，从而具备人工视觉智能或其他能力。这一能力在谷歌街景影像记录中已广泛应用。传统视听语言是一种经长期专业训练与视觉素养修炼而成的影像拍摄与创作语言，当今视听媒介设备越来越智能化，曝光、聚焦、构图甚至视频、图片采集、制作生成，几乎全部智能化。视听媒介创意者可无须按快门，“赋能设备”在创意者的指令中完成包括按快门在内的系列工作，甚至无指令也可进行视听影像采集制作及发布。高科技、新技术已无缝融入我们的时代。5G 时代，卫星航拍、谷歌街景与监控记录普及并实现了全覆盖，无人影像成为一种现实并呈泛化趋势，形成多层次、多方位的全时空视听媒介生态系统。

视听媒介思维由“编辑思维”向“用户思维”转变

除了高新技术下的“视觉赋能”外，思维转变是另一个主要原因。在当下，视听媒介兼具公共宣传品与消费商品两大功能。公共宣传品的编辑思维是由意识形态的国家价值观决定的，但接纳与否以及接纳多少则是由商品属性决定的，用户的体验与价值观成为视听媒介产品消费的一个重要衡量标准。

表 1-1　视听思维语言的比较分析

思维语言	对象接受	传播内容	交流方式	语言中心	传播介质	内容样式	内容品质
编辑思维语言	客体接受	传播资讯信息	我印你看我播你看	以编辑为中心	网络与两微一端传播	主题内容观念单一、优质	优质信息内容为王
用户思维语言	用户消费	传播即服务	受众看传者生产	以用户体验为中心	自媒体、病毒式传播	主题内容观念多元	个性化信息消费体验为主

▼ 视听媒介的组织机构变化与行业语言变化

组织机构的变化体现在从影像部到视觉中心再到“中央厨房”[①]的转型。21世纪初，摄影部或影像部还是传统媒体的重要部门；当下，该部门已成明日黄花，转型成为视觉中心或新媒体部门了，通过内部的业务拓展及增加视觉媒介与融媒介内容实现了定位转型。2016年，平面媒体《浙江日报》推出“浙视频”视听App，其人员由原来报社摄影部转为全媒体视频影像部。基于高新设备与5G技术的“中央厨房”，当下已成为智能视听媒体信息的重要集散地。“中央厨房”的从业者不仅擅长摄影，更重要的是还精通视听媒介的编辑与采集。视听媒介素材在“中央厨房”里成为多样化视听信息原料，可加工制作成不同受众与主体接纳消费的差异性视听商品。

从宣传品到兼具商品与宣传品的视听消费的行业语言变化

日月同天，沧海桑田，变化从未停止。视听媒体的内容形态经历了从早期的意识形态宣传品到作者的个人作品，再到视觉产品，最终到目前的网络视听消费品，其身份地位的变化导致了行业语言的巨大变化。其主体、对象与受众以及目的、用途都有所不同。当下，视听媒介技术、创意主体与组织机构，是否成为5G时代的“过去时”已不重要，最重要的是5G时代的市场需求与消费欲望。风光一时的在赋权与技术支撑下的影像实践活动已随风而逝，视听媒介语言当下风光无限。

① “中央厨房”是视听媒体面向受众、面向国际、面向未来的新一代内容生产、传播和运营体系。以内容的生产传播为主线，不仅服务于媒体的各个媒介，更为整个媒体行业搭建了支撑优质内容生产的公共平台，聚拢各方资源，形成融合发展合力。“中央厨房”运行机制有以下特点：一是构建适应融媒体生产的策采编发网络，再造策采编发流程，主要是设立总编调度中心，建立采编联动平台。二是改革采编部门设置，强化各媒体总编室职能，为推进深度融合，对编制体制、机构职能、人员配置做出重大改革和调整。三是强化绩效考核，创新激励约束机制，依托“中央厨房”形成的新的采编体制机制，需要与之相适应的绩效考核体系来保证。

第二节　5G时代的视听媒介语言

数字鸿沟不断缩小

中国互联网络信息中心2020年4月28日发布的数据，中国互联网普及率达64.5%，IPv6地址全球第一，视听媒介用户规模总数14.85亿，基本实现了优质资源共享的目的。据美国互联网统计公司ComScore 2013年4月统计资料显示，2013年3月，欧洲网民用户规模数4.08亿，月人均上网26.9小时；美国网民用户规模数2.17亿，月人均上网37.2小时。

表1-2　不同媒介时代的内涵与表现特征①

	划分标准与依据	视觉表现	媒介空间	交流态式与特征	信息状态	主要载体与传播形态
第一媒介时代	强化意识形态宣传，五大传统媒介，以报纸为临界点	阅读、收听、观看；以电视为代表的技术媒介	真实社会环境	单向被动；资讯共享为特征	还原重复过去时场景与状态	以印刷与电子形式为主的大众传播；一对多传播
第二媒介时代	以人为中心基于网络与数字的媒介，以电脑与网络为临界点	基于屏幕的网络交互互动；以网络为代表的数字网络媒介	真实与虚拟的网络生存环境	人际互动多元；网络共享为特征	批量复制过去场景与状态，还原现在时场景	以数字形式为主网络分众传播；一对少数的传播，使传者与受者时空处于同一等级
第三媒介时代	以人为媒介的高度智能网络化的融媒介，以大数据、云计算为临界点	人机不分，交互体验；人同时活在真实与虚拟世界为代表的智能生物媒介	融合心理、物理、虚拟和真实空间的整体人类环境	沉浸式体验；无边界共享特征	去批量、去重复，展现当下进行时场景与状态	泛众沉浸传播；对所有人提供个性化传播；多对多与一对一同时发生的传播

① 此表有关指标参考以下文章数据：李沁，熊澄宇，沉浸传播与“第三媒介时代”[J]，新闻与传播研究，2013，20（02）：P34-43，P126-127。以及以下文章个别数据，张成良，甘险峰，融媒体语境下“第三媒介时代”媒介形态研究[J]，编辑之友，2018（01）：P50-54，P60。

数据表明，网民 85% 的网络时间耗费在视听媒介产品上。美国学者马克·波斯特（Mark Poster）[①] 从历史性角度把以互联网为特征的新媒体出现之前的大众媒体时代，界定为“第一媒介时代”，把以互联网为代表的新兴媒介时代界定为“第二媒介时代”。传播学者和文化产业学者李沁把当下基于高新技术的云平台与大数据的泛众视听传播时代称为“第三媒介时代”，认为视听信息保存和传输的各类方法，都交织构成于社会关系的网络中，社会关系网络将人及一切都变成了媒介，而高科技与新技术为交流与传播提供了一切可能。由视听媒介空间的变革带来了人类生存空间的变革。美国权威咨询机构 Forrester Research 预测：2020 年，世界物物互联规模将是人际通信业务的 30 倍。数据表明，在高度智能化的社会，人与物都成了媒介。

视听媒介的核心是创意讲故事

媒介时代划分也好，媒体融合也罢，万变不离其宗，视听媒介的核心是创意讲故事。但“故事之所以是故事，并不由其形式决定，而是由叙事形式与叙事阐释语境之间复杂的相互作用所决定”[②]。内容决定品质，关系决定叙事，不同视听媒介场域中传播不同的故事。受众决定市场，技术推动变革，无论是高科技新技术的升级换代，还是 5G 时代的语言“全觉传收”[③]，重点在于内容与受众，最重要的是讲故事，用优秀的视听媒介语言讲好故事。

---

① 马克·波斯特（Mark Poster），1941 年生，1968 年获得纽约大学历史学博士学位。现为美国加州大学历史学系和电影与传播学系教授，批判理论研究所所长。并同时受聘于该校的信息科学院和比较文学系。著名的西方马克思主义批判理论家。研究领域为西方文化思想史、批判理论、新媒体研究。代表作有《第二媒介时代》（1995）。

② [美]戴卫·赫尔曼（David Herman）编，马海良译，新叙事学[M]，北京大学出版社，2002 年 8 月。

③ 全觉时代、全觉传收、全觉文化等系列概念，是中国人民大学杨保军教授在 2015 年 9 月 25 日中国人民大学新闻学院主办的“转型与超越：新媒体环境下的视觉信息传播”研讨会上提出的，强调的是随着传收技术的日新月异，信息传收界面正变得全觉化，即视觉、听觉、触觉等的融合或整合。提出该统摄性的概念以描述新的信息传收现象和文化现象。

▼ 当代视听媒介语言现象：CG 影像语言、镜头语言与屏幕语言

CG 影像与 CG 影像语言

CG，是 Computer Graphic 的英文首字母缩写，即计算机图形，是一门研究怎样用计算机生成、处理和显示图形的学科，通过算法和程序在显示设备上构造、生成图形的过程。CG 影像是一门融合计算机图形学和影像艺术的物理真实、人眼的视觉真实和摄影机真实的综合性艺术，视觉特征是无拍摄对象，但视觉效果却仍以传统摄影影像的外观为旨归的综合性真实感[①]。CG 影像有真人特效和动画长片两种形式，特效又分角色、场景和场面三类。CG 影像的真实感是奇观电影所预期的观众心理反应，CG 影像形成独有的认知心理特征和美学特征。CG 影像语言是以 CG 影像技术为表达手段的工具性技术语言，为视听媒介带来空前的创造力和表现力，使从前不可能的景象，如今能在观者面前栩栩如生地展现。最典型的代表作品为 2009 年卡梅隆导演的电影《阿凡达》。目前，CG 影像语言已成为视听媒介的一种表达与叙事语言。

镜头语言

这是基于镜头的工具性表达与交流技术手段的一种语言，是各基本技术单位的有机组合，由其画面叙事形成的机械语言形式。

屏幕语言

这是一种基于视觉语言和计算机语言形成的屏幕影像语言，作为数字视听媒介表达的工具性手段，是直观性与科学性结合、时空并置的视觉语言的“再媒介化”[②]语言。它具有传播范围无缝覆盖、信息类型多元融合、叙述视点全知全能、

---

① 李天，CG 影像艺术的真实感研究 [D]，中国社会科学院研究生院，2014，P40。

② “再媒介化”的概念提出，有广义的和狭义的两方面。广义的“再媒介化”是指在摄影术诞生后，新的媒介对人类之前的传播手段所塑造的现实世界以新的传媒方式进行重新塑造。狭义的“再媒介化”是指不同类型的传统艺术形式，其艺术媒介随着复制技术和数字技术的介入，在艺术的表现形式、艺术手段等方面产生了“基因变异”或者“升级”，有一些艺术形式是主动利用新媒介的复制、重塑手段改造了自己，有一些则是被动的，被新媒介通过混仿、重制等手段进行各种方式的谐拟、解构和重制颠覆，是一种“被媒介化”的过程。

影像质量好的特征。它是科技作用于人类想象力的产物，注重时空并置的“时间蒙太奇”。它具有连续性、完整性和可叙述性与非线性、横断性和可索引性的特征。屏幕语言的呈现方式就是将叙述和数据库结合，语义层面注重自我指涉的意义系统；语法层面注重无缝全息的传播环境。屏幕语言容易被不同文化、不同教育水平、不同性别或不同阶层的人理解和掌握。屏幕语言自我指涉的意义系统使屏幕世界与现实世界隔断，创造了新的言语情境。

屏幕艺术

屏幕艺术是以各类屏幕作为信息、文化与消费的呈现介质，以光影与像素规制形成的屏幕媒体内容作表达方式的艺术，是人际交流的影像化与视听媒介化方式，兼具传统视听媒体与数字视听媒体特征。

新媒体是相对概念

网络出现以前，新媒体是指报纸、广播、电视、电影、杂志五大传统媒体外的第六媒体，即数字媒体。美国学者列夫·曼诺维奇（Lev Manovich）在《新媒体的语言》（*The Language of New Media*）中提出他的视听新媒体理念：核心观点是数字化、模块化、自动化、可变性和可转码五原则。

表 1-3　视听新媒介的特性转变与特征展现

<table>
<tr><td rowspan="5">传统媒介</td><td>杂志</td><td>数字化</td><td rowspan="5">无限复制性
互动交互性
共享同一种数字编码
允许随机访问
模拟媒介的数字化
数字信息的不衰减性</td><td rowspan="5">视听新媒介</td></tr>
<tr><td>电视</td><td>模块化</td></tr>
<tr><td>电影</td><td>自动化</td></tr>
<tr><td>报纸</td><td>可转码</td></tr>
<tr><td>广播</td><td>可变性</td></tr>
</table>

视听媒介语言在当代艺术与当代影像中的工具化

影像作为交流、表达的手段，在当代艺术创作与影像表达中常被工具化。99分钟的《俄罗斯方舟》[①] 用一个镜头完成，把影像技术语言发挥到极致。2003 年，

① 俄国导演亚历山大·索科洛夫（Aleksandr Sokurov）用数字硬盘拍摄的，仅用一个镜头完成的一部时长 99 分钟的故事片，短短 99 分钟，受众如同亲身经历了俄国 200 多年的历史。

英国伦敦泰特美术馆的涡轮大厅展出的奥拉维尔·埃利亚松（Olafur Eliasson）的《气候计划》（*The Weather Project*），用视听媒介手段制造了当地居民久违的太阳，把日落的美好和天气的影响力引入美术馆内，受众席地而坐，感受着头顶的暖阳，在特定的光线、空间与适宜的温度、湿度和芬芳中谈笑，从视、听、触、嗅、味五觉方面唤醒受众的怀旧情怀与思绪。

图 1-1　奥拉维尔·埃利亚松，《气候计划》，2003 年伦敦泰特美术馆，作为新媒体视听艺术展，充分考虑了视听作品环境语言，即展览作品的所在环境成为作品不可或缺的一部分，用于表情达意的叙事

当前视听艺术作品甚至普通商业性或实用性作品也极其注重作品呈现的环境语言，并极其重视环境语言作为视听作品的组成部分。因为商业作品与公共视听媒介作品都以社会反应而非形式构造为价值，实现其社会价值与审美的标准，必定关注作品与受众的环境关系。如将本次作品展览从泰特美术馆这一特定地点移走，它就会失去全部或大部分意义，这就是新媒体视听作品与普通作品的差别。美国艺术家亨利·摩尔（Henry Moore）的雕塑可以放在任何一个公园里或广场上，但美国的理查德·塞拉（Richard Serra）于纽约联邦广场创作的作品《倾斜的弧》（*Tilted Arc*，1981）一旦搬迁，就失去了呈现意义。也就是说，视听媒介作品的环境语言，是其特定语言，不可或缺，一经改变，作品就发生了变化。

近十年，每年都有很多的视听影像展，如中德合办的“茅塞顿开——中德观念艺术比较研究展”较引人注目[①]，影像展呈现了中德两国当代艺术家的视听媒介

① 2015 年 3 月在湖北武汉举办，由中国评论家王端廷与德国评论家米弗斯共同策展。摄影艺术单元的参展艺术家有苍鑫、胡介鸣、王庆松、张大力，影像艺术单元的参展艺术家有邱志杰、汪建伟、杨福东、张培力，数字艺术单元的参展艺术家有卜桦、缪晓春、吴俊勇、张小涛，德国观念艺术单元有安妮卡·卡尔（Annika Kahrs）、莫尼卡·迈克尔科（Monika Michalko）、川边穗（Naho Kawabe）、彼得·皮勒（Peter Piller）、索斯藤·布林克曼（Thorsten Brinkmann）和沃尔夫冈·埃尔泽（Wolfgang Oelze）6 位知名的德国艺术家。

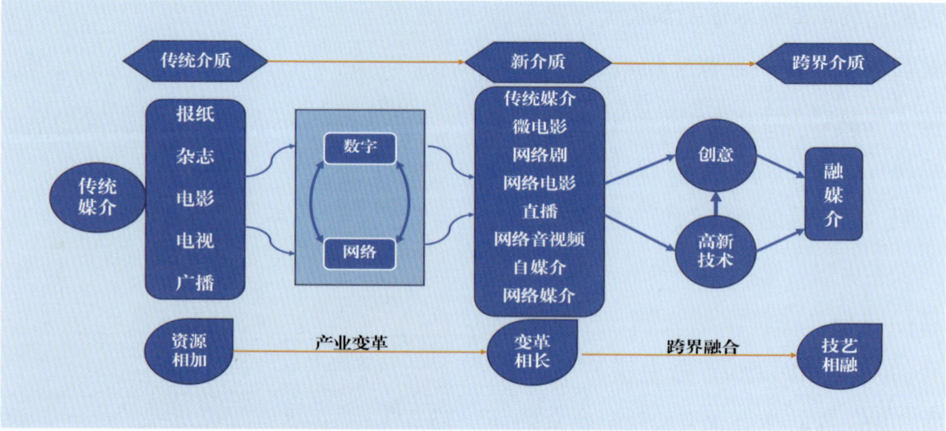

图 1-2　网络数字技术与视听媒介的互动融合

艺术作品，也流露出视听媒介作品在网络时代的“语言问题”。在“互联网 +”时代，中西方创意者交替运用技术手段和数字语言进行创作表达，发展结果与过程趋同。纵观近年来的视听影像展或艺术展，成果多，问题也不少，主要聚焦于视听媒介作品的对象本体言语、数字言语、介质言语、创意者的对象主题言语及商业言语方面，以及由此派生的冲突与矛盾问题等，厘清与界定有难度，但有意义。

当前，微电影、微动漫、短视频、自拍秀、动态影像、“阅后即焚”（Snapchat，2016 年更名为 Snap）充斥了现实视听环境。屏幕少年（Screenager）作为专用语来描述当前的青少年网络群体，这个时代，每天都有视听媒介故事发生，视听媒介语言的叙事地位也随之强化、深化。短视频、直播等应用迅猛发展，降低了视听信息呈现、交流的门槛，IP 电视、网络视频、手机电视、公共视听载体、移动多媒体广播电视（CMMB）的发展进入快车道，视听用户规模达到网民的 85.6%。虽然传统影像的保守势力一直恐惧科技的力量并拒绝由此带来的变化，但转变通常是在悄无声息中进行的。黑泽明曾说过：“我必须寻找一种表达途径，因为大部分真实很难通过‘说’来完成。”黑泽明所说的“表达途径”其实就是视听媒介语言。当前，手机上无数的影像链接则表示，“影像链接的转发行为既为视听媒介产品创造了内在附加值，也同时创造了一个迷你社区”[①]。据统计，每分钟上传YouTube的视频时长有2800分钟，相当于每天增加了过去8年才会产生的视频量，YouTube网站新增的视频内容比ABC、NBC、CBS三大电视台自成立以来所有视频量的总和还要多。每月YouTube访问量超8亿人次，其中70%来自美国境外[②]。随着大数据、云平台的发展，人际、人机互动越发频繁，视听产业经济加速发展，产品的叙事交流也借助网络野蛮生长，产品地位日益提升，跨越国界、种族与文化，成为全球范围内的通用语言。这表明：视听媒介语言时代已经到来。

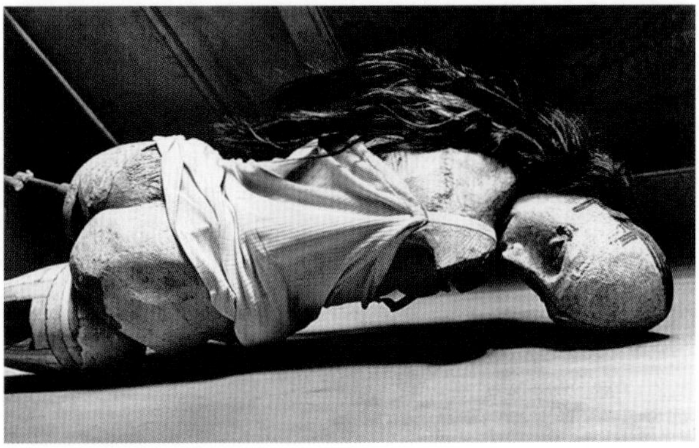

图1-3 汉斯·贝尔默，《洋娃娃，一个机械装置的不同组装方式》，1933

在感官直觉层面，影像《洋娃娃，一个机械装置的不同组装方式》系列共有18张影像，影像中，与真人同样大小的女性人偶以不同姿势出现，并被随意拆卸和扭曲。或出现在贝尔默的工作室，或出现在户外。影像使用了很多道具，包括假发、人造花、衣服和面纱。超现实主义者被“洋娃娃”这一主题所吸引，贝尔默的影像作品肯定不能归为新闻类或媒介类作品，更偏重于观念影像的表达，在西方被纳入超现实主义影像。他极为注重影像的主题语言的运用，影像作品大多选择人体作为主题。

在技术技法层面，贝尔默使用人体材料时，故意将人体抽象化，其作品语言解码时，人文文化言语才是影像作品表达的核心。

在对象本体层面，贝尔默的影像对于对象本体语言的运用较为随意，通常用人体形象

① [美]亨利·詹金斯(Henry Jenkins)，萨姆·福特(Sam Ford)，约书亚·格林(Joshua Green)，《延展性媒体：在网络文化中创作意义与价值》(*Spreadable Media: Creating Meaning and Value in a Networked Culture*)，New York: New York University Press，2013。书中指出：我们并不是将这种传播看成脱离背景和意义的空洞的信息交换行为，而是将其看作对意义和价值的竞标。我们认为，谁发出了信息和谁接收了信息尤为重要，而最重要的是发送了什么信息。

② [美]斯蒂芬·阿普康(Stephen Apkon)著，马瑞雪译，影像叙事的力量——在多屏世界上塑造“视觉素养”的启蒙书(The Age of The Image)[M]，浙江人民出版社，2017年6月，P19。

来表达自己对于社会的评价与态度，作为影像的主题，故意刻画变形扭曲的女人体，即便是洋娃娃之类的女性玩具，也是如此。他描述女人弯曲、变形的形体，用于表达其观念与理念。

在对象主题层面，从理论角度看，这其实是一种复影，目的在于引起阅读者心理上的暗示。根据弗洛伊德精神分析学说理论，复影是人心理需要的某种投射，如镜中的影像、阴影。而人的某些突如其来的惊恐，可追溯到心理上的某个源头，称为心理意义上的暗恐。洋娃娃的身体是人类社会中人的象征，影像中身体被肢解，要么堆积在一起，要么被错乱地组装起来，其实是暗喻社会中女性的压抑感。

在文化人文层面，影像背后的人文背景语言是：讨论了女性身体的客体与传统性角色，探讨人类的承受痛苦之躯，尤其以女性身体及其生育之责为问题导向。贝尔默的影像作品素描来自乔治·巴塔耶（George Bataille）的手稿《眼睛的故事》（*The Story of the Eye*），用于赞美布尔乔亚不受束缚的、多乳房的以及截肢的身体形象。这些影像类似于 14 世纪教科书里的医学解剖图，但医学解剖图与贝尔默扭曲人体影像有所不同。贝尔默的玩偶项目中的作品与布尔乔亚的作品保持了高度的相似。贝尔默借此项目表达其反纳粹的立场，尤其旨在对人体的崇拜。影像解码阅读时，失去这一层面的文化素养，阅读就只能停留在前三个层面。

俗话说“一图胜千言”，“图”指的是基于文字语言的视听媒介语言，而此前由于语言阻隔，不同国家、种族、文化背景的人的交流颇不通畅。视听媒介语言的运用推广，跨越“地球村”，让现代人养成了“用文字写作，用影像阅读”的习惯，而文字语言的写作也终究会回归到视听融合的影像意境中呈现。也有人把当今世界誉为“影像世界”，似乎在各种认知与交流中，文字叙事方式已不再是主流，那么在文字出现之前，视听媒介语言在人类的认知与交流中的地位又如何呢?

视听媒介语言既为语言，就一定要叙事，且成为交流的一种重要的工具性手段。有人认为视听影像叙事是“以镜头形成信息的有效传递，再现‘可经历的过程’给受众一种仿真的人生体验”。这里的视听影像不单指动态影像。其实在没有文字的史前时代，人类的认知是模拟现实世界的影像与外形的，但由于人类认知的局限，人类认知的记录过于复杂且不便传播，人类就模拟原始场景、声音，传递感受与想法。后来，随着人类认知的深入和思想的多维立体化，声音也随之立体化，才有了约定俗成的文字符号。

视听媒介语言与传统媒介语言

视听媒介语言包括以影像为主的视觉语言，以声音为主的听觉语言，以及以文字为主的符号语言等多种介质的语言，概念极为宽泛。视听影像又有传统影像与数字影像，以及艺术类影像与实用类影像等分类。传统影像通常指的是拍摄曝光后的感光胶片经冲洗，在底片上形成由银粒或染料组成的被摄体的负像或正像；数字影像则多指以光电传感器成像方式捕获的图像，又分为科技、医学、媒体、刑侦、艺术等多种类型。影像作品是指专门将影像作为艺术表达的手段，创造性运用与发挥而获得的结果，其价值不在于影像自身，而在于借助影像而生发出的意义层面的审美认知。一般意义上，医学、刑侦等实用类影像以及手机拍摄的生活类影像不属于影像作品。而影像作品之所以能够称得上作品，是因为它具有传统架上艺术品的特质：专业性强、意蕴丰满、制作精良，是具有深刻见解与独立精神的作品；实用类影像，如媒介类影像（证件照、合影、纪录片）经过时间的沉淀和洗礼，也可能成为影像作品。

明室与暗室，谁的影像更真实？

▼ 当代视听媒介语言的乱象与问题

眼见不一定为实

2019 年 11 月 16 日，中国嘉德 2019“20 世纪及当代艺术”秋拍夜场上，中国武汉画家冷军的油画作品《肖像之相——小姜》布面油画拍出 7015 万元天价，这在艺术品市场倒也无可厚非，但该油画因作品风格完全类似于影像作品，而引发争议。这幅创作时长一年的作品，从女孩细腻的皮肤到一根根的发丝，从牛仔服上的布料纤维到毛衣的一针一线，无不被艺术家表现得纤毫毕现。毕竟原本可以十分钟完成的摄影影像作品，油画要用一年时间完成。究竟如何评价当代艺术？怎么看待摄影真实？它们与文字语言表达相比如何？这些成了争议焦点。人们不禁要问：用油画表现的对象和以影像表现的对象相比，谁更真实？

此前此类争议并不少，争论中，冷军的油画作品价格却一路飙升，不断刷新纪录。2001 年，冷军在深圳办画展时，有人投诉：“画家把拍的照片拿来办画

图 1-4　左图为展场中冷军的油画作品《少女版蒙娜丽莎》，右图为放大十倍的油画作品细节展现

展，欺骗观众。”同时，受产业资本与藏家的几番转手，其作品《少女版蒙娜丽莎》也卖出天价。一个人竟然凭一双手让作品的细节真实不逊于照相机，想想的确是件可怕的事，是我们的手没完成进化，还是他真的就是照相机转世？不过这种“可怕”，更多的其实是对一个画家在“艺术”层面的否定——你画成这样，实在算不得艺术大师。但也有人称冷军为“中国达·芬奇”。媒介类影像一直以真实为生命，但当不是影像的真实冲击受众视觉时，“眼见为实”的观点再次被改写，从而使影像的伦理真实性再次被置于艺术的“风口浪尖”。

视听媒介语言是综合了视听影像、听觉形象、语言文字、图像绘画等符号，以形象、具体的视听形象表达为特征的动态、开放的语言表征体系[①]。当代影像、数字艺术虽以视听媒介语言作为交流、表达工具，但常被忽略甚至边缘化。

在技术技法层面，俄罗斯裔美国艺术家安娜斯塔西娅·萨莫约洛娃（Anastasia Samoylova）的影像《红树林》（*Mangroves*），探讨了网络数据库影像的美学和意义。作为其《优美风景》（*Landscape Sublim*）系列影像的组成部分，它是后互联网时代，以一种特别的影像方式，用视听媒介语言讲述海洋环保与人类生存关系的故事。

她通过将其标题输入公共领域的图像数据库中，从搜索结果中打印示例，然后将打印结果雕刻成一个精致的平面组合来形成作品。其创作构成反映了萨莫约洛娃的设计背景，她使用数码相机重新拍摄，从而创作最终的影像。

① 唐东平，影像语言研究[J]，中国摄影家，2014 年第 3 期，P64-69。

图 1-5　安娜斯塔西娅·萨莫约洛娃，《红树林》，2017

尽管参考了 19 世纪末、20 世纪初俄罗斯先锋派支离破碎的抽象绘画，但最终的影像从根本上具有数码感。影像呈现了鳄鱼、火烈鸟、棕榈树和沼泽，展现了自然的理想和强烈的人文色彩，这是传统影像的特点。影像密集而混乱的安排，也戏剧化地展现了搜索引擎的无限性，将其与 18 世纪哲学家对崇高概念的无限和宏大的认知观点联系起来，艺术家在其作品的标题中也提到了崇高的概念。萨莫约洛娃甚至将她创作作品结构的过程比作滚动鼠标、使用标签和在线搜索的简易过程。

这些创作技法有网络特色，萨莫约洛娃打印和处理图像的做法，使影像饱具象征性。与她同时代的美国人一样，萨莫约洛娃通过在建筑中留下一些瑕疵来强调这一点，比如灰尘和褶皱，悬挂在互联网和现实世界之间的影像。从这个意义上说，《红树林》是“后互联网时代”艺术影像的一个案例。“后互联网时代”是网络术语，用来描述不一定存在于互联网上，但探索作品的一致性和文化效应的艺术品时代。仔细审视可以看出，萨莫约洛娃故意保留了一些不完美形象，这些影像遵循了直接原则，避免了对所有素材的数字修饰。

密集的影像素材层显示了搜索引擎的庞大。萨莫约洛娃的影像与“挪用”手法的区别在于，她所使用的影像素材是为了分享和共用。萨莫约洛娃为体现其作品的雕塑立体感，使用了各种材料，包括镜子、纸板、箔纸、色彩覆盖，当然还有影像本身。她还制作了延时视频，呈现视频的光线和制作；火烈鸟的影像是典型的通用主题，是对自然的理想化描述，显现了公共领域图像的鲜明色彩。彩色滤光片的使用强调用粉红色和蓝色醋酸盐片覆盖影像的一部分。

文化人文层面，萨莫约洛娃感兴趣的是，当人们在网络上生存时，为什么人们继续创造和分享理想化的、普通的自然影像，以及这些影像是否影响了人们对自然世界真正感知能力的退化。

视听影像本体语言危机重现

视听影像本体语言危机重现，俗话说，就是被摄对象“言不及意”。为什么？一是影像数字化后，更强调创作者的主观意识、社会责任、人道关怀、批判精神。移动网络时代，更执着于创作主体的艺术观念、思想内涵和文化判断；轻表达方式与语言，忽略数字语言和建立在媒介、工艺、材料、技法之上的材质语言。两者交互作用，使视听影像形成了新的表达与观看形式，尤其是当代各类大小呈现屏幕。二是视听影像本体语言面临认同危机，创意者在影像文本中暗藏大量的人文信息与伦理价值，为实现快速表达目的，过分强调“说什么”，忽略了“怎么说”；视听影像作为媒介，其本体对象自身的特质与魅力被省略和漠视。三是创意者自身的语言素养的规范训练被漠视，看不到建立在摄影媒介、材料、工艺上完整的连贯的语言素养与表达体系，观点模棱两可，手段复杂混同，驾驭材料与语言的能力弱并呈周期性循环，成为本体语言危机的主要因素之一。90 年前，德国学者莫霍利 – 纳吉说：“未来的文盲将是对影像一无所知的人，而不是不懂书写的人。”其意对于当代影像仍有一定导向性与警示作用。四是当前视听影像的媒介优势未充分发挥。从网络视听影像的信息获取方式看，受众习惯于对视听媒介产品进行“实时、个性、定制”的惯性消费。通过终端定制个性化视听产品，或平台与网络经数据分析后进行智能推送，是受众在海量影像环境中寻求视听媒介产品消费的最佳方式，不再仅依靠媒体或平台推送。从视听影像接收规律看，受众的视听觉对影像的接收偏好，取决于其生活方式与爱好。因此，要根据地域、风俗习惯，经大数据分析有针对性地推送视听商品或视听影像信息。从受众层面看，受众既是“视听媒介产品的个性化消费者”，也是“互动化视听商品的生产者”。五是 CG（Computer Graphics，电脑动画）、MP（Matte Painting，数字绘景）、UGC、PGC、OGC、MGC、AGC 视听媒介产品的流行。受众主动拍摄大量生活化、碎片化、个性化和随意化的视听影像，做自媒体传播，或受众常在重大事件现场随手发布视听影像，甚至联合起来专门做“草根视觉新闻”。从行动主体角度看，受众被动接受影像，容易被技术控制；只有重大公共信息，才会出现积极接受的状态。在移动网络时代，人们接受软性生活资讯，移动化、碎片化阅读成为受众的视听影像消费新常态，弱化了视听影像深度阅读能力，强化了快餐式的浅思索意识。5G 时代，视听语言以新理念、新思维与新方法，满足社会的新需求才是关键。六是视听媒介语言与艺术语言的混淆。在视听媒介语言中，特别是新闻与报道影像，注重语言的纪实性与时效性。但其他用途的影像作品，如政治、道德、宗教、法律、商业，乃至公益宣传或广告视听影像，出于各种目的、用途，以传播实现其自身独特的价值；艺术影像语言注重艺术观念与思想的表达，传播只是其扩大影响的辅助手段。视听媒介语言的用途与目的不同，其编码与解码的流程虽相似，但作用与范围是完全不同的，当前不少实用类影像或媒介类影像常以艺术类影像的形式呈现并展出，时而把媒介类影像贴上“艺术”标签当作艺术类影像作品，时而把艺术类影像当作“速效速逝”的媒介影像，故意混同这两类影像的功用与性质。美国人类学家埃德蒙·卡特（Edmund Carter）曾指出，“新型大众传媒，如广播、影视等视听语言，人类尚未得知其语法，视听媒介以不同的方式编码现实，每种媒介都隐藏着独特的哲学意味”[①]。

当下，视听影像媒体经历了影响深远的变革，静态与动态影像的交混以及听觉媒介介入视听媒介影像作品，强化和突显了视听媒介语言的功用，信息量大。就本体语言而论，视听媒介影像弱化了实用功能。

在技术技法层面，美国艺术家兼作家艾伦·塞库拉（Allan Sekula）从旧工业的西部港区到发展中国家的新港口，耗费几年时间记录全球化经济下的世界港区。一艘装载货物的集装箱船在大西洋中部的全景影像，为其《鱼的故事》（*Fish Story*）影像集提供了封面图片。

在对象主题层面，塞库拉于 1995 年出版的《鱼的故事》中采用了极为尖锐的批判观点，将影像与文字结合在一起，讲述了一个关于全球化的不同故事，即一个围绕着世界港口、海岸线和港口发展起来的故事，这些港口是世界贸易的中心。影像呈现了从一艘专门从事全球货物流通的集装箱船上眺望大海的景象。

在文化人文层面，全球化的兴起也与经济移民跨越西方边界，寻求更好生活的运动相一致，而影像则以独特的方式试图引起人们对这一困境的关注。

---

① [美]斯蒂芬·阿普康（Stephen Apkon）著，马瑞雪译，影像叙事的力量——在多屏世界上塑造“视觉素养”的启蒙书（The Age of the Image）[M]，浙江人民出版社，2017 年 6 月，P26。

图 1-6 艾伦·塞库拉,《鱼的故事》(部分), 1993

▼ 视听影像本体创新与表达创新

媒体语言的概念一直很宽泛，2012 年，教育部的《普通高校本科专业目录》将广播电视编导专业的核心课程“视听语言”改为“影像语言”①。至此，影像语言的统称有了一个大致范畴。数字网络时代，传统视听影像已无法涵盖静态影像、液晶屏、移动电视、多媒体、Flash、三维影像、手机视频等呈现形式，视听影像不再局限于传统的视觉媒介，而与其他介质或载体的渗透融合进一步拓展。2013 年出版的《影像语言》把影像语言分为“视觉”“听觉”“结构”三部分，其中“结构语言”部分，把构图、场面调度、声画关系、剪辑纳入其中，并把构图定位于“平面视觉结构”，场面调度定位于“空间视觉结构”，声画关系定位于“声画结构”，剪辑定位于“时空结构”，试图概括影像语言的核心与实质。

在视听影像的发展过程中，媒体类影像的语言艺术化倾向十分明显，或者说艺术类视听媒介化的趋向较重。纵观摄影史，媒介类视听影像语言的真实记录性，同艺术类视听影像语言的艺术表意性有着完全不同的功用。其中，最主要是基于

① 孙英利，沈嘉达编著，新世纪全国高等院校影视舞台设计专业十二五重点规划教材《影像语言》，上海人民美术出版社，2013 年 3 月。

网络与数字的5G时代，人心浮躁以及对视听影像的作用及视听媒介语言的不了解所致。

5G时代，视听影像语言问题尤其突出。一直以来，有人认为摄影的器材、感光材料、曝光是摄影的内部语言，而构图、色彩、叙事、影调等语言是摄影的外部语言。也有不少人认为当下摄影影像、视听影像作品已不属于摄影范畴。这其实是对视听影像本体语言理解与运用的不透彻、不深刻所致。

当代中国的摄影、影像和数字艺术与国际同步发展，无论是当代艺术作品还是当代影像作品，多依赖于数字相机、摄像机、计算机及图像软件。近年来，在当代艺术领域，中西方艺术家同时运用新技术手段，表达创意者独特的观念和现实，体现了中西方创意者对于视听媒介语言的把握深度。

在技术技法层面，乍看手法笨拙且费工夫，实际上影像创作者只是想强调，并且是反复强调他想说的东西……

随着网络媒体的兴起，影像的数字化革命性影响得到了加强。尽管某些摄影师仍然坚持实物印相，但21世纪的大多数影像主要是以数字形式存在，这些数字影像可立即上传到互联网上。数字影像上传量的增加不仅是因为相机与智能手机等设备的整合，还因为鼓励影像分享、标注和讨论的网站和社交媒体平台的兴起。的确，从定向广告到机器学习，影像如今在一切事物的发展中都扮演着重要角色。在此情况下，影像同时是司空见惯、无处不在，而且是以计算机算法处理的，这给传统意义上的影像价值和作者身份带来了很大的困难。然而，一些艺术家试图探索其更广泛的含义。

在文化人文层面，该影像让我们又一次怯于网络的神秘力量，人们尚未从数字化的冲击中清醒过来，网络浪潮让影像与我们再次不知所措。因为此类案例此前已出现过多次。2011年，荷兰影像师埃里克·克塞尔斯（Erik Kessels）在24小时内打印了每一张上传到Flickr、Facebook和谷歌网络平台的影像，创作了《24小时影像》（24 Hrs in Photos），作品由最终上传网络平台的35万张作品组成，布满了阿姆斯特丹的画廊，影像上传平台的流量形成了绝对规模。与此同时，德国艺术家约阿希姆·施密德（Joachim Schmid）也一直在绘制这一地区的影像地图，他在Flickr网络平台上搜索，编纂了一个百科全书式的影像档案。该项目名为《别人的影像》，项目包括96本按需印刷的图书，书名类似于标签，如《饮料》《乐高》和《披萨》。因此，它呈现了数字文化定义的习惯和理念。上述两种创作手法创造了一个好的先例，当然还有许多类似的例子……因此，乌姆布里科的创作手法在2017年已不新鲜。

在对象主题层面，乌姆布里科从2006年起就开始在Flickr网络平台上收集日落影像，

图 1-7　佩内洛普·乌姆布里科，《2017 年 7 月 8 日从 Flickr 网站 33，720，197 张日落影像中搜集，制作日落肖像》，2017

将太阳裁剪下来，按相同的比例打印出来，做成与墙壁一样大小的影像装置《2017 年 7 月 8 日从 Flickr 网站 33，720，197 张日落影像中搜集，制作日落肖像（2017）》，作品既反映了跟踪网络平台中“日落”标签时发现的点击率，也反映了项目潜在的无穷无尽。该作品体现了无数的个人贡献和分享一个共同的影像活动的持续过程。

此后，俄罗斯艺术家萨莫约洛娃从 Flickr 网络平台的风景档案中挑选出田园诗般的风景图片，创作了系列作品《优美风景（Landscape Sublime）》。

很多时候，重要的是平台，而不是影像本身，并且此类影像创作还在持续进行中，Instagram 图片分享社交应用平台在 2010 年推出后，引发了一次又一次争议，以后或许还有。

视听媒介语言的数字分化

视听媒介逐渐与其他媒介融合，媒介化工具特征日益明显，成为当代艺术和视听影像的表达工具和叙事手法。美术、雕塑或其他艺术类型，也将视听影像作为一种表现手段。缪晓春的当代艺术作品《最后的审判》就是对视听影像本体语言的一次创新，他采用摄影方式记录，形成作品初始的视听影像素材，再运用 3D 技术加工，最终展现的是完全不同于传统影像的当代视听影像艺术作品。鉴于此，不少摄影人认为：摄影走向了视听影像工具化之路，并因此走向了末路。其实，这是对视听媒介语言肤浅的理解与把握，没有掌控、运用和理解视听媒介语言的表达本质。摄影影像不仅具有纪实特性，而且其构图、色彩、影调、画幅等视觉语言形式极为丰富，有取之不尽的语言表达资源。个别艺术家急功近利，不研究视听媒介语言，整天考虑如何采取极端方法哗众取宠，引起视觉关注，可谓舍本逐末。也有不少当代艺术家，综合运用视听媒介语言创作了很多当代艺术作品。这个道理很早就有摄影艺术家提出：“对于视听媒介语言而言，重要的是思想表达，而不是景深技术。”

第三节　视听媒介语言的创新及视觉表达

▼ 对象主题言语与对象本体言语创新问题

对象主题言语问题主要与视觉创意者的素养有关，网络技术提升了视听影像在5G时代的地位与作用，其发展经历了物质化和数字化传播这两个阶段。前一阶段的视听影像以纸媒或影视为介质，以记录为主，以意识形态的宣传为目的；后一阶段则是以互联网“Byte”为介质，以观念表达为主，以受众的视觉消费为目的，兼具意识形态宣传目的，视听影像经历了从宣传品到作品、到产品、再到商品，最后到消费品的过渡，这一过程时常让视觉艺术家或摄影师无所适从。在视听影像叙述语言方面，摄影师或创意者既要借用新的技术、手段、方法与材料去表现，还需充分应用新形式去创作、传播和呈现。摄影师既要表达宣传企图，又要应用网络工具与受众消费惯性语言进行创作。视听媒介产品或作品在网络传播呈现过程中，直接被消费，之后再进入二级、三级传播、交易和消费，并经不断地被复制、链接，再被消费。当影像作品的著作权和版权得到充分保护和规范后，创意者的生存状态才可能有更好的改善和提升。在创意者的对象主题言语的应用方面，摄影师常有悲悯情怀与忧患意识，但也常步入自我设置的封闭系统中孤立独行。艺术要融入现实，关注民生，从个体角度运用大众话语方式讲述视觉“故事”，而不是自说自话，视点要聚焦现实环境、生态、能源等大众与民生话题，与现实紧密结合，才会有视觉受众与产品市场。

在感官直觉层面，图1–8要从《跟我学》节目说起，《跟我学》原是由英国广播公司与中国中央电视台联合制作的一个英语学习节目，从1982年开始，播出了12年。该节目专为高中学生设计，其受欢迎程度空前，为包括王庆松在内的数百万中国人打开了一扇了解西方生活和文化的窗户。

图 1-8 王庆松,《跟我学》,2003

在技术技法层面,作为艺术家的王庆松,当时甚至不会使用照相机,他的作品一般被划为当代艺术范畴,影像层面归类为观念影像。他运用各种媒体,包括影像和电脑生成的图像来审视当代中国。

在对象主题层面,影像描绘的是一块巨大的黑板,上面用英文和中文写满了各种符号、英文字母缩写、图画和短语。电脑打印的巨大画幅让图片有极为详细的内容描述。从中文和英语两种语言的日常用语(通常不符合语法)到对北京奥运会筹备工作的直接评论,受众会看到一幅令人费解的画面。

在对象本体层面,影像中的黑板中央是中国长城的轮廓,长城是中国的象征。长城表明了对进入中国的外来事物的抵制,无论是文化上的还是消费主义的。可口可乐符号是美国消费文化的象征。影像中还有 2008 北京奥运五环标志和“北京好运!中国好运!”的字眼,中国将奥运会视为向西方推广中国文化和旅游的一个机会,王庆松在创作实践中经常使用这类符号,表达了中西文化的一种强烈对比。

对象本体言语问题

视听影像本体言语问题,即被拍摄或创作对象自身表达与讲述问题,主要通过摄影的器材、感光材料、曝光、构图、色彩、叙事、影调等手段进行讲述。本体语言是摄影视觉的内部工具性技术言语。让事实说话,让对象讲述故事,一直是个伪命题。对象本身是在创意者的主导下讲述内容的,难免有创意者的主观倾向。摄影界部分人认为,当下摄影、影像作品已不属于摄影范畴,这是对摄影视听影像对象本体言语理解与运用的不透彻、不深刻所致。中国当代摄影、影像和数字艺术与国际同步发展,中西方艺术家利用数字相机、摄像机、计算机及图像软件等技术手段，表达观念和现实，体现了中西方艺术家对于摄影视觉本体言语的把握深度。但一段时间以来，这类作品的受众认可度较低，产品消费力弱，主要是因为摄影视觉本体言语的表述出现了问题。视听媒介数字化后，影像语言空前拓展，影像逐渐与其他媒介融合，并成为观念艺术及其他艺术的表现工具和载体。美术、雕塑或其他艺术，将影像作为基本的表现手法。创新影像对象本体言语，采用各类素材，运用高科技新技术，最终呈现的是完全不同于传统影像的作品或产品。《最后的审判》就是这种类型的典型代表。

▼ 视听媒介“呈现方式”与视听媒介介质言语问题

视听媒体（Audiovisual Media）

视听媒体在欧美是有明确概念内涵的，统指包括传统媒体、IP 电视、网络广播电视、手机电视、移动多媒体等多样化视听媒介载体。从网络传输角度，可将其分为线性视听媒体与非线性视听媒体。国内的视听媒体虽没有明确界定，但也沿用了上述划分方法。

视听影像成为网络工具

视听影像作品的数字化、媒介化、网络化、信息化这几者之间，数字化是手段，媒介化是工具，网络化是途径，信息化则是目的。视听影像作品经网络传播后其影响放大，需利用网络的“语言与语法”以及视听媒介的呈现与阅读方式，把握好讲故事的分寸和尺度，表达创意者的观念与思想。受众可在任何网络终端阅读与消费，从而更深地影响影像本体的信息传递与故事讲述。网络与屏幕成为视听影像作品呈现的重要场所，视听影像作品不再囿于美术馆或博物馆等展场。

从感官直觉层面的第一个维度分析，影像是一种虚幻的非真实场景，但又确实是真实的记录。解读之前，读者须有专业的视觉人文素养以及对影像的基本了解。理查德·莫斯（Richard Mosse）出生于爱尔兰基尔肯尼，后学习英国文学、人文研究、美术和影像。2009 年，与驻伊拉克美军合作，创作了影像作品《突破》(*Breach*)，拍摄驻扎在萨达姆·侯赛因（Saddam Hussein）故居的军队。2010 年，自费前往刚果旅行时拍摄红外影像并一举成名，该项目获得 2014 年德意志交易所（Deutsche Borse）影像奖。后来被扩展为名为《飞

图 1-9　理查德·莫斯，红外线翻转，《守候光明》，2015

地》（*The Enclave*，2013）的多媒体装置。2015 年，他成为玛格南图片社最年轻的影像师，其项目《热图》（*Heat Maps*，2017）继续探索基于透镜的军事技术——热成像相机，记录下 50 公里内的热信号。莫斯用这种技术记录了中东、北非和欧洲的难民危机，呈现人们在休息、拥抱或祈祷的情景，这类影像颠覆了相机的非人性化效果。本影像就是其中一部分。

从感官直觉层面的第二个维度分析，影像解读须具备一定的社会历史背景知识，莫斯拍摄的刚果民主共和国饱受战争摧残的基伍地区（Kivu region），是他以《红外》（*Infra*，2010–2011）为开端的一个更大系列的一部分。自 1998 年以来，这一地区发生了超过 5.4 万次的饥荒和战争。然而，这些事件几乎没有得到西方媒体的关注与报道。

在技术技法层面，莫斯以柯达红外航空彩色胶片（Kodak Aerochrome）所呈现的独特的影像效果，引起西方主流媒介对这场冲突的关注。红外彩色胶片是“二战”期间军事监视项目中常用的一种胶片。胶片能捕捉到肉眼看不见的红外线光谱，将绿色树叶转换为鲜艳、迷幻的粉红色。由此拍摄的图像近乎超凡脱俗的外观，同其令人不安的主题之间的对立是极其尖锐的。而这一点正是影像创作者想要表达的，于是红外技术成了他的最佳选择与表达。非常规的色彩并不是莫斯描绘战争时唯一令人惊讶的地方。他同传统媒体记者一样，对图像配了很多文字给予说明，描述了战争的复杂与恐怖。与此相反的是，我们从影像中看到的是一片宁静与温馨，没有任何明显的冲突。红外彩色胶片的设计是为了识别隐藏在灌木丛中的人物，但在风景影像中看不到人。胶片记录的粉红色色调范围在画面右边显像特别明显，莫斯对使用这种主色调来强调纪实性影像的空间构图极有兴趣，从而挑战黑白影像假定的真实性。有时，技术的真实并不逊于影像的真实。

在对象主题层面，影像标题不恰当地借鉴了美国新浪潮乐队“传声头像”（Talking Heads）于 1980 年发行的一张同名专辑。因此，这幅作品基于这样一种信念，即这些审美和概念上的不协调可吸引受众，或打乱他们对刚果的设想，鼓励他们思考冲突本身的意义。

从这个意义上说，莫斯的项目给一个长期存在的伦理困境即影像美化战争的观点，赋予新的意义和政治目的。

在对象主体层面，影像从一个很高的视角记录了一片广阔的区域，让人想起红外彩色胶片在侦察或勘测影像中的作用，同时呈现了土地的美丽和富饶。因为，刚果这一地区丰富的矿产资源是其地位备受争议的原因之一。影像创作者让土地与山水自己来表达与描述。农场或道路是人类活动的迹象，影像中可能隐藏了争夺这块土地的士兵。红外彩色胶片作为监视工具的角色，隐藏了画面之外的冲突与人的欲望，让宁静而空无一人的红色显得反差更大。反映灾乱的影像，常有硝烟和战斗的氛围，但莫斯影像中的天空让人想起浪漫的风景画，这种对比因影像的大尺度而更加突出。从某种意义上说，该影像作品与所谓的“后灾难影像”（aftermath photography）有许多相似之处。

影像作品介质言语问题

介质言语是视听影像作品的外在言语，早期静态影像常以纸质、石质或布质等材质体现。早期影像介质形式多元化，有铜板、锌板、镀银板、石板等介质；中期因技术进步，介质才以纸质形式相对固定。王庆松的作品《安全奶》采用整体巨幅布面介质微喷手段一次性成像。当今全球静态影像的介质多样化已丰富到了人类自己都无法相信的程度。当下视听影像及数字作品介质比早期介质更丰富多样。对于影像而言，重要的是信息，介质只是形式，观念与内涵仍是通过影像本体言语来表达的。

介质言语是影像作品的外在言语，主要通过影像作品或当代艺术作品的媒介载体即材质来体现。在影像领域，有人提出观念艺术作品不属于摄影的观点，其介质自然也不属于摄影范畴。这其实是一种误解，无论哪种艺术媒介对于影像语言的借用，其形式与载体仍是影像，其呈现材质无论是纸质、石质或布质，抑或其他材质，仍是影像语言。从影像的发展看，早期影像处于多元发展期，有铜板、锌板、镀银板、石板等多种媒介材质。随着科技进步与高新媒介材质的涌现，影像的呈现介质目前多以纸质形式相对固定。同一影像作品的不同介质给受众的感觉与品质完全不同，作品的语言叙事的力度也就有所不同。此前，德国艺术家安德烈亚斯·古斯基（Andreas Gursky）创作的巨幅影像作品，最初采取分块制作、拼贴形式呈现，后来运用最新印刷技术达到了创意者的理想效果，让作品的叙事力量最优化。当前，高新技术，尤其是纳米及其他技术的加入，使影像及数字作品的媒介介质进一步丰富多样。与早期影像介质胶片相比，当今的影像介质语言选择性范围更广、更自由。对于视听媒介语言而言，介质言语是一种形式，更重要的是影像内容，即信息。在网络时代，随着大数据与云平台等技术的加入，影像的呈现介质言语再现多样化，不同的视听影像作品呈现介质，如投影幕布，与投影仪及电脑显示屏幕不同，呈现效果也不同，其介质言语也会有不同的效果。重要的是，这些作品是以影像形式呈现的，其观念与内涵仍是通过影像介质言语来讲述和表达的。

西方影像的解读总存在一定的文化背景障碍，因缺乏对英美文化基础的了解，解读时就会难以深入透彻。作者的影像是基于想象中的场景，以人工置景的方式实现的，从创作的角度看，既平凡又独特。

从感官直觉的阅读中，图 1–10 中的主人公漂浮在被水淹没的客厅里，身上穿着内衣。她眼睛睁开着，拖鞋却在楼梯上。她可能死了或没有死，这并不重要，重要的是人物脸上显露欣喜入迷的表情。她是躺在水面上，而不是淹没在水中。克鲁森想说点什么，但又不想说得透彻。

在文化人文层面，我们从作者的成长经历中可得到一些线索。克鲁森的父亲是一位心理分析师，在家中的地下室有一间办公室。克鲁森的影像类似于美国画家爱德华·霍珀（Edward Hopper）的影像，表现的是对象主体的心理状态而不是现实世界。霍珀的影像呈现出孤独、渴望、期盼和预感，是在悄悄地表现幽暗晦涩，而克鲁森的影像却更为幽暗。因此，我们可以看出其影像中潜藏的焦虑、恍惚、慌乱和恐惧。克鲁森的内心世界如同他的影像世界一样，呈现赤裸的或衣着庄重的状态，隐喻着人类在梦境中的状态。不过，失去了一种诙谐与调侃的轻松。

在技术技法层面，克鲁森的影像构图，无论从组合技术还是场景的气势上来说，都可以跟雷兰德的《两种生活方式》相媲美。据资料介绍，他为了影像创作，雇用了一批技术人员，其规模之大，简直不亚于好莱坞的电影场景。另外，他运用了好莱坞电影一样的照明技术、导演和布景设计等。他拍摄了难以计数的为演员设计的舞台造型的“镜头”。然后，他把每张负片中最好的部分用 PS 合成，这样的结果是 PS 时代最完美的影像，是一次有着所有相关文化意义的影像虚构。影像的创作者成了电影导演，影像成了电影创作。克鲁森是通过与影像指导、摄影师、演员指导、演员和外景制片的合作才完成影像创作的。同时，该影像系列作品的高制作成本和戏剧照明方面的电影化制作手法，提升了影像的品质与视觉效果。影像在叙事技巧上也借鉴了电影手法。如影像朝向不明的神秘光源，让人觉得置身于一个氛围奇特的家庭中。

图 1-10　格里高力·克鲁森，《无题（奥菲莉亚）》，2001

在对象主题层面，克鲁森同亨利·皮奇·鲁滨逊或奥斯卡·雷兰德有很多相似之处，如他们都把影像的对象作为比喻与象征的对象，从而表达自己的主观理念。他想表述的对象主要目标是美国郊区一批服用抗抑郁药或可卡因的绝望家庭。从 1998 年至 2020 年，克鲁森开始与一大批工作人员合作，为《微光》（*Twilight*）系列作品制作真人大小的布景。

本影像选自《无题（奥菲莉亚）》系列作品中的一张，描绘了在一个被洪水淹没的家里，有一个漂浮在水面上的女人。这个女人苍白的皮肤和白色的衣服与暗黑的海水形成了鲜明对比。透过窗户的光线和电光诡异地照亮了一个超凡脱俗的场景。影像暗喻莎士比亚的《哈姆雷特》中奥菲莉亚的悲惨命运。戏剧中，奥菲莉亚被其深爱的王子所抛弃，悲伤不已，奥菲莉亚最终被发现溺水身亡。在这个影像中，讲述故事的每个布景都有深刻的含义，室内布景搭建在影室里一个凸起的舞台上，布置了经典的楼梯、家具和墙上的肖像画框。克鲁森在创建这座郊区小镇住宅的过程中，细致入微地关注布景的细节，因为他要讲述故事；奥菲莉亚飘逸的头发漂浮在水中，温顺地听天由命，大大的眼睛凝视着天花板，似乎在质询什么，让受众自己去体会。楼梯扶手和家具的位置，使水的深度似乎比实际要深得多，为了讲述隐藏的故事，故意让水面显得不透明且有反光。桌子是一个很有故事的地方，似乎很随意，又似乎有深意，像侦探电影里的证物一样，桌上的物品是探究女人情绪状态的线索。除了烟灰缸和书外，还有一瓶打开了瓶盖的药和一杯水。把这些因素综合起来，就能看出西方中产阶级家庭的生活现状了。

▼ 数字语言与视听媒介表达问题

数字化生成（Being Digital）

美国学者尼古拉斯·尼葛洛庞帝（Nicholas Negroponte）1997年提出这一概念，认为数字技术是传播革命的力量，构建了一种"真实"的虚拟空间。数字不仅从技术上改变了视听影像，也从艺术观念与语言表达上影响了影像，其意义不亚于摄影之于广播、广播之于纸媒的变革。目前，视听影像数字化发展偏重数字技术与数字传播的定义、内涵及特征等方面，过分倚重科技，忽略关注影像与视听媒介产业的生态环境，还有许多方面可探讨和研究。其实，研究的意义无异于人们对于影像"干版"与"湿版"技术的探讨，并没有质的差异。在技术层面，一直以来有评论家坚持，影像视觉艺术要淡化技术[①]。在科技高速发展的今天，这其实是一个伪命题，科技为视听媒介提供了如此之多的表现手段与方式，弃之不用，并以对立的态度抗衡，于理于情都极为不妥。在5G时代，数字技术不是淡化而是强化了，数字技术成为视听媒介表达的基础性工具。视听媒介产业化之后，视听影像经历了从工业化媒体向互联网媒体再向创意媒体演变的过程。互联网让视觉创意拥有了许多原被工业化媒体取代的权利：一是视觉创意者表达的权利与能力增强；二是视听影像内容创意能力得到提升；三是视听媒介产业经营能力在市场经济中异军突起，高科技新技术吸引资本流向更基础的视听信息服务、交易平台及视听媒体，但形成新的消费偏好需要时间，也需要学习，需留出市场孕育繁荣的时间成本。

图1-11呈现的视听媒介画面，经过了两次转换。第一次转换是从创意到装置艺术的转换，影像里的场景原本就是艺术装置，其艺术形象是装置展的现场呈现；第二次转换是从装置艺术到影像艺术的转换。目前，我们看到的是以影像形式呈现出来的，我们解读的是第二次转换的结果。

在感官直觉层面，影像呈现的是一种虚幻的场景，也即现实中不存在的场景，却是影像创作者想讲述出来的事实。可以明确地看出，影像创作者并不想讲故事，只是想讲道理。

---

① 鲍德里亚，《消失的技法》，节选自顾铮、罗岗主编《视觉文化读本》[M]，广西师范大学出版社，2003年。

当然，从标题上我们也能看出来。

在技术技法层面，该影像可归类于舞台影像，但实际上又是对装置的影像记录。技术层面既有影像拍摄前的置景布局，也有后期的数字化处理。在PS出现之前的十几年，桑迪·斯科格伦德从技术手段入手，精心设计，布景装置，创作了许多现在完全可以用数字手法轻松处理的，而在那个时代看似根本不可能完成的图像，制作每一张图像都要花费很长时间。其影像借鉴了后印象派绘画的特点：画面充满了大量明亮的、高对比度的、单色的道具。斯科格伦德使用很多黏土制作的动物道具，想为影像的创作摆出特别的表意符号。

图1-11　桑迪·斯科格伦德，《复仇的金鱼》，1981

在对象主题层面，画面中看似普通的房屋和景观遭到了金鱼奇异的入侵，尽管影像看起来像是经过数字处理的，但影像描绘了一个真实的室内场景。斯科格伦德在室内悬挂了许多手工制作的、赤陶土制成的鲜橙色鱼。斯科格伦德的装置艺术作品在舞台效果上看起来有些模糊。《复仇的金鱼》作为影像作品出现在纽约卡斯泰利画廊时，同装置作品又有了许多不同，室内的舞台布景没有了演员。

数字化之后的视听影像作品，有其无限复制的特性，这在一定程度上影响了影像介质言语的唯一性表达，视听影像艺术创作理念也在数字生态环境中发生了变化，传播也更为便利，视听影像作品可以直接从创意者的画室或摄影棚直达展场甚至一级销售场所。

5G时代，影像创作与传播应用及消费发生改变，并以产业化、规模化态势发展，虽然过程迟缓，但网络信息技术使视听媒介影像具有了传统影像、数字影像所不具备的特性：一是影像免费消费挑战内容收费，广播和电视是最早尝试让受众免费获取内容的媒介，从每年动辄上千亿的广告市场汲取内容生产的资本。二是沉浸式视听消费体验挑战媒体权威，当下视听影像的消费或接纳，受众不再看

图 1-12　翁奋，《骑墙—深圳 1 号》，2002

摄影师与编辑的权威解读与推荐，更注重沉浸式体验，从而动摇了传统媒体受众的忠诚度。三是大数据可针对影像消费对象进行定向传播。

翁奋作品《骑墙—深圳 1 号》（图 1-12）的解读难点在于文化人文层面，即影像中隐藏的中国改革开放的历史背景。该影像其实是对那段历史的总结，并且是从旁观的视角，以中立的态势观看并编码影像的。

在感官直觉层面，影像好似对日常生活细节的截取。然而并非如此，因为影像中充满了多处的矛盾对比：墙是生活中常见的物体，无处不在，用于分隔空间，分开两个不同的或原本就是相同的世界，创造明显对比的两个平行的独立世界。作为生活中的“我们”，要么是在墙的这头，要么是在墙的那头，墙无法让我们更清楚地直视面前的一切，因无法知道而向往墙外的世界，因无法看清而产生欲望，这就是影像创作的初衷。

在对象主体层面，女孩心中肯定有一堵墙，既是生理的墙，也是心理的墙。因为墙外的世界，对于女孩来说，一切都充满了好奇、向往与冲动，但又是无助和不知所措的。现实中确实有这种状况。影像创作者把握住了这一场景，巧妙地借用了这种超现实的象征手法，“骑”实现了女孩以及我们内心活动的冲动与欲望。

对于“骑墙”的象征表现，不同的人会有不同的理解。而最初的感动是因为画面本身具有浓重的中国色彩以及散发出的唯美气质。墙作为一种构图元素将画面一分为二，墙的这边是杂草丛生的原始境地，而墙那边是发达的充满机会的城市，如海市蜃楼似的，如布景般虚幻。女孩骑在墙上眺望远方，带着朝圣的心理，而单薄的背影又透出一种无所适从的惘然。

在对象主题层面，影像背后是对中国未来发展的思索。描绘了一种乌托邦的现实或已到眼前，或者仅仅一步之遥的一种从“渴望”到“可望”的想象性心理视觉。影像中的背景来自不同的城市，却有着千篇一律的相似，就是都有一堵墙。

在文化人文层面，中国艺术家兼摄影师翁奋，曾游历中国的沿海港口城市，考察了中国部分地区、城市的快速发展，在影像《骑墙》（1998—2003）中，许多作品都是女学生背对着相机，眺望着墙外的风景。影像凌乱，前景与背景形成明显反差，也有人认为是现实主义与浪漫主义的反差，还有人认为是女孩的过去与未来的反差。

数字语言问题

基于网络思维的视听影像作品的数字语言，从创意制作、呈现传播到销售消费，全流程数字化，是一个容易让创意者迷失自我的过程，不知不觉中改变了人们对传统影像和数字影像的理解。传统影像通过光与化学反应成像，数字影像则是以光电转换成像；传统影像介质语言是模拟语言，数字影像是光电转化之后的“字节”语言。两者既有影像内容上的区别，也有形式上的差异，记录方式的改变虽没有改变影像的本质，但存在方式却有了差别，这种差别让影像类型更丰富，表达更灵活。从技术层面分析，数字影像只是影像的一种类型，还有“计算摄影”影像、“电脑动画”影像、“二维、三维、四维”影像及“软件图片”等，这其实都是传统影像语言的变形与拓展，而不是影像的变异。5G 时代，信息的爆炸式增长催生了影像数据库，数据库是各类来源不同的影像信息的集散地，是 5G 时代的核心。网络是一个庞大的数据库，视听媒介语言相对于整个文化逻辑表现为：现实—媒介—数据—数据库结构形式[①]。数据库的潜在特点是非线性叙事，其结构具有“并置、融合、对比”三种模式[②]。“一种叙事方式的选择就是对数据库的一次穿越，穿越于创意者构建的链条中”[③]，数字改变或简化了影像的许多环节与过程，但仍在一定“度”的范围内。美国学者约翰 · 帕夫利克（John V. Pavlik）[④]指出，数字化是把模拟信息转换成数字信息，各种资讯交互混合融为一体[⑤]。美国学者托马斯·F. 鲍德温在（Thomas F. Baldwin）在《大汇流:整合媒介、信息与传播》[⑥]中

① [美]Lev Manovich. The Language of New Media. The MIT Press. 2001. P224。

② 黄鸣奋，数据库艺术：信息科技与叙事实验[J]，三明学院学报，2005 年第 3 期，P9-11。

③ [美]Lev Manovich. The Language of New Media. The MIT Press，2001，P227。

④ 约翰 · 帕夫利克（John V. Pavlik），著名传播学者，现任美国西北大学卡塔尔分校研究院副院长，曾任美国哥伦比亚大学新闻学院新媒体中心主任、美国新泽西州立大学新闻资源研究院主任，教授。

⑤ [美] 约翰 · 帕夫利克（John V. Pavlik）著，周勇等译，新媒体技术文化和商业前景（第 2 版）[M]，清华大学出版社，2005 年版，P125。

⑥ [美]Thomas F. Baldwin，D. Stevens Mc Voy，Charles W. Steinfield 著，龙耘、官希明译，《大汇流：整合媒介、信息与传播（Convergence：Integrating Media，Information & Communication）》[M]，SAGE Publications. Inc，1996，华夏出版社，2000 年 1 月 1 日。

指出:“数字化意味着信息能被计算机存储和处理,不失真传递。”当下视听媒介影像的创作、呈现、传播、营销、消费,都基于数字网络;设备大众化,技术高科技化,“众筹影像”[①]“VR 影像”等已成常态并广为应用。数字化使视听媒介影像的话语权渐次回归大众,尤其体现在媒介类影像中。视听媒介影像话语权已交还给大众,摄影记者或编辑的话语权渐渐式微。网络可包容一切视听媒介影像作品,影像与“世界”的关系不再是单纯的记录与被记录关系,而是一种更复杂的关系。影像与现实距离越来越小,影像流通与传播更便利。视听媒介影像既可真实记录,也可主观表达,既可以是过去时,也可以是现在时与未来时。视听媒介影像从语言、形式、结构、叙事、形态、类型等方面,无一例外地印有网络印记,致使影像文本呈现和消费方式发生变革。在影像消费层面,体现在受众、评论家、媒介舆论、展场、营销等方面,受众与公民、网民几乎重叠。网络的主导性和作用越发明显,影像由宣传品、艺术品向快餐消费品过渡,网络促生了视听媒介影像“全媒介营销时代”。

“互联网 +”为当代影响最深刻的变化。无论是艺术品、宣传品还是消费品,数字化不仅改变视听影像的制作流程与创作方式,更使影像作品的语言表现能力进一步显现。技术永远是双刃剑,视听媒介语言的全环节、全方位的数字化,在不知不觉中轻易地改变了人们对传统影像的理解,也让视听媒介语言陷于滥殇的尴尬境地。视听媒介语言的数字化不仅让部分影像创意者迷失了自我,更让其认为影像的数字万能化。

《怜悯 / 大卫·柯比的最后时刻》(图 1–13)是摄影师特蕾莎·弗雷尔的作品,原题为《镜头下艾滋病人的真实生活》。

在感官直觉层面,艾滋病是一种传染性极强的疾病,当今社会仍没有根治的药物,大多数人对于艾滋病都报以一种恐惧的心理。1990 年 11 月,特蕾莎·弗雷尔(Therese Frare)的黑白影像《大卫·柯比的最后时刻》发表在《生活》杂志上,影像描绘了艾滋病患者大卫·柯比生命濒危的状态。

在技术技法层面,影像有黑白与彩色两类。1992 年,贝纳通广告公司在一次“观念创新”的广告宣传活动中使用了该影像的彩色版本,引起了公众的极大争议,认为这无

① 南无哀,摄影:众筹的时代 [J],中国摄影家,2014 年第 9 期。

助于增进对艾滋病的了解，还助长了同性恋的恐惧症。

在对象主体层面，影像中垂死的柯比如同基督般面容。影像中家人的姿势让人联想到“圣母像”中的人物，影像中的场景类似基督教艺术作品中的传统场景，描绘的是圣母玛利亚以及耶稣受难后的哀悼者。

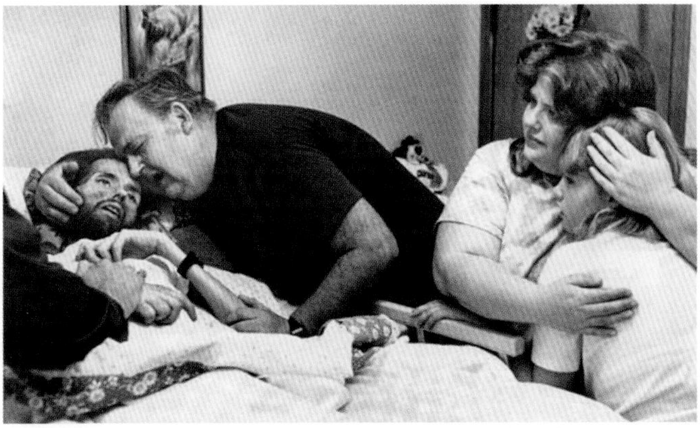

图 1-13　特雷莎·弗雷尔《怜悯 / 大卫·柯比的最后时刻》，1990，原题为《镜头下艾滋病人的真实生活》

家人要求弗雷尔拍摄他们和柯比最后的时刻。当时，弗雷尔正在俄亥俄州哥伦布市的佩特诺斯特之家做义工。影像最令人感动的地方是不断有手伸出来给病人安慰，大卫·柯比的手又细又弱，与护工（最左边的）和父亲的手相比显得瘦小，父亲的手环绕着柯比的头，触摸着柯比的脸。他妹妹双臂环抱着女儿，双手护着她。柯比身后墙上的宗教图案描绘了基督伸出的双手。

在对象主题层面，此次活动由蒂伯·卡尔曼（Tibor Kalman）与奥利维拉·托斯卡尼（Oliviero Toscani）合作设计，无疑是广告行业的一个关键节点：该影像不仅没有贝纳通公司的产品，还呈现了与该品牌有关的负面形象。作者把大卫·柯比和他的家人的影像命名为“怜悯”，他认为这是一种真实得让人怜悯的场景，因为现实生活中死亡发生了。

在文化人文层面，这是一张强有力的社会纪实图片，获得 1991 年世界新闻摄影大赛的布达佩斯奖。然而，这张影像以不同方式出现在公共领域，突出了公众在观看影像时的反应以及影像语境的重要性。贝纳通广告公司面临利用这些影像获取惊人价值的指控。贝纳通广告公司获得该影像的使用权时，曾向一家艾滋病基金会捐款，但该慈善机构认为这张影像冒犯了那些患有艾滋病的人，虽然贝纳通广告公司曾在经济上支持由该基金会发起的一项以艾滋病和家庭为重点的活动。

▼ 视听媒介作品内容与语言叙事问题

影像宣传品与影像作品的内容单一

以用户为中心的互联网思维影响了视听影像的创作。“网生代”影像创意群体将影像定位为产品，而不是作品与宣传品，产品思维取代了影像宣传品思维。影像内容资源同质化更趋复杂，媒体强化“内容为王”，受众强化个性化影像消费，及媒体组织注重媒体工业化生产[①]，工业化媒体和受众间的关系因网络而发生改变[②]。

影像作品的同质化现象突出

苏珊·桑塔格曾指出，影像造成公众两种反应。一是公众注视由“传媒”决定性影像引导，影像有“无限大的影响力”，引导人们关注灾祸与危机，视听影像影响人们的评价。二是影像饱和的世界令人麻木不仁，“令大众更冷漠”[③]。由此可见，影像内容的同质化，由原来的创作主导转向受众主导，受众需求影响视听媒介影像的创作与消费，媒体工业化特性受限，社会也需要个性化、分众定制的视听影像信息与内容。

影像叙事语言问题

视听影像叙事语言的变化主要体现在传播个性化、终端多屏化和消费社交化这三方面。传播个性化是指影像越来越迎合个性化需求，视听影像传播渠道与平台增多，成本降低，影像资源丰富，满足了消费受众的多样化需求。同时，目标受众群体进一步细化，不再受限于媒介与平台。受众个性化需求在大数据支持下，影像消费定位精确升级，强化了受众的观看体验，丰富了网络与平台的视听影像内容资源，与之相关的广告与点击率也大幅增长。终端呈现多样化，除网络平台外，智能手机、平板电脑、个人电脑、公共大屏、楼宇视屏等都成为传播的呈现

① 互联网诞生前，媒体以现代工业化形式发展，工业革命后，资本和新技术融合的机器大生产造就大众媒体行业。与资本主义和市场经济同期产生，弥补了早期媒体的不可复制，资源有限和扩展性差的特点，互联网时代，用户主要为信息链接服务付费，不用为内容付费。“免费”营销出现在互联网介入并重构信息链接时，而信息链接的前提是信息传递有效，其信号衰减有技术传递延时和传递者的信用这两方面原因。

② 陈序，主编死了[M]，中信出版社，2014 年 10 月，P15。

③ [美]苏珊·桑塔格，旁观他人之痛苦[M]，麦田出版社，2004 年。

展示终端。据TNS公司[①]2014年对全球55，000名互联网用户的调查显示，25%的受调查者每天都会在各种终端上浏览影像内容[②]。以中国为代表的部分国家移动终端的使用频率已超过影视与报纸杂志，并出现视听消费的社交化。5G时代，视听影像传播与社交媒体关系日益紧密，社交媒体成为影像消费的重要方式。

英国艺术家理查德·汉密尔顿（Richard Hamilton）[③]1956年展出的影像作品《是什么使今天的家庭如此独特、如此有魅力？》，采用传统后期暗房技术等手法，将多张底片拼贴重组而成，是运用视听媒介语言与绘画语言等多种符号语言综合反映当时社会现象的一个影像作品。

在感官直觉层面，影像更像是一幅海报招贴画或儿童手工作品，而不是摄影影像作品，但肯定是当代艺术中的视听媒介影像作品，转换视觉之后，解读便简单易懂了。

在技术技法层面，影像是1956年创作的纸上拼贴画，现收藏于蒂宾根美术馆。影像内容都是从海报、广告以及画报上的图片剪裁拼贴而成的，这种手法开创了英国波普艺术创作的先河。汉密尔顿将这些毫不相干的物品剪接拼贴而成，讽刺和批判当代的生活。这些创作符号和视听媒介语言的运用，将视听媒介影像与摄影、实物呈现、拼贴手法推向了极致。

在对象本体层面，影像中有从药品杂志上剪下来的肌肉发达的健壮半裸男人，手里拿着像网球拍般巨大的“POP”棒棒糖，摆弄炫耀他健美的动作；一个性感的半裸女郎，身上还贴着闪闪发光的小金属片；室内墙上挂着当时的通俗漫画《青春浪漫》（*Young*

① TNS市场研究公司（Taylor Nelson Sofres，简称TNS，特恩斯市场研究公司，也译作索福瑞集团）。TNS是一家全球性的市场研究与资讯集团，于1992年进驻中国市场，是最早在中国大陆从事市场研究的国际性研究公司。央视－索福瑞媒介研究（CSM）是央视市场研究公司（CTR）（即以前的央视调查咨询中心）与Taylor Nelson Sofres共同建立的合资公司，致力于专业的电视收视市场研究，为中国传媒行业提供可信的、不间断的电视受众调查服务，CSM拥有世界上最大的电视受众收视调查网络，调查网覆盖150多个市（县）、2.5万余户家庭、超过8万样本人口，对全国近700个主要电视频道的收视情况进行全天候不间断地监测。

② 数据来源参见：http://www.broadbandtvnews.com/Rise-of-digital-devices-drives-new-viewing-habit。

③ 理查德·汉密尔顿（Richard Hamilton，1922—2011）1922年生于英国皮姆利科，曾在皇家学院和Slade艺术学校，随现代艺术之父杜尚学习。汉密尔顿奠定了波普艺术的创作方法，即通过直接挪用社会生活中的一些形象来创作作品。被称作“波普艺术之父”的汉密尔顿是世界上最有影响力的当代艺术家之一，2011年9月13日离世。

图 1-14　理查德·汉密尔顿，《是什么使今天的家庭如此独特，如此有魅力？》，1956

Romance），并加了镜框；桌上放着一块包装好的“罗杰基斯特牌”火腿；还有电视机、录音机、真空吸尘器、台灯等现代家庭电器，灯罩上印着“福特”标志；还有印着电影《爵士歌手》中艾尔·乔尔森特写镜头的一幅电影广告招牌。

在文化人文层面，20 世纪 60 年代，拼贴手法被广泛运用，创意者结合大众文化的特点，将社会流行文化元素用拼贴的方法并置融合，特别是生活中现成的商业产品、饮料或化妆品广告、商标、电影宣传画片等，用通俗化的拼贴方式直接表现出人们对物质的追求，传递出现代消费文化的特征。无独有偶，美国知名艺术家安迪·沃霍尔的作品《玛丽莲·梦露》也是基于视听媒介中的照片（视听媒介语言），用绘画进行二次加工（绘画语言）综合创作而成的。

如何看待视听影像作品的视听媒介语言与绘画语言或其他语言的关系？这一问题，与创意者自身对视听影像作品的把握与理解有关。网络提升了影像作品在 5G 时代的地位与作用。视听影像的发展经历了物质化和数字化传播这两个阶段。在前一阶段，摄影以传统影视、纸媒为介质，以记录方式为主，以宣传传播兼艺术鉴赏为目的；在后一阶段，则是以互联网“数字”为介质，以表达为主，以受众消费为目的。视听影像作品经历了从宣传品到作品到产品再到商品到消费品的过渡，这一视觉转换过程时常让创意者无所适从。

我们要充分运用视听媒介语言的叙述功能。创意者经常借用日新月异的科技手段进行表现，但对新技术、新手段、新方法、新材料了解少，运用少。影像创意者要走得更远，需充分应用新手段、新形式进行创作、传播和呈现视听媒介作品。

创意者应娴熟运用视听媒介影像的商业消费语言。视听影像作品（多指艺术类影像作品和媒介类影像作品）在网络传播呈现过程中，直接被受众消费，之后再进入二级、三级传播，后又经交易渠道进行二次消费，并不断地被复制、链接和再消费。当前，视听影像作品的著作权和版权，在视听媒介产业与网络经济的快速裹挟下，并没有得到充分保护，未来得到规范发展后，创意者的生存状态可能会有所改善。

视听媒介产业市场与影像市场的规范与发展，推动了影像商业言语的运用。视听影像强化影像作品的民生关注度，影像创意者常以悲悯情怀与忧患意识，密切关注现实与民生，让传播类影像作品以商品形式快速进入影像市场与受众的屏幕，但也常常步入自我设置的封闭系统中，自说自话，特立独行。视听影像作品要遵循资本与市场规律，融入现实、关注民生，从受众视角运用百姓话语方式讲述“影像故事”，而不是自说自话。影像作品呈现的不再是创意者的小视域，而是与现实融合的全球视域。

互联网“融合”了视听艺术影像与媒介影像，并成为网络平台的一个核心工具。在观念影像的数字化、媒介化、网络化、信息化这几者之间，数字化是手段，媒介化是工具，网络化是途径，信息化则是目的。当下国内观念影像艺术发展已成时尚，从区域角度看，在具体某个城市或展场影响或许并不大，但经网络传播、受众消费后，作品影响放大数十倍甚至更多，受众可在任何网络终端进行阅读消费，甚至互动反馈，与现场观阅相差无异，影像作品的传播通过网络进一步彰显，从而更深地影响视听影像的其他关联环节。网络平台及传播渠道成为视听媒介语言叙述的又一通道，应充分运用网络工具的“语言与语法”以及视觉传播的呈现方式，掌控视听媒介语言讲故事的分寸与尺度，表达影像创意者的观念与思想。

在感官直觉层面，赫伯·里茨（Herb Ritts）的影像总是那么性感撩人，简单醒目却又美丽。他把黑白影像运用得出神入化，用光影雕刻了五位女明星美丽的胴体（图 1–15）。

在技术技法层面，里茨的黑白人体影像，注重细节，专注肌理质感，凸显自然光，影像整体结构具有很强的个性化色彩。他常通过光影交融来呈现肌肤与形体蕴含的情感世界。他镜头下的裸体影像很少引发争议，这为他赢得很高的声誉，他的作品在性别、语言、历史、艺术和文化等领域都有很高的价值。

图 1-15　赫伯·里茨，《五位明星》

20 世纪 70 年代末，时尚影像有一种微妙而复杂的画作风格，并涉及艺术、技巧、心理学和销售技巧的叙事因素。其中著名的代表人物是里茨。

在对象本体层面，1989 年，这五位超级名模在里茨的工作室里一起摆裸体造型，纤细的四肢慵懒地缠绕在一起，头发则巧妙地弄乱了。影像作为海报制作并在全球发行。从某种角度看，这张影像本质上更多的是集体合影或肖像影像，而不是时尚影像，影像没有呈现任何出售的服装或配饰，只是赞美身体的美丽，是典型的里茨风格：性感、大胆、纯洁。

在文化人文层面，介绍或解读其影像，不得不提到影像创作者本人。里茨 1952 年生于美国加州洛杉矶，大学主修经济学。毕业后从事销售代理并开始对影像产生兴趣，其摄影技术完全靠自学。1978 年，里茨给朋友理查·基尔拍摄了一幅全身肖像，人物的年轻、纯真、脆弱而感性的男性气质，迅速随时尚杂志传遍美国，并一炮走红，使他走上摄影之路。

▼ 产业模式与商业言语问题

从产业与资本角度看，视听媒介产业化与影像资本已渐趋成熟。媒介类影像库及影像传媒公司、艺术类影像产业市场、商业类影像商业化运营已规模化。影像一旦进入资本市场，其趋利本性及商品特性就会进一步放大。

产业同质化严重

受意识形态影响以及视听媒介产业体制机制的限制，影像的网络化发展也相应受限，整体发展显得机械单调，产业化初期呈现“小作坊”形态，以个体形式在有限范围内发展，缺乏统一的规划与战略引领，产业模式过于简单，形式与手段上相互模仿，技术含量与价值评价体系逐渐趋同，同质化竞争普遍，难以实现可持续发展。同时，在市场与产业发展中创新乏力，产业转型缓慢滞后。

商业言语问题

商业言语，即用视听影像商业化言语方式表达对社会现实的看法与评价，用最易为受众接纳的阅读或消费的言语方式讲故事，使即便是不同国别与民族的受众也能看明白，听得懂。当下出现了很多让人不知所云，偏离视听影像表达目的的现象，视听影像商业言语要以受众为中心，以市场化方式，让影像产品从“象牙塔”里走出来，以通俗的形式融入产业市场与商品潮流中，让视听影像成为商品中的“时髦”货。视听影像作品的商业言语与现实生活有较大的关联性。当前，视觉创意生态环境为影像商品的发展提供了多种选择，影像对现实的干涉与影响得到强化，不断演绎并创新展示与呈现的新形态和新形式。当今社会，经济与文化发展的多样性，也为视听媒介产业提供了多样化选择。视听媒介产业应对之策与发展战略推动了产业发展。2015 年 3 月 5 日，国家提出的“互联网 +”战略，意味着视听产业发展获得新的机遇，与其他媒介融合之后的“视听媒介产业”作为产业新形态，正快速融合改变，以 5G 为载体，线上线下互动消费正成为未来视听影像重要的消费增长点，不仅改变着人们的影像消费习惯，也逐渐成为一种生活方式。而且，视听影像作品经历了从宣传品→作品→产品→商品→消费品的演变，更妥贴地迎合了 5G 时代受众影像的消费需求。对影像从业者而言，则意味着如何运用大众熟知的商业言语讲述当代视觉“故事”，可以用影像硬件设备拍摄，也可以用电脑虚拟制作，还可以用多手段融合生成，并使作品进入受众的视觉消费层面，致使影像产业链、价值链与生态链得以重构。因此，影像作品的呈现、交易、消费环节，应完全按产业规律运行。“虚拟影像”“计算摄影”将视听媒介影像视作素材与数据，其作用是收集场景中的数据，以计算技术将素材与数据处理成影像。通过数字化加工后转化成新的商业影像形式，而科技及艺术表现手法只是影像的一种商业运作工具而已。

当前，不少人并不认可影像的资本与产业观念，但同一主题的影像作品，某些可以进入影像市场成为抢手的或收藏或消费的商品，而某些只能成为电脑硬盘里存储的素材。究其原因，是影像产业化之后受市场商业言语的影响，在电影行业一般用“票房”衡量，影像行业有时以“卖相”标称，即视听媒介作品的商业言语叙事是否受到资本市场的青睐，成为影响影像作品的一个标杆，突出表现为用商业化的视听媒介语言表达对当下社会生活的看法与观点，用一种最容易为受众接受的语言方式讲述故事。其实，就是影像创意者所表达的必须让影像受众看得明白、听得懂，并值得点击、转发甚至收藏消费。当下有个别影像创意者的“作品”让受众不知所云，而创意者甚至自诩说，其作品是拍给下个世纪的人观赏的，这就偏离了影像创作的初心了。

图 1-16 是摄影师汉娜 · 斯塔基拍摄的作品《无题》。

图 1-16　汉娜 · 斯塔基，《无题》，1997

在感官直觉层面，有关青春与成长的话题，长期以来一直是摄影师关注的重点。玩耍是 20 世纪街头摄影的一个反复出现的主题，尤其在布勒松、海伦 · 莱维特的作品中极为明显。近年来，在公共场所拍摄儿童的方式有所转变。可能是因为很少有孩子在城市街道上玩耍，也反映出西方社会越来越怀疑那些给孩子拍照的人的动机。美国的莎莉 · 曼（Sally Mann）和蒂尔尼 · 基隆（Tierney Gearon）分别在 1992 年和 2001 年因各自为自己的孩子拍摄影像而引发争议。她们影像上的孩子当时不到 10 岁，有的全裸，有的半裸。

在技术技法层面，虽然很多此类题材的影像存在着艺术创意和机遇耦合及两者相互交融等因素，但汉娜 · 斯塔基（Hannah Starkey）对影像创作过程的控制极为严格，斯塔基让演员扮演角色，尽管这些影像是在普通的城市空间里拍摄的，但所有元素都是精心设计的。

在对象主体层面，通过仔细构造影像，控制影像中的所有元素，向受众表达创作者看待世界的态度。精心挑选的角色，可以展现他们看待这个世界的态度。该影像是 20 世纪 90 年代兴起的用影像叙事的一个典型例子。

在对象主题层面，虽然故事本身尚不清楚，但场景似乎充满了意义。受众不确定的是，把盯着镜子上一只飞蛾的主角描述成女孩还是女人。然而明显的是，影像中女性内心的沉思时刻才是场景的焦点，并激活了构图的叙事元素。在这一场景中，年轻女孩拥有所有的力量，表明了当今社会中青春与美的至高无上。

在文化人文层面，摄影师在创作实践中发现，从童年到成年的转变是摄影师的一个丰富的创作题材。青少年作为主体对象，生活在成人受众看不到的心理环境中。在这一创作题材类型中，处于女性边缘的女孩往往是女性摄影师青睐的题材，从而体现拍摄对象完美的细节，创造出强大而真实的现实生活造型。

研究视听影像的商业言语，是从资本与产业角度审视的，是一种外在的审视标准，并且是影像作品创作之后对于成品，也即成为商品之后的一种审视标准，旨在通过市场化产业方式，让视听影像作品成为受众认可的商品，以商品特性来衡量影像作品。与此同时，我们并不否认，“纯艺术”类视听影像作品，仍然是视听媒介影像的重要组成部分。

视听媒介影像作品的商业言语与影像现实创作有较大关联，从市场角度看，也可说与影像作品的生产有关，即要遵循供需双方的商品市场规律。近年来，国家逐步强化媒介管控，规范视听影像作品的知识产权保护，这既是影像行业产业化信号的释放，也是文化创意产业发展的新起点，同时也是影视生态环境为视听影像发展提供的多样性选择的一个契机。视听影像对现实的商业性干涉与影响得到强化，不断演绎并创新影像的形态与形式。当今社会经济、文化发展的多样性为视听影像转型发展提供了市场与资本平台，视听媒介产业的对策与发展战略对视听影像的转型发展起到重要作用。对影像创意者而言，意味着如何运用最流行的视听媒介语言讲述当代“故事”。这种讲述可以是现实的，也可以是未来时的；可以是用相机拍摄的，也可以是用电脑虚拟的，并借助传播，进入大众的视觉消费层面。视听影像的产业链、价值链与生态链正在完善，国家层面也高度重视，并从资本与产业政策方面给予大力扶持。

图 1–17 是摄影师洛娜 · 辛普森拍摄的作品《持水者》。

在感官直觉层面，洛娜 · 辛普森的影像作品多以非裔美国女性为主，作品中融入了意象和文字，在性别、种族、文化和身份等方面挑战人们对身份的认知。在《持水者》(*In the Waterbearer*) 中，她发现了一种几乎成为她的模板的创作方式与方法，并对她未来的创作产生了巨大影响。

在对象主题层面，影像中这位女性所穿的宽松的白色连衣裙并没有展现她的身材，因此否定了影像中的女性作为性感对象的刻板印象。她拿着两个完全不同的盛水容器：一个是用现代白色塑料制成的容器；另一个容器由某种反光金属制成，似乎更具历史意义。当女子拿着这两件物品时，她张开双臂的样子让人想起正义的天平。两件盛水容器不平衡的

图 1-17 洛娜·辛普森,《持水者》, 1986

位置暗示了一种潜在的社会不平等，受众看不到女人的脸，这一事实无疑加剧了这种不平等。

影像运用了文字符号元素强化意义的表达。影像上的文字意思为：她看见他消失在河边，他们不相信她的记忆，要求她讲述究竟发生了什么事。文字给画面增添了一种威胁感，让受众不禁要问，画面外可能发生了什么，是逃跑还是私刑？不管答案是什么，这位女士对事件的记忆是什么，又被谁打了折扣？文字的运用表明，女性的声音也被否定了，从而强化了这种不平等的观念。辛普森的影像在作品的文本、图像和潜在的阅读之间呈现了有趣的互文作用。影像中的文本是开放式的，没有故事的连贯性；受众想知道“河边”究竟发生了什么，以及为什么女人对事件的说法被驳回。然而，尽管文本令人不安，但这名女子自信的姿态和倒水的行为表明，她的自我意识并没有因为社会拒绝承认而消失。

在对象本体层面，辛普森把女人的背对着受众，通过联想，也就是那些不相信她记忆的人，让她“通过自己的凝视创造出一个她既能自我定义又能自我决定的空间”。因此，她可以自由地建立自己独特的身份，与社会可能强加于她的身份相分离。辛普森影像中反复出现的一个主题是头发，头发是非裔美国人自我和骄傲的标志。她经常呈现黑人女性如何试图通过头发和染发来顺应白人对美的观念。然而，在影像中，女人的头发是自然的，凌乱的。女性右手中的容器是由塑料制成的，这表明影像的时代形象是在 20 世纪或 21 世纪。另一只手拿着造型优美的水壶，让受众想起了过去，黑白相间的画面也让人想起了过去。因此，影像中的女人被悬挂在过去和现在之间。白色连衣裙的简洁并没有透露穿衣者的性格或身份，对比鲜明的纯黑色背景也无法将她定位在任何特定的时代或空间。这使得影像中的女性成为所有女性的代表，尤其是代表从古至今的黑人女性。

因视听影像的生态环境氛围和产业链变化，影像创意者创作完成后基本可不理会市场营运，影像作品的呈现、交易、消费环节，完全按资本与产业、市场规律运行。当然，目前视听媒介产业链自身并不完善。影像作品的商业言语，在资

图 1-18 王庆松，《最后的晚餐》

本与市场的催化下，与高新技术快速融合，开始了视听媒介语言的专业化细化分类融合发展，出现了“计算摄影”[①]“软件图片”和 VR、AR 等概念。

王庆松作品《最后的晚餐》（图 1-18）模仿西方绘画，用影像表达一种观念。形式模仿是其特色，用于表达个人的艺术观念以及对社会的看法和评价。在平面影像和动态影像领域，这种模仿方式沿袭和借用较多，属于观念艺术范畴，影像中的形象隐喻成为观念与思想表达的符号与工具。

“计算摄影”的发展及应用

2014 年 11 月，学者大卫·坎贝尔在研究荷赛时提出“计算摄影”概念[②]，让摄影人大跌眼镜。其实，作为专业学科，计算摄影早已存在，只是摄影人不熟悉而已，大卫·坎贝尔的报告，把这门学科置于数字摄影的前沿，引起摄影人关注。计算摄影是指采取高新技术提升计算机影像的制作水平与能力，形成数字相

---

① 荷赛影像专家大卫·坎贝尔（David Campell）于 2014 年提出“计算摄影”概念。认为所有的图像都必须经过处理才可能存在。将相机理解为收集数据的工具，其作用是将场景中的数据尽可能地收起来，然后通过先进的计算技术将数据处理成最后的照片。这使得“原始影像”的定义变得模糊，因为在按下快门的瞬间得到的影像并不是一张完全成型的照片，摄影已经变成了“计算摄影”（Computational Photography）的“数据收集”过程。“计算摄影”中没有真正的“原始影像”，最“原始”的就是 RAW 文件，RAW 既非显像也非潜影，而是传感器记录的数据，传统影像的胶片与原始数据的后期并不是摄影的一部分，抑或不是摄影行为本身。

② David Campell Integrity of the Image_2014 Campbell report.（即《影像诚信：新闻与纪实摄影中静态操纵相关的现行实践和可接受标准》）见 www.worldpressphoto.org，是基于对 15 个国家的 45 名业内专业人士的研究项目，从操纵的定义、现状、问题、影响等多个方面进行了研究总结。

第二章

视听媒介语言的符号、叙事及表意

2

“万物相融皆媒介”，成为学者标注当前时代为“第三媒介时代”标签的理由。当前，具备标志性的特征太多，形式上是网络与数字，表现上是视听媒介产品，动态是屏幕内容，静态是影像语言。万物皆在融合。最核心的融合不是形式，是媒介符号与语言的融合。传播还是那个传播，内容还是那个内容，受众却已不是那个受众了。以屏幕为媒介的受众阅读，其语言形式的变化或融合是最核心的，表面上看是媒介系统的延伸和演化，深层原因仍是基于网络与数字的符号与语言。

第一节　视觉语言、视听媒介语言与影像语言、图像语言

▼ 语言与符号，影像与图像，媒体与媒介

无论媒体怎么“融”、如何“传”，实质上仍是以屏幕为呈现展示介质的消费性视听媒介符号与语言的传播。视听媒介作为语言符号，既有文字、影像符号，也有视听觉等符号，以及味觉、嗅觉等符号。因此，掌握符号的视听技术编码与语言的表意编码极为重要。

“影像”在英语中释为“通过视听感官获得的意象”[①]。我们看到的事物就是影像所表现的外在呈现和显示。在对当代视听媒介影像符号的语言解读中，人类的共同经验成为“编码者”与“解码者”之间进行思想观念链接的关键。对于创意者而言，创意需要跨越特定符号与语言领域的限制，将不同的表意符号与语言同高新技术结合起来，对模糊边界的探索以及对视听觉核心的触碰都要具有时代意识和寻找未来趋势的能力；对于影像受众或消费者而言，通过接受和接纳信息或产品观念，解读过程成为时代精神的需求和变革力量的体现。因此，当代视听影像是时代变革的体现，也是视听媒介未来的发展方向。

瑞士语言学家索绪尔的语言学理论体系在汉语语言体系中得到承认与认可的时间并不长，早期汉语词典关于语言的描述为：“人类所特有的用来表达观念、交

① [美]保罗·M.莱斯特著，霍文利、史雪云、王海茹译，视觉传播：形象载动信息[M]，北京广播学院出版社，2006年6月版，P414。

流思想的工具，是一种特殊的社会现象，由语音、词汇和语法构成一定的系统”。[1]在此基础上衍生出的视听媒介语言则是一个新的语言体系。视听媒介语言是基于文字语言符号体系发展起来的由视听影像、听觉等多种符号构成的认知表意符号系统[2]。

马塞洛·布罗茨基的作品《好记忆，同学》来自Google搜索引擎，以Memory bridge为关键词搜索得到。

图2-1　马塞洛·布罗茨基，《好记忆，同学》，1996

该影像不得不让人联想到国内一张同类型的影像，当然国内艺术家的影像是在此之后的很多年了。

在感官直觉层面，初看以为是一幅青葱的同学合影，其实不然，马塞洛·布罗茨基的影像作品聚焦于《阿根廷的肮脏战争（Argentina’s Dirty War）》。那场战争中，国家系统地折磨并处决了数千名公民，这些人后来被称为“消失的人”。

在文化人文层面，由豪尔赫·拉斐尔·魏地拉将军领导的军事独裁政权于1976年掌权，在阿根廷实行高压统治，直到1983年才结束。布罗茨基40岁时结束了在西班牙的流亡生活并返回阿根廷。他从自己家庭成员的相册开始，着手进行一项影像计划，试图向后人传递创伤经验并建立“记忆的桥梁”。

在对象主题层面，影像作品拍摄于1967年的布宜诺斯艾利斯国立学校，是布罗茨基的班级照，布罗茨基在影像中用更亮的颜色标注了同学们各自的命运：有人结婚生子，有人移居海外，有些人则“消失了”。这幅作品来自布罗茨基的一个更宏大的影像项目，旨在不断重新构造现存的资料。包括摄影师本人的家庭影像在内的其他影像作品，主要聚焦

① 中国社会科学院语言研究所词典编辑室编，《现代汉语词典》（1978年版），商务印书馆，1978年2月。该词典“语言”词条。

② 张宇丹，影视作为叙事语言论稿之一[J]，云南艺术学院学报，1999年第2期，P5-12。

于他“消失的”兄弟——费尔南多。他在 1979 年被带走，当时只有 22 岁。这些作品通过将过去置于当下，强迫“幽灵般”的人物肖像来预示自身的命运。布罗茨基的影像项目提供了一种主观性叙述，其影像成为一种纪念。布罗茨基将熟悉的本地资料与个人证词置换到公共语境之中，向人们提供了一个认同并且理解遥远事件的机会。布罗茨基借此探索了影像的力量，即影像在集体历史与私人记忆之间起到的调节作用。

在技术技法层面，大胆地运用彩色进行文字注释，手写的注释使用大胆和明亮的颜色，令人联想到儿童游戏和填色书，而不是权威的官方记录。受众可以借此将少年与他们各自成年后的未来融合在一起，但当时这些少年都未曾意识到自己今后的命运。

在对象本体层面，创作者借用毕业照的形式来表达现实与未来的期许与结果。注释是高度个人化的反思，使同学们成为真实的、可触及的人。艺术家坐在他的朋友旁边，旁边的文字写道：“马丁是第一个被带走的人，他没来得及认识自己的儿子，现在已经 20 岁的巴勃罗。马丁是我的朋友，最好的朋友”。标识的存在表明这是一张典型的班级毕业照，它是艺术家从个人档案中获取的一幅图像，通过使用具有这种常见标识的图像，布罗茨基使受众更易识别到他围绕图像建构的创伤叙述。

传统图像概念

不同学者给出的概念内涵不同：“图像（Pictorial image）是人类为了通过视觉获得信息而制作的东西”[①]，“就是用任何技术手段将人或物重现为二维（或三维）画面的视觉信息”[②]。在汉语中，图像是对自然景物的客观反映，是人类认知世界和人类本身的重要源泉。“图”是物体反射或透射光的分布，“像”是人的视觉系统所接受的图在人脑中所形成的印象或认知，包括照片、绘画、剪贴画、地图、书法作品、手写汉字、传真、卫星云图、影视画面、X 光片、脑电图、心电图等都属图像范畴，图像概念包含了视听影像等介质在内。信息传播是需要媒介的。在索绪尔的符号学中，传播媒介可以由不同物质即声音、文字、实物、图像等载体构成，而视听媒介语言是以空间视听符号传播信息，不具备文字符号表意明确的视像性特征。

---

① [日]宫川洋，渡部睿编著，马喜延，韩子勤译，图像电子学基础[M]，人民邮电出版社，1985 年 6 月，P191。书中指出：Pictorial image 是人类为了通过视觉获得信息而制作的东西”，“就是用任何技术手段将人或物重现为二维（或三维）画面的视觉信息”。一般“影像”多指影视媒体中的视听信息。

② [日]宫川洋，渡部睿编著，马喜延，韩子勤译，图像电子学基础[M]，人民邮电出版社，1985 年 6 月，P192。

传统影像概念

英语中影像（Image）的概念则争议小得多，作名词时是“影像、形象、肖像、偶像”，作及物动词时是“想象、反映、象征、作……的像”。影像一般用Photo Image表达，意指以光学、电子、数字、记录装置和感光材料等捕捉光线记录而成像，分为静态影像（Photo Image of Still Photography）、动态影像（Photo Image of Motion Picture）、电视影像（Television Photo Image）等。《中国大百科全书》[①]中的“影像”词条：亦作“影象”，画像、遗像，影子、身影，征象、迹象，形象（人的音容行为），物体形状、形相，印象。《现代汉语词典》中释意：“肖像、画像、形象；物体通过光学装置、电子装置等呈现出来的形状[②]。”《辞海》中的“影像”词条[③]：泛指由透镜或镜子所构成的物体的形象，有虚、实两种[④]。影像是视觉的一种选择[⑤]。视听觉能够迅速感知事物或发生的事件[⑥]。影像与现实是有客观差距的，影像是虚拟的视觉对象，而现实是世界本身。影像不是把言语作为自己的内容，而是把言语和思维表现的外部世界作为其内容[⑦]。

当代影像概念

当代影像是指经设备拍摄或制作而成的像。有数字与胶片或其他介质等形式，多以照片、摄像、电影、视听媒介等载体展现。当代影像又多泛指图像，即非摄影成像，其本质是影像或电脑制作影像的外延，又被称为“造相”或“虚相”，包括数字绘画、图纸等可供呈现的载体。

当代影像是视听语言诉诸“听”与“看”的媒介作品，又多指视听影像，是

① 中国大百科全书总编委会编，《中国大百科全书（第二版）》，2009年3月出版。

② 《现代汉语词典（修订本）》，商务印书馆，1996年7月第三版，P1512。

③ 影像词条：古希腊德谟克利特的朴素反映论学说。他将恩培多克勒的流射说与其原子论结合起来，认为事物为原子群所构成，原子群流射出来的极细的东西就是“影像”。影像进入感官‘孔道”，引起感觉；更精细的影像可直接作用于灵魂原子，引起思想（理性）。但他又认为感觉是认识的起点，是思想（理性）的依据与证明。

④ 辞海编委会编，《辞海》[M]，上海辞书出版社1989年版，1989年9月。

⑤ [美]鲁道夫·阿恩海姆著，腾守尧译，视觉思维[M]，光明日报出版社，1987年7月，P65。

⑥ 罗刚，刘向愚编，文化研究读本[M]，中国社会科学出版社，2000年9月，P428。

⑦ [美]保罗·莱文森著，何道宽译，数字麦克卢汉[M]，社会科学文献出版社，2001年，P58。

视听语言的基础。不仅包括影视、摄影、多媒体，还包括装置、绘画影像，在向“大影像”方向发展。首先，影像的基本单位大多是指“镜头”，其实，镜头并不是影视语言最小的切分单位，但却是一个便于研究与分析的基本单位。其次，摄影对于形成影像具有重要意义，摄影决定了视听语言的绝大多数重要方面。因此，影视作品的影像，最首要的还是摄影。

视听影像元素

主要指形成影像的机位、位置、调度、画幅、景别、角度、构图、焦距、运动、景深、光线、照明、色彩等环节的元素。有学者从影视语言修辞角度[①]归纳了 13 种构成影像的元素，分别是长镜、特写、递进、叠印、重复、闪现、插入、变格、形变、碎切、偏重、喻意、幻构。总之，不同分类有不同的构成元素，此处不再列举。

图像与影像的差异

一是人类早期，形象记录较少，“绘画”则成为早期最主要的图像，而不存在影像。二是“人工性”与“技术性”的区别，当代图像偏重人工制作特性；当代影像偏重技术手段，如光学、机械、电子等；影像内涵随科技的发展而不断更新，如“视觉后像”“视觉暂留”则是影像技术中的电影支撑技术。图像与影像都是人对现实对象的人为控制并主观表达的结果。

媒体与媒介

两者争议较多。在《现代汉语词典》[②]里，两者的区分极为明确。媒介：使双方（人或事物）发生关系的人或事物，英文对应词是 Intermediary，Medium，Vehicle；媒体：指交流传播信息的工具，如报刊、广播、广告等，英文对应词是 Media。中西方在两者之间都有较多歧义。从当代应用角度看，媒体多指组织与机构，为集体名词；而媒介多指单数名词，多指工具。

图像语言的编码与视听媒介语言的编码区别

一是图像语言编码是创意者对于对象有主观倾向的陈述；视听媒介语言编码

---

① 李显杰，电影修辞学——镜像与话语 [M]，文化艺术出版社，2005 年版。

② 中国社会科学院语言研究所词典编辑室编，《现代汉语词典》2002 年第四版，该词典收词 6.1 万。

则是近乎镜像的反映。二是图像语言编码需要绘画技法主导支配，可复制对象并改变主体的内在特性；视听媒介语言编码可选择对象及主题，但无法改变对象主体的内在特性。三是图像语言编码技术难度大且复杂；视听媒介语言的技术难度小，编码则简单易用，当代社会几乎人人会影像创作，却少有人懂绘画。四是图像与现实的关系是变形关系；影像与现实的关系是记录关系。五是视听媒介语言体现了空间的直接性和时间的先在性；而图像语言则抹平和淡化了空间的直接性和时间的先在性。

图 2–2 为摄影师张洹拍摄的作品《为池塘增高水位》。

图 2–2　张洹，《为池塘增高水位》，1997

在感官直觉层面，自从《为无名山增高一米》的行为艺术出名后，此后同类行为艺术或影像艺术层出不穷，大多是表演或行为艺术，但最终体现的却仍是影像方式。

在对象主题层面，对于在 20 世纪八九十年代进行创作的中国艺术家而言，表演是一种政治化的行为。行为艺术被视为个体自由与文化创新的僭越。但对于 1965 年出生的张洹而言，“身体是一种语言”。

在技术技法层面，张洹制作了一系列丰富多样的作品，述说了个体自由受所在环境的约束。张洹创作著名的行为艺术作品——《为池塘增高水位》时，雇用了 40 名失业农民。这些人来到北京寻找工作机会，他们站在池塘里，正如作品名称所说，为了增高池塘的水位。

在文化人文层面，根据张洹的创作理念，影像中的人物严肃的面孔表现了生活的“自我折磨”。这种荒谬的行为和记录该行为艺术的影像，突出了农民工生活的艰辛。

西方语言符号体系中，符号主要分为两类。一类是线性符号，如文字、言语等，按时间顺序传播表达，依据概念、判断、推理来识别理解；另一类是面性符号，如图画、影像等视觉识别，依据视觉心理识别。这两种符号系统表达与传播方式不同，形成了认知的差别。

罗兰·巴特（Roland Barther）在《影像修辞学》中指出："社会中各式各样的技术，通过抵消对于不确定符号的恐惧方式来固定那游动的所指链"，视听媒介语言的符号编码技术也是一种面性符号编码，其编码的技巧性、专业性程度同线性符号不同，需要多年视觉素养教育训练。在索绪尔的理论中，线性符号实际上是长期以来约定俗成的，其能指（音形）与所指（意义）之间的关系是任意性的，符号的表达形式与所指代的事物对象之间不是一种唯一必然对应的关系；线性符号的"言语就是为交流目的而分解一个整体的形象，好像人们为装运把机器拆开一样；而了解讲话就是从拆开的零件中把形象重新组织起来"[①]。而面性符号则是"概括并组织我们在三维空间中知觉到的东西，像油画把聚集在时间维度上的行为综合起来"[②]。

在这两种符号形态的比较中，阿恩海姆认为："视听影像是一种高级媒介，能够按照确定的形式、形状组织起来并再现，比语言媒介（线性的）优越得多。"文字符号是使人与事物间离的媒介，而影像符号则是融合人与事物的媒介。文字符号的传播需要翻译转换，而影像符号则无须转换即可传播。

图 2-3 是摄影师罗妮·霍恩拍摄的地理图景《你是天气》（局部）。

在感官直觉层面，以人脸表现天气预报，影像的确有独到之处。美国艺术家罗妮·霍恩（Roni Horn）使用雕塑、绘画、影像和现场特定装置来探索人物内心的地理图景。《你是天气》是霍恩为艺术家玛格丽特·布伦达尔拍摄的肖像，共 100 张。

在对象主题层面，霍恩与布伦达尔一同在冰岛游历时，参观了岛上自然温度不同的温泉池，这一现象是由岛上变幻的气候造成的。霍恩的作品呈现了布伦达尔的头部和裸露的肩膀；她的身体淹没在水中，只在画面框架的底部依稀可见。

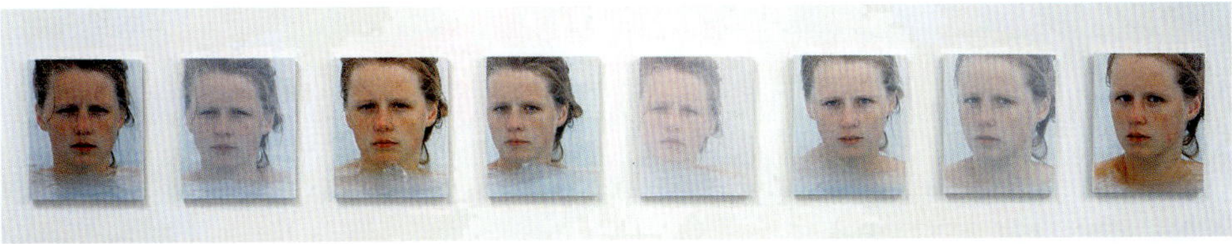

图 2-3　罗妮·霍恩，地理图景《你是天气》（局部），1994-1996

① [美]鲁·阿恩海姆(Ruddf Amhaim)，《艺术心理学新论》(New Essayson the Psychology of Art)。

② [美]鲁·阿恩海姆(Ruddf Amhaim)，《艺术心理学新论》(New Essayson the Psychology of Art)。

在技术技法层面，通常情况下，这些肖像以同一水平线的方式悬挂，不断变化的天气反映在模特的脸上，天气也随着模特本身的表情不断变化。

在文化人文层面，影像批判了肖像影像的传统，这一传统要求通过单一的肖像捕捉被摄者的复杂性。然而，霍恩的意图更具概念性，在不断地变幻中，模特本人化身为波动的天气。令人费解的是，布伦达尔的表情引起了人们对作品主题的质疑：变换的天气既可以是模特，也可以是受众。随着受众与作品之间互动体验的展开，受众本身也扮演了积极的角色。

影像的画面语言与画面语言关系

影像画面是指已形成影像的呈现语言。影像画面与画面的关系为从属关系，旨在区别于其他形式的画面。区分在于，一是画面的来源与类型太多太复杂，需区别对待；二是区别于电脑制作的“计算摄影”或“软件照片”生成的画面。画面语言是由背景、色调、影调、光线、媒材等特定视觉元素构成的符号关系的表意语言，既包括图像、照片、视频，也包括绘画、雕塑等形式。可以是单张照片，也可以是组合影像，都以画面为单元叙事表达。

影像的镜头语言

镜头语言是一种基于设备性能与高新科技的技术言语，经创意者主观判断选择后，镜头拍摄或制作形成的以影像画面形式表达的语言。如光场相机的全景深画面语言。影像画面语言是已有影像各元素综合形成的表述语言，是一种语言结果；影像镜头语言则是通过设备性能与技术表达运用的一种语言，是一种过程语言。

托马斯·苏文（Thomas Sauvin）是一位在北京居住了十年的法国摄影师兼收藏家。从 2005 年起，他从废品回收站中拯救了 50 多万张照片底片。他对底片选择与编辑，发现这些照片的镜头全部对准了北京基层的老百姓，以朴实的镜头语言反映了自开放以来北京真实生活的一面（图 2–4）。托马斯·苏文又选出若干照片推出《北京银矿》影像展，在中国香港、英国、美国、澳大利亚、新加坡等地办展，集中呈现北京居民生活。

从影像语言角度审视，其可贵之处在于：一是经过时间沉淀和洗礼，这类影像已经很少或已被破坏销毁；二是早期的记录者的影像语言运用得精致到位，与当代影像语言相比一点不逊色；三是这些影像是对一个时代政治文化的缩影；四是该影像的画面语言是一种

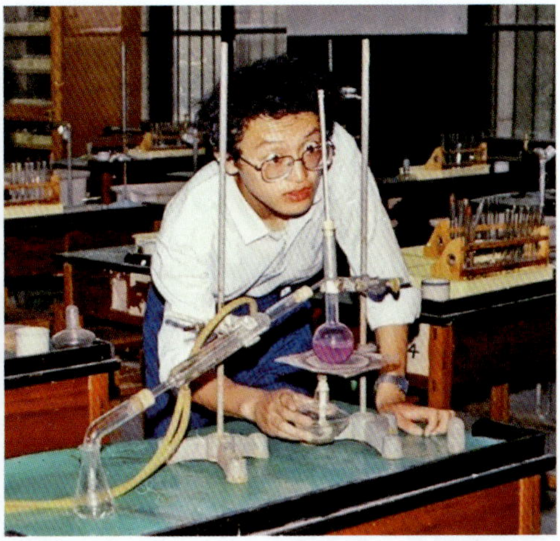

图 2-4　托马斯·苏文，《北京银矿》

综合性语言，既有影像拍摄者的本体言语，又有视觉技术言语，还有对象主题言语与文化人文言语的综合运用。

单幅照片是一种视听媒介语言的个体描述，而经过编辑选择之后组成的展览则是以整体画面的语言进行描述。画面语言既可以是单幅影像画面，也可以是整体的系列画面；既可以是静态影像，也可以是动态影像，甚至有时还可以是动静融合的多媒体影像。

图 2–5 最初为美国万宝路香烟广告，该影像作品的拍卖价格曾创下多个纪录。

在感官直觉层面，影像中，一名手拿套索的牛仔正骑马驰骋。影像的背景可以看到空旷的地势与蓝色的天空。影像来自理查德·普林斯的“牛仔”系列。普林斯于 1980 年开始着手该系列，并持续了 10 年。和该系列的其他作品一样，这幅影像翻拍了“万宝路牛仔”（Marlboro Man）的经典形象。

在技术技法层面，从 20 世纪 50 年代中期开始，菲利普·莫里斯（Philip Morris）公司便在自己的烟草广告中使用牛仔形象。最初选择牛仔作为广告主打，是为了在男性消费市场上推广万宝路香烟品牌，不再以女性作为主要的消费诉求对象。而牛仔形象也不容易让人联想到吸烟导致肺癌的调查报告。普林斯将这一广告形象剥离最初的语境，进行重新编排与拍摄。普林斯拍摄的杂志广告通常都色彩艳丽，具有十分醒目的效果。影像中，牛仔的皮裤和外套都是生动鲜活的黄色，提醒受众这一形象来源于广告影像，并不是关于西部牛仔的真实描绘或纪实摄影。

在对象主题层面，影像脱离了商业语境，被放大之后放置在画廊中进行展览。孤独的

图 2-5　理查德·普林斯，《无题（牛仔）》，1991

牛仔形象成为美国男子气概孤独和自由的象征。影像拍摄于里根总统最初执政期，牛仔的浪漫形象也让人联想到总统的公共形象：他曾在 1980 年的官方竞选影像中佩戴斯泰森（Stetson）牛仔帽，里根曾在许多西部电影和战争电影中扮演过英雄角色，普林斯挪用了“现成影像”。这一做法意味着他拒绝了能够代表艺术家本人的任何作者性概念。经由普林斯重新拍摄的影像，除了颜色对比更为强烈和影像锐度有所降低外，几乎与原始广告图像相同。尽管如此，当影像被裱框并悬挂在画廊的墙壁上时，便获得了原始图像及其原作者所没有的艺术地位。

在对象本体层面，影像中，普林斯的牛仔位于颜色稍微暗淡的天空之下。他将作为全美自由和冒险象征的牛仔形象，转变为一个更普世的形象。而在普林斯拍摄的其他牛仔影像中，大多可辨识出带有美国特色的沙漠景观。牛仔的黄色外套在身后飞扬，说明影像拍摄时，牛仔正在试图用套索套住动物。他被描绘成一位孤独的英雄，这一形象在流行的好莱坞西部片中得到进一步的强化，成为美国个人主义和自由意志的象征。天空背景下，白色的斯泰森牛仔帽位于画面的中央，再次强调了最初广告中所使用的狂野西部传统经典男性形象的力量。斯泰森牛仔帽也被认为是强壮、自由而奔放的西部牛仔的经典配饰。

▼ 视听媒介语言同语言学和符号学的关系

“语言是一种符号”，语言是语言学的研究对象，又是符号学的研究对象。回顾语言学与符号学之间的关系，一直以来争议颇多，主要有四个方面。一是认为语言学是符号学的一部分，代表有瑞士语言学家费尔迪南·德·索绪尔（Ferdinand de Saussure）[①] 与当代著名符号学家托马斯·西比奥克（Thomas Sebeok）[②] 两派，认为符号的意指活动（Semiosis）的最高层次是人类符号活动（Anthropo Semiosis），而其中最重要的是语言的使用。世界上任何一种动物都有它们独特的符号系统，动物交流的符号为动物符号活动(Zoosemiosis)[③]。二是认为符号学是语言学的一部分[④]。代表人物是法国符号学家罗兰·巴特（Roland Barthes），他认为除人类的自然语言外，没有其他复杂的符号系统。虽然许多物体（如电影、电视、广告、漫画或新闻影像、服装、人的行为方式等）具有意指功能，但需要附加文字来确认或重复其意义，即符号学的起点可以是非语言成分，但必须通过语言起作用。三是认为语言学与符号学之间是平级关系，平级关系又分平行关系和交叉关系，认为符号学是研究符号系统的科学，语言学和符号学各有专攻，两者相互独立，毫不相干[⑤]。其代表人物有法国符号学家皮埃尔·吉罗(Pierre Guiraud)。概括来说，他认为符号学关注的更多是哲学、文艺、社会学等方面的问题，这些领域与语言学关系不大。语言学则专注于文字语言，形、义并重是语言学的重点，而符号则是形、义结合的基本单位。这种符号意识为沟通语言学与符号学这两门独立学科建构了一座桥梁。四是后来的语言学者引入符号学研究语言。其代表人物为皮尔士(Charles Sanders Pierce)和澳大利亚语言学家韩礼德(Michael Halliday)，其理论重新划分语句结构、文本种类及许多其他语言学范畴，直接采用符号学模式，将语言研究分

---

① [瑞士]费尔迪南·德·索绪尔（Ferdinand de Saussure），《普通语言学教程》，Open Court 出版公司，1989 年，P15-16。索绪尔（1857—1913），瑞士作家、语言学家，他在书中明确指出：语言是表达思想的符号系统，因此，它类似于文字、聋哑语字母表、象征仪式、社交礼节、军事信号等，只不过语言是这些系统中最为重要的一个。我们可以考虑建立一门研究社会中符号生命的科学；它将是社会心理学的一部分，因而也是整个心理学的一部分；把它叫作符号学（Semiology，来自希腊语 semeion“符号”）。符号学将阐明符号由什么构成，符号受什么规律支配。语言学仅是这门学科的一个分支。符号学所发现的规律将适用于语言学，语言学也因此获得它在人类知识领域里的确切位置。

② 托马斯·西比奥克(Thomas Sebeok)，符号就是符号[M]，印第安纳大学出版社，1991 年，P66。“语言学在结构上，而不是在功能上是符号学的独立分支，符号学的其余部分研究各种非语言的意指和交际系统。”

③ 托马斯·西比奥克(Thomas Sebeok)，符号：符号学导论[M]，多伦多大学出版社，1994 年，P1-2。

④ 罗兰·巴特（Roland Barthes），符号学要素[M]，灯塔出版社，1970 年，P11。

⑤ [法]皮埃尔·吉罗(Pierre Guiraud)，符号学[M]，鲁德利奇和科根·保罗出版社，1975 年，P1。

为句法学（Syntax）、语义学（Semantics）和语用学（Pragmatics）这三大领域。

上述四种理论观点各有其缘由与缺陷，这不是本书研究的重点，重要的是这四种观点都认为符号意指活动的形态是多种多样的。符号可以分成两大类——语言符号和非语言符号，后者又可分为影像、音乐、绘画、建筑、行为符号等，有学者还画出了现代符号学的版图。

视听媒介语言就是基于上述理论，把影像符号学放到现当代学术背景中研究，将影像符号的意指活动作为研究对象或观察角度，准确了解把握视听媒介语言，这其实与自然科学发展的过程是一致的。“自然科学和人文科学中的跨学科现象，是出于研究精确化的需要，对现有研究手段（诸学科方法）不断加以调配组合，综合运用。”①

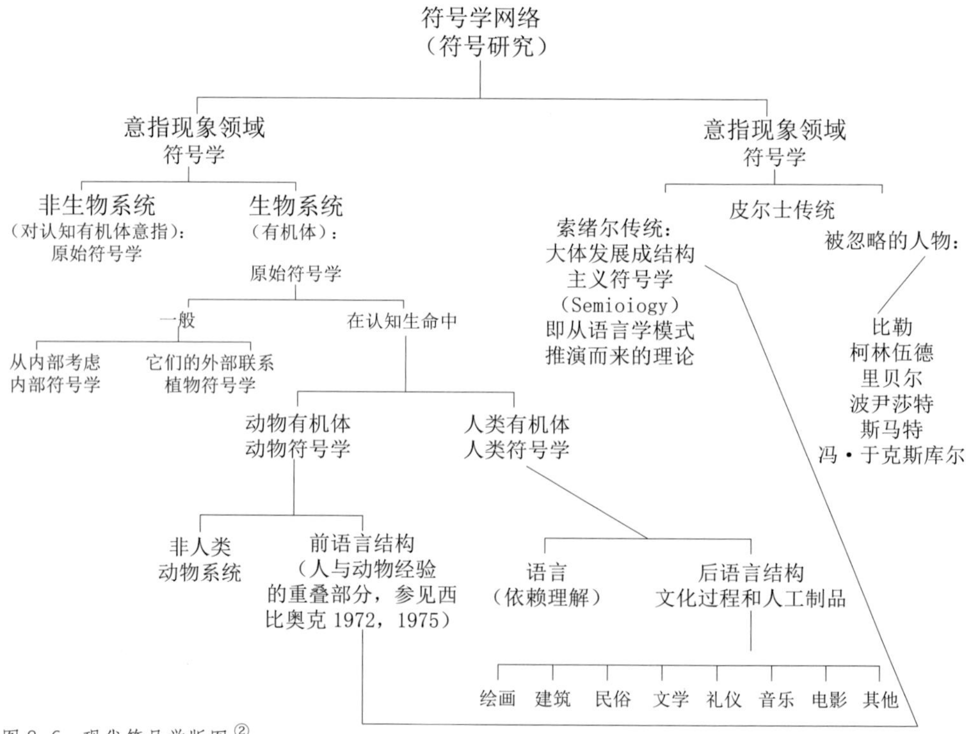

图 2-6　现代符号学版图②

① 李幼蒸，理论符号学导论[M]，中国社会科学出版社，1993 年，第 97 页。

② 引自迪利（John Deely）：《符号学前沿》，印第安纳大学出版社 1986 年版，第 xii 页。

视听媒介语言学，包括视听觉符号与文字符号，多种符号共同作用表达意义，主要功能在于交流；媒体影像符号学是以影像对象为主的符号学，包括影与像两方面，主要功能在于媒体传播。另外，影像符号学是从表意元素层面表述的；而媒介语言学是从信息交流层面表述的，侧重点与其社会功能与信息交流主体有所不同。

▼ 视听媒介的符号特性

图 2–7 是摄影师薇姬・亚历山大创作的作品《数字 2》。

在技术技法层面，加拿大摄影师薇姬・亚历山大在其影像作品中“挪用”了流行的消费图像元素，通过剪切、重新拍摄、排列和组合等方式重塑时尚影像，如《数字 2》（*Numéro Deux*）。

在对象主题层面，影像中，摄影师将模特的两张不同影像重复呈现，并且放置在一个精确的、极简主义的网格中。这一做法不仅挑战了大众媒体将女性形象商品化的做法，质疑了时尚界的人为矫饰，同时向美丽、原创性、独特性和个性的真正含义提出疑问。

在对象本体层面，从 20 世纪 70 年代后期到 80 年代后期，大部分后现代主义影像作品都运用了挪用与混成（pastiche）；高雅艺术和低俗文化之间的界限变得十分模糊，之前主导的现代主义神话——包括自主性、原创性和著作权受到了持续挑战。

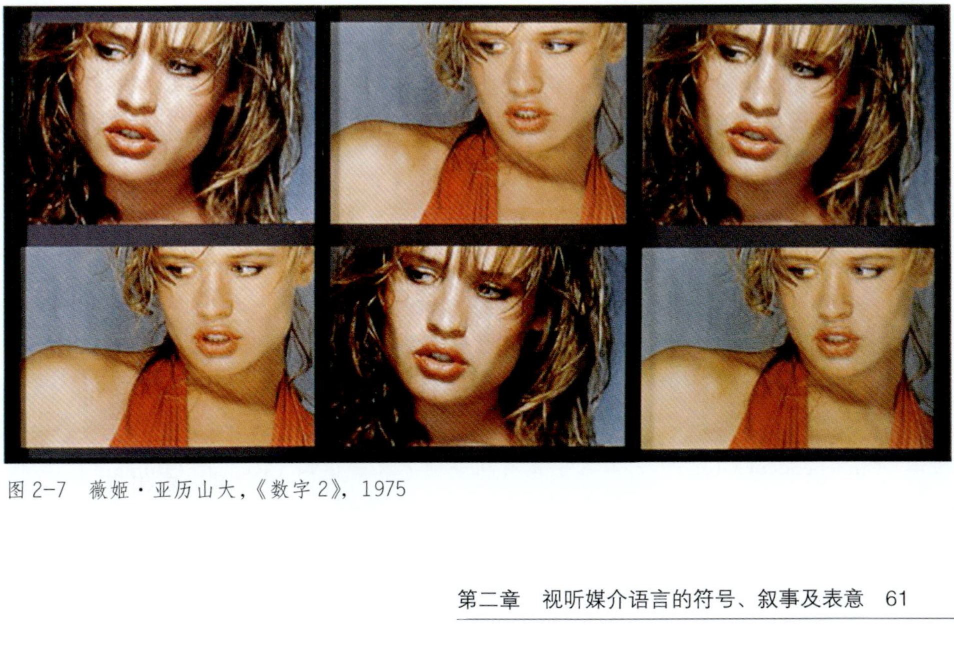

图 2–7　薇姬・亚历山大，《数字 2》，1975

在文化人文层面，20世纪70年代，随着西方社会、政治和经济条件的变化——更为灵活的劳动力市场，新的生产手段、商业和技术的发展，以及全球消费主义的兴起，艺术创作领域也出现转变。人们所熟知的“后现代主义”在当代理论界成为反思“表现”性质的关键。在现代主义行将就木之时，后现代主义通常被视为现代主义发展不平衡的结果，同时也是重新审视现代主义的契机。在视听媒介领域，后现代主义囊括了多种风格、媒介和实践形式，影像则在其中扮演了主导角色。

视听媒介符号的线性与共时性

影像创意者的对象主题言语与其人文素养有关，对象主题言语是基于创意者的人文素养，对于外界事物的一种态度反应。在当代视听媒介语境里，创意者的人文素养无论是基于西方文化还是东方文化，都是在不同文化背景下表达主体的态度与观点，从而在影像中融入创意者的对象主题言语。因此，影像中的当代影像呈现出千姿百态的风格和特色。影像在当代语境中，是线性的，无论是画意影像还是纪实影像，抑或是胶片影像还是数字影像，影像的符号元素一旦组合拼接完成，便有了线性时空坐标，形成了语言。而视听媒介语言中的多种符号却是共时性的，即面性，即视听技术符号言语、创意者对象主题言语符号、对象本体符号言语与文化人文符号言语同时融入影像符号之中。

视听媒介符号的局限与创新

视听媒介符号与文字语言符号相比，局限在于：视听媒介符号是能指几乎等同于其所指的短路符号系统，是一种连续的，语素表意不严谨的符号系统。电影教育专家周传基先生曾对视听媒介符号语言做出断言：“电影的视听媒介符号太容易理解了，因此也太难分析了。”法国电影理论家克里斯蒂安·麦茨（Christian Metz）也说：“电影是一个简单的艺术，常有危险成为其简单的牺牲品……一部影片太难解释了，因为它太容易懂了。”

图2-8是摄影师理查德·汉密尔顿创作的作品《室内装饰》。

在感官直觉层面，这是西方早期的概念影像，在中国称为观念影像。当时西方还是以纪实为主流的影像时代，该合成影像的出现，确属一种创新。

在文化人文层面，1963年，安迪·沃霍尔在接受采访时，认为波普艺术很“有趣”，揭示了波普艺术对大众媒体影像、消费品和流行文化的拥抱。当时，伦敦当代艺术“独立团体”（Independent Group）艺术家中就有理查德·汉密尔顿（Richard Hamilton），其作

图 2-8　理查德·汉密尔顿，《室内装饰》，1964

品被标称为“流行艺术”或“波普艺术”。

在技术技法层面，当时美国和欧洲的波普艺术家将日常生活视为创作的源泉。20 世纪 60 年代，市场上充斥着大量的廉价商品，简便易得。波普艺术家探索商品形象在人类关系中扮演的角色。因此，影像在波普艺术实践中发挥了重要作用。艺术家常“挪用”现成的图像，而不是自己去拍摄影像，这与遵从原创性和艺术性的思路截然相反。

在对象本体层面，汉密尔顿的拼贴画《究竟是什么使今日家庭如此不同，如此吸引人？》，具有开创意义。作品主要取材于美国杂志，强调了无所不在的消费产品和大众媒体。汉密尔顿在《室内装饰》（图 2-8）中，也采用了类似的拼贴技术和方法，他将一个当代女性形象的剪纸放置在家庭内部的拼贴画中，从华丽的家具到色彩鲜艳的现代主义装饰，两者形成了鲜明对比。

语言学中，文字符号的能指和所指界定清晰，但在视听媒介语言中，媒介符号的能指和所指几乎相同，如“书”的影像符号，按语言学的能指与所指的界定方法，在视听媒介语言中是完全等同的，即符号的所指与能指共同指向“书”的影像实体。以至于不少电影理论家感叹：视听媒介语言符号是“短路”的影像符号，从而使“做”电影跟“做”文字有很大区别。文字语言的表现力在于能指和所指有很大差别，而视听媒介语言的表现力在于其能指与所指没有差别。

图 2–9 是贝歇夫妇创作的作品《房屋架构》。

当影像从艺术学转向人类社会学时，其意义便已超载了影像本身。

贝歇夫妇的影像作品对 20 世纪的影像产生了巨大影响，导致地形学影像作为一种系统的影像调查方法，在欧洲国家和美国逐渐形成。贝歇夫妇则起到至关重要的作用。

贝歇夫妇花了几年时间以影像为媒介记录房屋架构，对框架结构进行细致的研究。20 世纪下半叶，欧洲经济从工业主导转移为技术主导，冷却塔、高炉、矿井和仓库等工业建筑正逐渐消失。贝歇夫妇通过对这些工业建筑的记录，进行人类社会学调查，具有一定影像学术与人类社会学术价值。

在感官直觉层面上，贝歇夫妇从考古学角度记录对象的一系列变化，同时收集了各种数据，包括建筑物的尺寸、材质及施工日期，终其一生都围绕地形学进行创作，拍摄广度和范围不断扩大。贝歇夫妇的影像以黑白为主，从高处记录布局紧凑、相对孤立的建筑结构。

图 2-9　贝歇夫妇，《房屋架构》，1959

在技术技法层面上，对于同一种影像题材，他们从相同方位以同样的距离进行拍摄，背景都是灰白的天空。1959 年，贝歇夫妇刚开始创作这一影像主题，注意力集中于德国科隆东部的锡根，研究了当地的半木结构建筑，系统地记录了这些民居，同时大量拍摄附近的街道和村庄，对工业区及其表现形式有了更完整的研究。

在对象主题层面上，贝歇夫妇改变了影像对于对象的认知和表现方式，固守 19 世纪的模式，强调影像的历史内容、诗意特质或崇高的表现观念，其观念与传统影像创作观念形成鲜明对比。没有美化也没有浪漫化，而是描绘了日常的实物景观。贝歇夫妇专注于人造风景，尤其注意被人类改变的环境。这些景物在 20 世纪晚期大量消逝，表明无论是在过去还是现在，一成不变的风景都只是一个神话，体现了新一代欧洲影像创作方法的系统化。

在文化人文层面上，贝歇夫妇通过人类的不在场来反衬其在场性。正是通过对这些人类社会影像的潜心捕捉，表达了人类对环境的影响要保持适度。

视听媒介符号的语言编码者从被创作对象的无数种符号元素中做选择，既有视听媒介符号元素，还有设备性能符号元素与各种技术与环境符号元素可供选择，但影像语言解码者的选择却是唯一的，只能从“呈现”的影像中解码符号，阅读意义。而在文字符号的语言中，语言创意者或使用者的选择是相对有限的，而阅读者的选择却是无限的。但影像符号解码阅读与文字符号解码阅读有一个共通之处：都必须对视听媒介语言或文字语言的符号进行符号解码以及意义阅读和观念阐释，符号解码越精准，意义解读越到位，观念传播效果就越好，理解就越深刻，就会获得更多的共鸣。

视听媒介符号的运用在于交流，因此，符号的运用始于模仿，终于创新。首先，是对视听媒介符号的形式与视听媒介元素的技术模仿；其次，才是创意者观点与理念上的语言表达。当前影像语言既要在媒介符号形式上与世界接轨，又要基于本土人文环境的个人原创进行主体表达。视听媒介语言是以视听觉为文本中心的媒介符号编码，视听媒介语言既要追求语言本身的突破，又要借用当代艺术形式进行创新。

视听媒介符号是特殊的共时性符号。任何语言或媒介符号并不能穷尽世间万物，“艺术是从理性思维中止的地方开始，是从现实目光停滞的地方开始的”。从影像符号到电影影像符号，有一个发展变化过程，即从现实对象（有时虚拟）到呈现的影像，整个转换过程即从实物（或虚拟物与想象）到视听媒介符号的编码过程。编码的符号无论是实物抑或虚拟对象，都具有视听媒介符号的共时性特征。视听媒介符号因内容不同而千差万别，当下以内容来源或符号生产主体来划分，又可分为 AGC[①]、MGC、UGC、PGC、OGC[②] 等内容。

表 2-1 视听媒介类型及特征

媒介类型	内容来源	视听特征及亮点	媒体代表
原创视听	UGC	以线下影视资源的网络平移为主，后逐渐转移为版权购买、自制剧等为主	快手、字节跳动
网络企业视听平台	PGC MGC	商业模式的长视频	腾讯、优酷、爱奇艺

① AGC（Algorithm Generation Content 首字母的英文缩写），GP 算法生产内容：大数据通过价值主导技术和人工手段，解决个性化不足问题；机器人全面入驻客户端，将传统的资讯阅读、网上评论转化为与用户聊天，实现资讯有效到达和提高用户黏性的作用。

② OGC（Occupationally-generated Content 首字母的英文缩写），GP 职业生产内容：通过具有一定知识和专业背景的行业人士生产内容，并领取相应报酬。OGC 对立方 UGC 视频、新闻等网站中，以提供相应内容为职业（职务），如媒体平台的记者、编辑、版主，既有新闻的专业背景，也以写稿为职业领取报酬。OGC 的生产主体是从事相关领域工作的专业人员，其生产主体具有相关领域的职业身份，OGC 内容的典型特征就是质量高，由于其内容生产掌握在专业人员手中，能给用户提供高质量的深度内容。这与 UGC 良莠不齐的内容区分开来，即 OGC 不属于 UGC，而是与 UGC 相对立。

媒介类型	内容来源	视听特征及亮点	媒体代表
媒体门户视听	PGC AGC	利用门户网站的影响力开辟视听资源平台，内容丰富，受众覆盖广	搜狐、新浪、360长视频
传统媒体拓展	PGC	对媒体资料再包装和再销售，扩大影响力，吸引更多受众	芒果TV、华数TV、央视影音
移动视听	OGC AGC	移动视听特征，以内容短平快获得用户	快手、抖音、秒拍、西瓜、火山
直播视听	OGC	新社交方式，有影视、娱乐、综艺、教育、户外、体育等多种直播内容	斗鱼、虎牙、战旗等直播平台

注：此表参考华中师范大学侯顺2019博士论文《中国网络影视产业研究》P69内容编制。

影像的人工性决定了视听媒介符号的主观潜能

视听影像的技术性决定了视听媒介符号具有复制记录特性的客观性。虽然图像与影像对于现实对象的“真实”反映程度有所不同，但符号组合之后在语言表达上仍有共同点：都有对运动或瞬间的把握和观照；都有运用视知觉的线条、透视“似动”原理营造对象倾向性的张力和以静显动倾向；都有空间形态造成虚拟的时间感受等手法；都有视觉对象的不完整性等媒介特点。因此，视听媒介符号、图像符号的语言表意标准化、规范化很难统一。

视听媒介符号的空间可视性

“光与影、静与动、图像与声音之间相矛盾的辩证法影响了观察视角的统一。”[①] 建立统一的视听媒介语言的语法规则很难，从而让视听媒介语言的运用者与创意者将非线性空间性符号套入线性的语言文字符号中，会影响影视语言的独特性。“电影中的可视世界不仅仅是可见世界，而是语义关联中的可视世界”[②]，即在视听媒介符号的线性可视空间里，加入非线性符号因素，视听媒介符号的表意体系就进一步复杂多变了，最终导致视听媒介语言的多义性。

视听媒介符号的多义性

视听媒介符号的意义所指与能指是同一对象，而语言文字符号的所指与能指对象不同，因此在符号的表意方面，视听媒介符号的语义不是特别的精准确定，

---

① [法]让·玛·克莱尔克，小说与电影语言模式：空间的再现[J]，世界电影，1997年第6期，P28。

② 俄国形式主义理论派主将尤里·梯尼亚诺夫语，转自《外国电影理论文选》李恒基、杨远婴“代序”中。

而是具有多义性。视听媒介符号具有独特的表意规定性和叙事策略、表意体系，在语义表现上具有多义性或意义游离性。“影像多义，在其各自的能指之下，暗指着一条所指的‘游动的链’，受众与读者在其间选取若干而不计其余。”[①]视听媒介影像的符号多义性提供了视听媒介语言表达的无限可能。视听影像系统“提出了更为复杂的语义学问题，试图通过一个彻底的类比式关系形态把能指和所指联系起来”[②]。学者贡布里奇指出：“文字本身就是从图画文字（Pictograph，即象形文字）进化而来的。只有当它从转瞬即逝的口头语言转化为永久的记录时，它才成了文字。”“如果说熟悉的东西使人产生蔑视感，那么陌生的东西则使人产生敬畏感。”[③]视听媒介符号正如波德莱尔的诗句所言：“在陌生之境发现新奇事物。”

图 2-10 是摄影家加里·维诺格兰德拍摄的作品《纽约中央公园动物园》。

在感官直觉层面，该影像作为加里·维诺格兰德的代表作，被收录在 1975 年出版的影像集《漂亮女人》（*Women Are Beautiful*）中。20 世纪 60 年代，维诺格兰德专注于社会政治动荡的影像记录，由此改变了美国街头摄影的风格。维诺格兰德使用徕卡相机和预聚焦的广角镜头，每天都在纽约街头寻找拍摄目标。20 世纪 60 年代，他最喜欢的地方是纽约市的动物园，像这幅《纽约中央公园动物园》（*Central Park Zoo*，*New York City*，1967），便体现了人类和动物的相似性。

图 2-10　加里·维诺格兰德，《纽约中央公园动物园》，1967

在对象主题层面，人们通常认为，战后繁荣起来的纽约街头影像，与城市即将面临的动荡和混乱有关，大大小小的街道亟待整修。维诺

① 《世界电影》1997 年第 4 期，P186。

② [法]罗兰·巴特，电影的“创伤性单元”：研究原则 [J]，世界电影，1989 年第 2 期，P29。

③ [英]E. H.贡布里奇著，范景中，扬思梁，徐一维，劳诚烈译，图像与眼睛：图画再现心理学的再研究 [M]，浙江摄影出版社，1989 年，P186。

格兰德拍摄《纽约中央公园动物园》时，已与第一任妻子艾德莉安·卢博离婚。他经常在下午陪着两个孩子（劳里和伊桑）去中央公园内的动物园游玩。他也前往市内动物园及位于康尼岛的水族馆进行拍摄，来此地游玩的普通居民也成为维诺格兰德的关注焦点。

影像中，一名非裔男子和一名白人女性怀里抱着猩猩，它们被打扮成人类小孩的模样，很可能也触怒了那些支持或反对种族歧视的人。维诺格兰德并不回避这种敏感话题，他以这种方式，让受众直接面对它，而不是对问题发表个人意见。

在对象本体层面，影像中的黑猩猩穿得像孩子一样，反衬了站在这对男女身边的人类儿童。在这张含有社会讽刺意味的影像中，暗喻人类也有兽性，而动物同样存在着人性。影像中，维诺格兰德的影子正好打在非裔男子身上，表明他离拍摄对象很近。从阴影轮廓可以看出他的头部，以及举到眼睛处的徕卡相机。影子也具有一定的威胁性，它仿佛正偷偷接近这对男女，并在一瞬间抓住了他们，而这对男女似乎并未发现摄影师的存在，维诺格兰德的快照风格常常具有掠夺性。维诺格兰德用广角镜头，扩展了视野，引入更多的信息。背后人群的面孔和密密麻麻的树木，让影像看起来很混乱，因为有更多东西要去抗衡，从而使问题更有趣。站在前景处的孩子侧身对着镜头，好像一直在寻找这对男女背后的东西。然而，影像将现实平面化之后，三维空间变成了二维画面。孩子的角色具有某种戏剧性，他好像一直盯着某只猩猩。孩子的侧写与猩猩的侧写遥相呼应，仿佛也具备了猩猩的特点。

在文化人文层面，维诺格兰德为猩猩拍摄了很多影像。人们曾对此表示不解。他认为，影像是有趣的，因为影像提出了问题，而摄影师是在内容与形式的较量中发现问题。维诺格兰德认为，一张好的影像依赖于戏剧性的内容，如果你在很傻的情况下碰上一群猴子，那么，你的影像中便有了一个非常现实的问题。《纽约中央公园动物园》中的猩猩引起了人们的注意，它们穿戴整齐，像孩子一样被人抱在怀里。但在当时，影像中怀抱猩猩的白人女性和黑人男性很可能造成了更大的轰动。当时，种族关系日益紧张：1964 年，纽约发生种族暴动；1965 年，马尔科姆·艾克斯（Malcolm X）被暗杀，民权运动方兴未艾。维诺格兰德创作该影像时，美国最高法院废除了禁止异族通婚的法律。

视听媒介符号的编码特性

媒介即信息，信息但凡传播必须编码，未经编码的媒介是不存在的。视听媒介符号组合编码成语言，异于语言文字符号的编码，并没有严格的约定俗成与编码规则甚至“语法”，其编码是基于视听媒介符号特定的对象与工具，经过创意者对于被摄对象的记录或反映，把被摄对象从现实中框取抽离出来，进入镜框呈现展示之后，承载影像所表达的视听符号脱离了原来的语境与气场，最终以编码后的视听媒介语言方式展现出来，让我们以视听文本或文字的语境方式接纳理解，从而使影像编码前的语境再现（即视听觉的再现特性），让视听媒介符号语言栩栩如生，而不是像文字符号的语言那样具有抽象性。

视听媒介符号的网络工具化

视听媒介符号组成元素迅速变化发展，再加上5G网络、VR技术与脸书、微信媒介与视听影像的融合，视听媒介符号广泛运用，呈现大众化趋势。影像语言成为日常生活语言，从而驱使网络语言走向大众化。视听媒介运用的影像虽不一定是专业影像，但已成为日常交流中不可或缺的一部分，成为我们所说的视听媒介语言的“口语”要素。这类海量影像与现实世界的关系不再是记录与被记录的关系，而是成为现实世界或现实生活的一部分，而现实本身已经高度抽象化、视觉化了。

面部表情影像的泛滥

面部表情影像[①]最初出现在2008年左右的Rogue Outlier 4chan社区论坛上。面部表情影像是借用流行的网络面部表情照片，提取出部分符号元素，融入视听符号与主观理念用于表达用户对网络的主题或事件的反响或反应。第一张公认的面部表情影像是令人震惊的意大利政治人物马西莫·达莱马（Massimo D'Alema），他曾任意大利总理（1998—2000）和外交部部长（2006—2008）。达莱马的身份，通常被称为“面部表情反应式人物”，网络用户便借用他的表情来表达自己的情绪与态度变化。对于多数应用他图像的用户来说，他个人的经历仍然是未知的，这说明了面部表情影像从原始照片中截取的程度，以及在交换中被重新赋予含义的变化过程。后来，面部表情影像在网络流行后，一波接一波的其他表情面孔开始流行传播，迅速渗透到其他论坛、专栏墙和粘贴板中，成为状态和反应状态的网络常用对话语言的一部分，也成为当代视听媒介语言的一部分。

面部表情影像形式多样

面部表情影像既有静态的，也有动态的，还有视听结合的样式，目前在社交

① 面孔反应，即面部表情反应，也被缩写为MFW（My face When），这是一个网络主题内的一个重要区别，反应可能只与之前的帖子相关。例如，使用MFW允许用户指向网络主题的问题，如“MFW Jackson（杰克逊）被宣布死亡”。

媒体应用最多，如微信与QQ中最受用户喜爱的表情包，用户通过面部表情影像来表达其所暗示的意义。影像比情感更复杂的是，面部表情影像是一种不断变化的多含义内容表达方式，在专有交流的文化中，既可自由地共享，又可自由地应用。此外，面部表情影像的变体不断循环，使面部表情影像可以普遍而直观替代书面文字反应，并将其确定为基于高度可读、共享反应的通用视听媒介符号。用户选择的“面部表情影像”一般都是从媒体或网络中的海量影像中提取出来的，便于在线交流中作为一种广泛认同的表达方式而发挥作用。

面部表情影像在视听媒介符号中，主要是在交流过程中充当感叹词与态度语气词使用，在语境中起着类似于句法单位的作用。因此，面部表情影像迅速演变成两种形式，要么单独作为交流中的特定面部表情反应，要么是作为叠加的网络俚语，在形式上类似于图像宏。然而，应用于面部表情影像的文本往往局限于文化习语和表演话语，以便既能在某一话题的语境中操作运用，又能增强其配对的面部表情反应[①]。

第二节　视听媒介符号的意义编码

▼ 视听媒介的符号元素

虽然视听媒介语言的概念尚无定论，但视听媒介符号大致可归结为：以影像为介质的视觉影像符号系统、以声音为介质的听觉符号、以设备为介质的功能符号、以高新技术为介质的技术符号、以组接为介质手段的编辑符号，等等。视听媒介符号是以时空为物质外壳，主要以声像为介质，以蒙太奇为结构，多元多层、立体复合的可视性符号系统。同传统的语言文字符号系统有着相似性和差异性。其相似性为：两者均以线性时间流方式用于交流传播。其差异性为：一是视听媒

① 语言哲学家J.L.奥斯汀（J. L. Austin）在《如何用语言做事》（*How to Do Things with Words*）中引入了表达性话语的概念，他在书中定义了一种句子类型，表达性话语是指在世界上做一些事情，而不是描述关于世界的事情。奥斯汀的立场可以在 http://www.stanford.edu/class/ihum54/Austin_on_speech_acts.htm 上找到。

介符号仅以视听影像为媒介进行交流，涉及面更窄；二是视听媒介符号可为使用者带来立体化的情感认知体验，传统语言则是偏重于理性认知；三是视听媒介符号外延范围大，包括视觉、听觉及结构性符号三部分；四是视听媒介符号系统较之文字语言符号具有明显的具象可视化特征。

图 2–11 是英国摄影家比尔·布兰特拍摄的作品《裸体，伦敦坎普登山》。

在感官直觉层面，该影像为多底合成。“二战”后，一些影像师重拾女性裸体的拍摄主题，并注入新的活力。出现在时尚影像中的女性，身材通常纤细苗条。

在对象主题层面，布兰特在个人创作中并未沿袭该传统，而是选择了身材丰满、充满肉欲的女性。

在文化人文层面，当时许多街头摄影师与纪实摄影师也形成了独特的裸体影像风格。布兰特开始转向拍摄裸体，当时的哈里·卡拉汉则选择拍摄妻子埃莉诺。他们这样做，不仅是为了探索影像新形式和新技术，同时也表达了艺术和情感上的主观能动性。事实上，许多男性摄影师都将女性模特视为创作的缪斯，他们拍摄的，要么是长期的合作伙伴，要么是专业模特。

图 2-11　比尔·布兰特，《裸体，伦敦坎普登山》，1958

在技术技法层面，布兰特运用了多底合成方法，表达自己对于战后的信心与勇气。这种手法当然也改变了摄影师以及街头摄影的属性，使其不经意间走入艺术影像与当代艺术行列。

视听媒介符号

视听媒介符号是由被创作对象经设备的功能控制和经创意者的意识反馈形成的多种符号元素，主要有光影、色彩、线条、画幅、景别、景深、透视、造型、构图以及音乐、声音、字幕、解说等，又可分抽象符号结构和具象符号结构。抽象符号结构由抽象性的音乐、音响、字幕等组成；具象符号结构由光影、造型、空间、线条、角度、景别、色彩等结构性元素构成，包括蒙太奇、AR、VR、MR等编辑、特技手段等元素。视听媒介符号是创意者对创作对象的主观意识反映，将不同元素赋予一定的意义并按一定逻辑关系组合在一起，是综合表情达意形成的一种视听语言或视觉语言。文字语言系统包括四个子系统，即语音、语义、语汇、语法，通过四个子系统的组合关系和聚合关系，从而实现意义的表达，而视听媒介语言尚未形成完善的系统。

影像符号

作为再现人类生存活动的视觉符号，影像是人类通过镜像方式认知世界的方式，受国家、民族、阶级与意识形态影响。通过对影像作品的阅读可认知影像"再现"对象的时代或社会特性，更能从中读出饶有意味的潜话语，发现隐藏在影像背后的"不在者"和"不在的结构"①。影像符号是用视听语言来做编码的，影像符号包含三种：肖似性符号（影像和声效）、指示性符号（"真实"记录）和象征性符号（文字和对话）②。

视听媒介符号中，符号的各组成元素是最小的表意单位，如线条、景别、色彩、人物、形体、表情等都是独立的符号元素，虽分类不同，但每种符号元素都有独立的语素意义，需按逻辑关系拼贴组合起来，综合表达出完整的视听意义。经创意者的组合和排列，这些符号元素会在影像中分别指代和表达不同的意义，创意者经选择与组合之后，形成视听媒介语言的"词汇"。影像创意者经常说的"决定性瞬间"，其实就是在选择与排列，等待最佳的时机。按下相机快门时，各种符号元素形成的整体影像，就形成了影像语言的"词汇"。影像语言的"词汇"独立成一个完整的传情表意单元，这种影像"词汇"具有相对稳定性，表达意义相对明确。影像符号元素受到影像"词汇"制约，影像符号之间的组合和排列，一般按照影像创意者或表达者的意愿、情趣以及伦理、道德素养展开，因此，视听媒介符号元素即便具有相同的环境与符号成分，也会有不同的意义与意境，因

---

① 陈旭光，苏涛著，美国影像经典[M]，对外经济贸易大学出版社，2003年，P1。

② Robert Starn,Robert Burgoyne,Sandy Flitter Man,CLewis著，张梨美译，影像符号学的新语录[M]，台湾远流出版公司，1997年版，P71。

为创意者的主观因素影响较大。

20 世纪五六十年代，诺曼·帕金森（Norman Parkinson）每年都会在纽约度过一段时间，拍摄生机勃勃的影像，如《纽约，纽约，前往东河》（图 2–12）。

在技术技法层面，帕金森最经典的影像作品是《模仿凡·东根》（*After Van Dongen*），以影像向荷兰野兽派画家凯斯·凡·东根（Kees van Dongen）的画作《虞美人》（*The Corn Poppy*）致敬。1919年，凡·东根创作《虞美人》，描绘了自己年轻漂亮的妹妹。在帕金森的影像中，凡·东根画中的模特成了柯林斯。她的眼睛瞥向一边，模仿了凡·东根的人物肖像。她红色的帽子和嘴唇，与绘画的用色紧密呼应，从而开启了此类影像模仿创作的先河，中国当代艺术家也开始频繁运用这一创作手法。

图 2-12　诺曼·帕金森，《纽约，纽约，前往东河》，1960

在对象主题层面，1949 年，帕金森多次前往曼哈顿，为美国版《时尚》拍摄影像。当时，《时尚》急于聘请英国影像师。帕金森开启了纽约创作的大幕，他行走于纽约街头，拍摄了这座城市在战后的魅力、富裕和乐观，开创了“行动现实主义”，推动了时装影像的变革。

在对象本体层面，影像中男女的打扮像是刚刚下班或奔跑于上班路上，展现了富有青春和乐趣的生活。在帕金森的镜头下，女孩代表了新一代女性独立而坚强的个性。事实上，这对男女并非情侣，而是英国剧作家罗宾·米勒（Robin Miller）和皮帕·迪哥尔（Pippa Diggle）。帕金森将曼哈顿的天际线作为背景。影像显示了曼哈顿特朗普大厦，以及当时正在修建的曼哈顿广场，暗示了战后的经济繁荣。

在文化人文层面，影像摄于南大街的高架桥，属于曼哈顿区，是毗邻东河的一条高速公路。这既是一张时装照，也是向这座充满活力的城市及惊人的建筑致敬。远处背景中，呈现了布鲁克林大桥的西端，以及曼哈顿下城最高的建筑——美国国际大厦。女子面带微笑，热情洋溢。她穿着一件漂亮的深色外套，代表了当时独立、年轻的中产阶级女性。“二战”后，美国女性开始寻找新的工作机会，成为白领阶层。男子的脚似乎未触及地面，增加了影像的活力和动感。从20世纪30年代开始，帕金森响应马丁·芒卡西的主张，在户外进行拍摄，用静止的相机拍摄移动的影像。男子一只手拿着公文包，另一只手伸向女孩，两人象征了战后曼哈顿的繁荣景象。他们在街上奔跑，几乎高兴得跳了起来，这也暗示了当时的纽约能够为年轻人提供这种生活方式。

从视听媒介符号叙事角度看，单幅影像可以较完整地表达一个独立的意义，那么动态影像，即影视剧中的视听媒介符号呢？其原理是动态影像的形成机制。动态影像是由单幅影像构成的，类似于语言中的长句子，也即复合句。单幅影像是单句，动态影像则是意义复杂的复句。电影是连续影像的意义表达，一个镜头里包含的信息就类似于一个段落。电影中的“段落－镜头”是动态影像最小的表意结构单位。相对于静态影像，其视听媒介语言的解码与编码基本雷同。

因此，在动态影像中有一种视听媒介符号的组合手法，即蒙太奇手法，将各种符号元素组合在一起构成一个意义表达体，从而形成一个完整的意义整体给观看者。从语言学角度看，这其实涉及语言的编码与解码问题。视听媒介符号是创意者与阅读者之间的一种关于意义的符号契约关系。创意者把视听媒介符号元素编码成视听媒介语言传情达意，阅读者则是把视听媒介语言解码成可理解的符号元素来阅读，两者共同守护的契约规则就是人类视知觉原理。编码者的视觉素养让其在视听媒介符号编码时，形成富有张力与冲击力的影像语言符号，而解码者的视觉素养则是找出编码者的视听符号编码规则与良苦用心，从而理解其编码意义。

▼ 视听媒介的符号编码与意义组合

美国现当代文学理论家迈耶·霍华德·艾布拉姆斯（Meyer Howard Abrams）①

① 迈耶·霍华德·艾布拉姆斯（Meyer Howard Abrams）是美国康奈尔大学英语系教授，美国现当代文学理论家。

在其《镜与灯》[①]中提出作者、宇宙、读者与作品之间关系的星型结构图[②]。视听媒介影像与世界的关系构架与此类同。5G时代，每件视听媒介产品总会涉及这四点，“几乎所有力求周密的理论总会对这四个要素加以区辨”，其基本原理是文艺现实“反映论”，这一观点很长时间是文学艺术界的理论共识。中国传统文化中一直有“文学工具论”“艺术工具论”之说，我们姑且不论其观点正确与否，仅从艺术发展角度看，在当代艺术中，视听媒介影像也是当代通用的表达“工具”。索绪尔语言学中，语言又分成语言和言语。语言是普遍性规则，言语是个体个性的表达。视听媒介的符号编码与意义拼贴方式也大体相同，个性化的表达则源于不同的创意者。符号编码就是用视听媒介符号书写具有个体属性的“言语”，其实就是创意者的风格与特色。所谓个人风格就是建立在视听符号之上的符号“言语”。影像创意者要达到个人风格，必须融入其对象主题言语。

“二战”后，布勒松前往印度和亚洲各地，拍摄了上海的淘金热影像《抢购黄金》(*Sale of Gold*)(图2-13)以及其他主题影像。1952年，他出版了其影像宣言《决定性瞬间》(*The Decisive Moment*)，陈述了他认为影像能改变现实的信念。

在感官直觉层面，当时欧洲经历了“二战”的恐怖，开始走向人文主义，布勒松则代表了深思熟虑的影像创作方式。然而，玛格南图片社的所有摄影师都使用传统新闻影像的叙述方式，遵循故事的发展规律，通过组图来呈现事件。

在技术技法层面，玛格南的摄影师擅长讲故事。布勒松采用“决定性瞬间”手法，将多种成分和叙事元素融合成一个统一的形象。受众看到影像的各个部分，会明白讲的是什么故事。像这样的单张影像，将故事的元素都汇集在一张出色的构图中，排成一排的身体几乎从地面升了起来。他们膝盖弯曲，双臂环绕着前面的人。影像将受众拉入复杂的构图中，面对没有具体情境的画面，受众是不会轻易相信的。

在对象主题层面，布勒松的影像作品反映了当时的即时性，并将它转换成一种持久的

---

① [美]迈耶·霍华德·艾布拉姆斯著，郦稚牛，张照进，童庆生译，镜与灯：浪漫主义文论及批评传统[M]，北京大学出版社，2004年。

② 迈耶·霍华德·艾布拉姆斯在《镜与灯》中提出了四类文学理论：一是模仿理论(Mimetic Theories)，关注于作品和宇宙之间的关系；二是实用理论(Pragmatic Theories)，关注于作品和受众之间的关系；三是表现理论(Expressive Theories)，关注于作品和作者之间的关系；四是客观理论(Objective Theories)，关注于文本细读。同时提出了作者、宇宙、读者、作品等文学四要素的说法。

图 2-13　亨利·卡蒂埃－布勒松,《抢购黄金》, 1948

象征，表现了政权更迭时，人们不断上升的恐慌。排着长队的人群挤在一起，模糊不清，完美地诠释了走投无路的境况。警察以及国民党军队的一些残余力量，正在与共产党的军队战斗，无暇维持秩序。布勒松的影像说明，在淘金热时期，人们正一拥而上，疯狂地一拥而上走向灭亡。

在对象本体层面，作为一个完美主义者，布勒松的这幅影像作品并不完美，部分画面模糊，却耐人寻味。队伍挤作一团，人面模糊，无法对焦。然而，这并没有减损画面感，而是令这一场景具有即时性、能量和情感共鸣，仿佛人群所经受的压力，让影像也开始震颤。众人的手臂环环相扣，形成一系列三角形，而这些形状随之产生波浪节奏和动感，好像他们属于浅浮雕的一部分。这显示了立体主义的几何形状对摄影师的影响。一名男子正盯着观看者，似乎对于自己被相机拍到，有些震惊和不满。此时的中国，拍照并不是公开直接的行为，布勒松挑战了这个国家的礼仪，因为当时的国人不赞成即兴影像。

在文化人文层面，1947—1948 年，布勒松花了大量时间在印度和亚洲各地旅行。1948 年 12 月，《生活》杂志要求他前往中国。当时，国民党部队正节节败退。布勒松先去了北京，然后在上海解放前夕前往此地。他在《生活》杂志办公室附近租了一间公寓。一天早晨，他在上班路上遇到一大群人正挤在一家银行门前，该银行属于上海的四大银行之一。随着当地货币不断贬值，国民党决定给每人派发 1.2 盎司的黄金。布勒松跑上楼来观看这一场景，并开始拍照。然而，当他折回街头成为人群中的一员时，才捕捉到这张影像。

第三节　视听媒介的符号表意层级

▼ 视听媒介符号的内部构成元素

视听媒介语言大体上可分为视听技术言语、成像制作言语、创作对象主题言语、对象本体言语、影像介质及呈现言语等。经过先后不同程序的符号编码与意义拼贴，形成不同介质、不同呈现方式的影像作品语言。在传播过程中，经观看者符号解码与意义组接后阅读，才能起到信息交流、沟通表达的作用。正因为编码与解码过程的复杂性，所以影像作品不像高新技术产品那样具有准确的功效定位与使用功能，从而具有意境的多重性与主旨的多样性。视听媒介符号组成影像，如同语言文字符号组成诗词一样，创作过程是一种编码过程，即把想表达的理念与情感植入韵律合拍的诗词结构中，营造一种意境与情绪，架构一种语言符号的技术形式。阅读者解读影像作品，须进行符号与意义重组，观点分析，还原出视听影像创意者的“意境内核”，从而达到完整解读的目的。

图 2-14 是摄影师乔·罗森塔尔拍摄的作品《硫磺岛折钵山，星条旗升起》，它还有一个更为人们熟知的名字是《国旗插在硫磺岛上》。该影像最能代表用于宣传的战地影像，描述了美国海军陆战队和海军医务兵，在硫磺岛折钵山竖起星条旗的情景。

在对象主题层面，攻陷硫磺岛意义重大，因为这是盟军占领的第一块日本领土。1945 年 2 月 23 日上午，星条旗在硫磺岛升起。这面旗帜后来赠送给海军部长作纪念，军方不希望这一战略要地出现空缺，因此找来另一面旗帜代替。罗森塔尔使用格拉菲相机，捕捉到星条旗升起的这一刻。底片被迅速冲洗出来，不到一天时间，美联社便将影像发送到了纽约。

在文化人文层面，富兰克林·罗斯福总统很快意识到影像的影响力，决定用其作为象征，为即将发行的战争公债募集资金。同时，他将图中的海军陆战队队员召集回国。其中，3 名海军陆战队队员在全国募集到 263 亿美元。影像以不同形式被不断复制，其中最著名的，是位于弗吉尼亚州阿灵顿的美国海军陆战队纪念碑基座。

图 2-14　乔·罗森塔尔，《硫磺岛折钵山，星条旗升起》，1945

由于影像影响巨大，两个月后，苏联影像师叶甫盖尼·哈尔岱（Yevgeny Khaldei，1917—1997）拍摄了《红旗在国会大厦升起，柏林》（*The Red Flag on the Reichstag*，*Berlin*，1945），也期望产生类似的影响。1945 年，罗森塔尔的影像为他赢得了普利策奖。尽管如此，仍有人不相信这样一张颇具感染力的影像是在偶然间捕获的。

俗语说"一图胜千言"，那么视听影像（如照片）是如何表达，怎么转换的呢？视听影像把影像创意者想表达的内容融入另一种符号系统中，并形成结构完整、逻辑严密的影像符号序列，就建构了一套完整的符号转换系统，而转换系统中最关键的是影像作品的创意者。

创意者至少需要解决四个问题，才能把视听影像怎么说话的问题解决了。一是视听技术技法言语，包括设备的技术言语，如光圈与快门设置、设备的调整等；二是被拍摄对象的本体言语，对象能表达什么，想表达什么，主要是通过光线影调、位置调试、角度环境来选择与调整；三是创意者的对象主题言语与评判，主要靠构图、人与环境的关系等选择来解决；四是文化人文言语，即时代背景与环境言语，也就是对象的背景资料与现实环境资料。

有人质疑：我们日常生活中常见的谷歌街景、道路监控、环境监控或设备自拍影像，是如何解决这些问题的？这几类影像的语言转化仍是这一转换过程的应用，只是这些设备把其固定用途设定为拍摄者（即影像创意者）的对象主题言语，道路监控的拍摄者言语是管理交通、记录违纪违法行为的言语。谷歌街景是为了给地图道路定位，其拍摄者言语早已程式化。宇宙飞船发回来的外太空影像，也是人为预先设定好设备语言程序，设备按照设定者或科研目的设定程序进行拍摄的。另有一种情景，即拍摄者随手拍，那么，这种影像转换体系中的四种言语又如何体现？答案是有的，其体系转换的结果是多义的，一是视听媒介语言具备纯技术言语因素；二是拍摄者的对象主题言语是一种情绪与感觉，即心声。因此，在影像与文字语言的转换体系中，很容易产生歧义。

▼ 视听媒介符号的表意叙事层级

文字语言通过符号编码以约定俗成的方式表情达意，而视听媒介语言与之不同，是采用表意符号系统综合表情达意，即是用影像技术技法层面、对象主题层面、对象本体层面、文化人文层面等四个层面来综合表达的，而不是像文字语言，有了文字符号就有了明确的意义表达。以“长城”实物为例，中文字符“长城”，英文字符“Great Wall”；从语言符号学角度分析，中文的“长城”，其能指就是“长城”的具体形象与发音的结合，所指就是长城所表达的具体意义，即“万里长城，是中国古代的军事防御工程，是一道高大、坚固而连绵不断的长垣，用以阻隔敌骑的行动。长城不是一道单纯孤立的城墙，而是以城墙为主体，同大量的城、障、亭、标相结合的防御体系”[①]，但视听媒介符号无法达到这样的表意与表达效果。创意者可能撷取万里长城中的某一段拍摄，这一段长城可能是较完整的某一段，或已经毁坏的某一段，抑或经修复的某一段“现代长城”。创意者可能用大画幅相机、数字或胶片相机、手机拍摄，拍摄时的游人、天气、环境不同，影像表达的意义就不同。创意者选取的目的是为了弘扬中华文化的悠久，还是呼吁保护古代文化遗产？被拍摄的长城是新的、旧的，能说明什么？长城背后的文化历史、人文环境该如何处理？这四个方面都需要有明确的定位与表达，才能把长城影像说明白、弄清楚。所以视听媒介符号，要把文字语言中的能指，即形象与发音分开，文字语言中的发音，就是视听媒介语言的对象主题表达层面；形象方面就是视听媒介语言的技术记录表意层面。文字语言符号中“长城”所指方面在视听媒介语言中可以分为两个方面，就是影像创意者想表达的层面，以及文化人文层面能表达的内容。视听媒介语言是用四个表意层面即视听技术层面、对象主体层面、对象主题层面、文化人文层面共同来表情达意。

简言之，视听媒介语言即是影像符号的编码与意义的组合。罗兰·巴特[②]认为，影像是一种“非编码的编码”[③]，如何理解这看似矛盾的逻辑结论？罗兰·巴特的“非编码”是指影像中的视觉符号元素，而“编码”则是超越了现实中具体

① 百度百科“长城”词条，或见《新华词典》《现代汉语大词典》，释义基本趋同。

② 罗兰·巴特（Roland Barthes）是法国重要的结构主义及符号学家，前卫文学与古典文学并重，其思想至今仍影响着当代文学实践与文学评论。罗兰·巴特生于1915年11月12日，1980年2月25日遭遇车祸离世。

③ 罗兰·巴特《图像的修辞》（Rhétoriquedel' image），in Communications（交流），No4，1964。

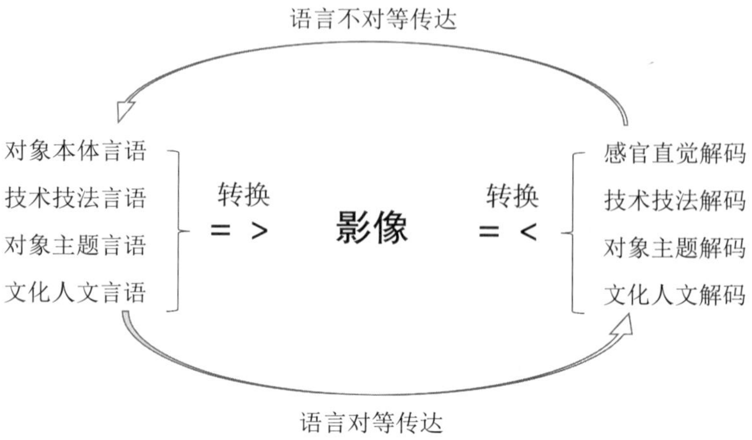

图2-15　视听媒介语言的编码过程

物象的整体文本，即意义的编码。巴特认为，影像符号分为原本符号和外延符号。原本符号主要是以线条、形状和色彩等形式呈现的信息符号；外延符号是指比喻、象征、对比、变形、夸张等修辞格或文化人文等呈现的信息符号。影像创意者具有符号编码选择性，对于影像解码阅读者，影像的阐释具有敞开性和充分性，从而能透过影像的潜在状态获得外延性的显在意涵。

对视听媒介言语的分层，目的在于把影像表意符号的结构弄清楚，而不是笼统抽象地描述视听媒介语言现象。

第一层是“视听技术层”

即影像技术技法层面的视觉言语表达，除了影像设备的技术技法外，西方理论中还有“格式塔”视觉理论阐述，也是从视觉技术层面进行的辅助阐释。这一层面在创意者方面，最重要的是镜头言语；在受众方面，最重要的是屏幕“呈现”言语。即影像创意者对于镜头言语的运用、操控与编码，从而形成的技术技法言语。当然，视听技术技法层面的编码与镜头的编码有很多不同，如透视景深、广角长焦的区别等，都是一种技术技法“编码”，而对象却是“非编码”的被摄物体或本体。在当代视听影像创作中，这种技术技法编码既有传统方式，也有数字方式，还有电脑制作和软件生成方式。

第二层是“对象本体层”

即被关注对象的本体的视听媒介言语层面。如果说第一个层面是外在“形式”，那么这个“对象本体层面”就是“内容”了。对象本体言语在视听媒介语言中“编”的“码”又是什么呢？实际上就是被拍摄对象，也就是现实中的物体对象，这些对象的选择权在于创意者。但对象本体通过自身的外在形式，如形状、状态、光比、影调等符号被相机镜头、感光材料等媒材记录。不同的状态表现的对象本体也有完全不同的内容。这些手段既是被摄对象本体的外形，也是编码的工具和“码”。这就像被摄对象有多种不同的外形，而被创意者“编”的“码”，就是选择其诸多外形的一种，如光影、色调、影调、层次等，创意者或采用冷暖调，或采用不同光比，但都是对象本身所表现出来且真实存在的状态。影像对象本体是由现实空间中的真实对象构成的，但有时又加进了较多复杂的中介和媒材，如技术方面或后期方面的，都有可能直接改变影像对象本体的真实状态。这些“码”，类似于文学编码中的“语词”。在视听媒介语言中，第二层面主要是指视听媒介语言的编码元素，又分为修饰性编码和实体性编码。实体性编码是指对象本体实质性变化的编码，即对象呈现的褒贬状态或具有正负能量的编码；而修饰性编码则是运用对象外在形式的不同，如采用对象本体不同的光影外形，用云雾、水汽等手段，“装饰”对象本体等。这两种不同的编码，其实质就是关于对象本体的内容与形式关系的编码。

第三层是“对象主题层”

这一层就是创意者对于被摄对象的态度与判断层面，或是对象本体能让创意者表达的主题或观念，既有技术层面的，也有对象本体的能指和所指信息层面的。创意者对于被摄对象既有纪实的，也有写意的，主要是创意者的理念与意识的融入。如尤金·史密斯的影像作品《入浴的智子》、塞缪尔·阿兰达拍摄的《怀抱中的也门男子》[①]，都表达了同一个对象主题：母爱，通过母亲与被伤害的孩子这一对象本体自身的语言来表达。这是一种“集体无意识”中“母爱”的人类

① Corbis 图片社选送的西班牙摄影师塞缪尔·阿兰达（Samuel Aranda）拍摄的《怀抱中的也门男子》获得 2012 年第 55 届荷赛奖年度图片大奖。

共同母题[①]。

摄影师塞缪尔·阿兰达的作品《怀抱中的也门男子》（图 2-16）是第 55 届世界新闻摄影比赛“荷赛奖”获奖作品，该图于 2012 年 2 月 12 日当地时间 11 时发布，该作品被看作“阿拉伯之春”运动最完美的影像诠释。

照片中两个彼此相拥的人物都没有露出面容，但这并不妨碍通过符号解码的方式阅读他们的情感，对象本体的隐匿反而让阅读者看到了剧烈的痛楚与悲痛——这就是革命。当时的评委会主席评价说：“照片呈现了一个心酸、悲悯的时刻，面对残暴事件的人们，而这样的冲突仍在继续。我们可能无法得知画面中那个扶抱起亲人的女人到底是谁，但她代表了勇敢而坚忍的普通民众，那些在中东历史进程中举足轻重的角色。”此图最重要的是对象主题层表述：西方媒体很少呈现这种私密的情境，蒙着面纱的妇女就是“阿拉伯之春”整个事件带给人们的最终结局。而“阿拉伯之春”则是文化人文层面的表述。也有人用文字语言的方式，对该图进行了描述，我们对比阅读，可以理解不同符号所给予受众不同的感觉：

《怀抱中的也门男子》
硝烟还没有退尽
赤裸的灵魂在亲人怀
抱中
暂且舒缓
唯一的圣洁
被漆黑严严实实地包裹
一座清真寺搂着你
受伤了的亲人
萨那，谁替你疗伤
世界不需要杀戮
也门，人类祈祷和平

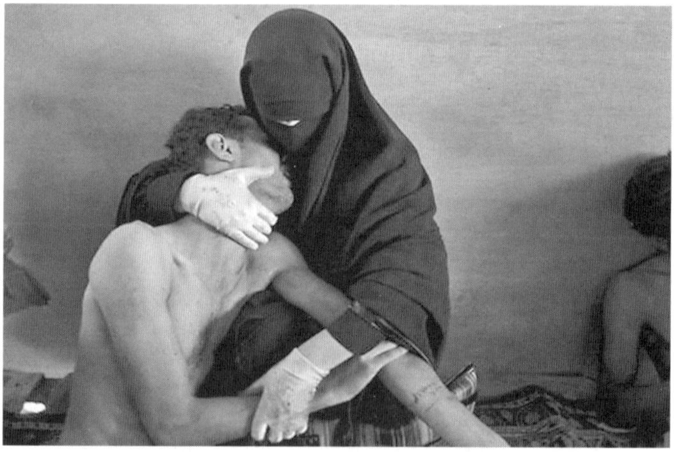
图 2-16　塞缪尔·阿兰达，《怀抱中的也门男子》

① “集体无意识”源自荣格的理论。荣格原为弗洛伊德的弟子，后自成一派。他发展了弗洛伊德的无意识理论，认为在人类的无意识中，“个人无意识”只是其中很少的一部分，更多的是“集体无意识”。“集体无意识”携带着人类自远古以来的经验和记忆，在无意识中形成了各种“原型”。

第四层是“文化人文层”

这一层面是隐藏层面，以环境符号或背景符号进行潜在表达。它主要包括两方面，一是学术层面的意义，二是历史、文化、人文、背景层面的意义。视听媒介符号不同于语言文字符号，因其直观感性，在影像的文化历史、社会环境与人文精神层面的叙述具有先天不足的特点。该层面的叙事是基于影像对象的时空环境、文化背景以及地域、民族等因素的潜在暗示来表达，影像创意者把文化、人文因素隐匿于影像符号之中，或以视听觉元素、技术符号元素潜藏于影像之中。在动态影像中，可以用“闪回”“蒙太奇”等方法很好地解决这一叙事层面问题，静态影像则以多种方式进行含蓄表现。

▼ 视听媒介符号的表意递进机制

影像叙事层级的划分并无严谨的科学依据与机制，但目的在于让受众与阅读者可以精准有效地从视听媒介符号含义与言语叙事中提炼出影像的原本意义与创意者的表达主题。影像叙事层级相互之间有其内在逻辑，是视听媒介符号表意的“隧道”，这条隧道通向不同层次的意义空间，每个层级所表达的重点不同，视听媒介符号的叙事方式也不相同。视听技术层是从表层为影像符号编码提供技术支撑；对象本体层注重被摄对象本身的符号表述；对象主题层倾向于创意者想表达的观点；文化人文层则从人类共同的文化环境与约定俗成的传统进行叙事。各层级之间实现影像意义的逐层递进，实现不同层级意义空间的转换。如缺乏影像符号编码者与解码阅读者共同的技术与符号支撑，就难以识别影像的性质与作用；如果没有共同的文化人文环境与视觉素养基础，文化人文层级的影像叙事就难以有共识与共同的理解。

视听影像是现实符号的视觉呈现

传统文字语言的符号性，由简单到复杂，由单义而多义，最后形成一种公俗规范。而视听媒介符号则随着技术的发展不断变革，从黑白介质符号到彩色介质符号，从模拟符号到数字符号。同时，视听媒介符号也日趋复杂，影像与现实的记录对应关系，随着社会发展与技术进步，也由记录表达转向文化呈现。影像以文化的方式隐喻现实世界，影像与现实的关系转化后，影像与社会不再是简单的记录对应，而是影像文本与现实之间的复杂的视觉文化对应关系。

【实训与练习】

1. 以“电风扇”“自行车”“手机”为对象，用视频媒介符号不同的表意层级，拍摄四幅不同的静态影像，分别表现具象、抽象、象征、文化层面的影像意义，并对比这四类静态影像之间的意义差别。

2. 观看一部未经翻译或无中文字幕的外语片，写150字的电影内容简介，并与互联网上介绍该电影的文字进行对比，说说你对视听媒介语言素养的理解。

3. 用符号编码方式解读一段经典的电影片段，再用手机模仿拍摄这段视频，或写下你可能拍摄的镜头方案，以此对比、分析编码与解码的转换过程。

4. 从“机器设备语言”“被摄对象语言”“拍摄者语言”这三个维度拍摄同一对象或事件，剪辑制作成短视频，分析、体会该短视频采用三种维度叙事的细微差别。

5. 从网络上找到以UGC、PGC、OGC、MGC方式生成内容的四段视频，对比、分析不同类型视频内容生产的产业运用与商业价值。

第三章

视听媒介语言的符号构成与表意机制

3

本章从视听媒介语言与言语的区别切入，探究两者的本质差别与特点，进而深入剖析视听媒介语言构成元素的表意特点与表意机制。着重从语言学的研究角度，对视听媒介语言的元素编码特性以及局限性及表意机制做了探讨，分析了视听媒介语言的声音、“声景”、字幕、文字等元素，从具体构成元素到本文研究探索，把视听媒介符号理论，即视听媒介的影像本文研究提升到一个新的认知高度。

第一节　视听媒介语言与言语

▼ 视听媒介语言与言语的本质与特性

俗话说“一图胜千言”，那么图像或影像究竟是如何达到这一功效的呢？影像究竟是怎样一种语言呢？摄影作为19世纪初出现的一种艺术门类，其影像语言源自绘画语言，而摄影本身也与绘画有着难以切割的关系。随着技术的发展，摄影作为一门独立的艺术门类被世人承认，并显现出其内在的独特优势，尤其是相机小型化以及各种镜头表现出的超越人眼视觉感受能力的功能，影像逐渐形成并拥有了完全不同于绘画的一整套相对独立的语言体系。

图3–1是摄影家贝伦尼斯·阿博特拍摄的作品《L形轨道，第二大道与第三大道之间》。

在感官直觉层面，阿博特的艺术价值体现在作为曼·雷助手和尤金·阿杰的影像整理者这两点上：一是20世纪20年代，她作为曼·雷助手的经历；二是1925年经曼·雷介绍认识了当时在巴黎名不见经传的尤金·阿杰，不久尤金·阿杰去世，她获得了他所遗留的近乎所有的“档案”，即1500张底片、8000幅已冲印的影像。她将自己之后的50年光阴完全奉献于存留与传播尤金·阿杰的艺术与思想上。而她从尤金·阿杰作品中所体悟到的明确视觉意象与率真有力的捕捉技巧，全然贯穿于其个人的影像创作中。

在文化人文层面，从20世纪30年代回到纽约后，她纵情于对纽约的细致描绘，并怀着尤金·阿杰对巴黎所付出的那种澎湃的爱。她对纽约的“记录”得到了基金的项目资助，并在1939年出版了《变化中的纽约》（*Changing New York*）。阿博特十分反感矫饰性的作品，她推崇斯泰肯、施蒂格利茨和斯特兰德。她追求“真实直白”的影像艺术，却又将兴趣转入高度科学化的影像，并为此做出了重要贡献。

在对象主题层面，1935年，阿博特开始创作《变化中的纽约》系列作品，并产生了重要影响。像尤金·阿杰那样，阿博特也使用大画幅相机。虽然前景模糊，但作品强调了清晰的背景以及建筑物。她采用侧面拍摄以及风景画式的风格，记录了纽约城在新与旧之间的诗意变化。阿博特以超现实主义的视角，创造了效果强烈的主观图像。

在技术技法层面，受尤金·阿杰作品影响，她形成了自己的现代影像风格，她将热情倾注到城市的建筑中，并在后来得到了联邦艺术计划项目管理办公室的资助。像尤金·阿杰那样，她选择了 8×10（英寸）的大画幅相机，但当时，她的许多同代人已开始使用便携式手持相机，但她仍用大画幅相机在街头拍摄创作，准确地记录城市变化，在视觉上隐喻城市在新旧交替时的喧闹与熙攘。

图 3-1　贝伦尼斯·阿博特，《L 形轨道，第二大道与第三大道之间》，1936

在对象本体层面，在阿博特的镜头中，城市既是现实存在，又是一种象征。被裁剪出来的一段高架轨道，呈 L 形延展，令受众眼花缭乱。画面令人晕眩，同时表现出纽约街头生活对人的影响。阿博特以抽象的方式布局，展现了光与影的纵横交错。阴影在画面中起到重要作用：似乎是街景的一部分，成为影像的主题之一。与人物相比，阿博特对城市建筑结构和标志更感兴趣。其作品中的人物或被阴影笼罩，或隐藏在影像深处。她使用观景式相机，影像在玻璃底板上呈反转样式，让阿博特暂时忘却拍摄主题，将注意力集中在城市的建筑和结构上，并展现其韵律。阿博特也对店铺标志感兴趣。它们吸引了受众的眼球，正如阿博特期望的那样，传递出视觉上的混乱。作为旧纽约的残留物，店铺招牌与城市交通网络形成鲜明对比，后者完全改变了这座城市。

索绪尔的语言学提出了区分语言和言语的观念，其理论强调，语言是语言符号相互关联的系统，言语则是实际话语；前者是社会的、主要的，后者是个人的、从属的。承袭该理论，我们认为，视听媒介语言是影像元素符号编码之后的语言表达系统，是一个理论与实践紧密结合的系统；视听媒介言语是影像创意者在创作过程中的实际话语，是一个动态过程。仔细区别的目的在于区分视听媒介语言的形成与使用。

影像语言是伴随着摄影技术的发展而逐渐形成并成熟的，从黑白技术到彩色技术，从模拟技术到数字技术，每次技术进步，都会深刻影响视听媒介语言的符号体系及语言编码。5G 时代，摄影也从传统的“照相”向按照现实逻辑进行主观改造的“造相”转变，并向依据想象的“幻相”转变（从“Take”向“Make”再向“Fake”转变）。影像语言的叙事逻辑也从写实向写意转变。

视听媒介语言从无到有，从无意识呈现到自觉运用，进入初步规范的运用过程，而影像创意者究竟采用何种方式表达，是先“破”还是先“立”？是先“舍”还是先“取”？我们有必要对视听媒介语言进行系统性梳理。

视听媒介符号属于视觉语言的一种，同文字语言符号有较大的差别，在信息传递速度与单位时间内的信息容量等方面有独特优势，而这一方式已经越来越为世人所喜爱。视听媒介符号的光影特性，以及表达的抽象综合性，决定了视听媒介符号的本质与本体言语方面的特异性。

总之，视听媒介符号具有开源特性，是一种动态、开放的语言，也是不断超越我们人类主观认知的语言，随着科技进步而发展。科技的每一次进步，都会带来视听媒介语言的新突破。

图 3–2 沃克 · 埃文斯，《微缩人像展，萨凡纳，佐治亚州》，1936

杰出影像总会传扬四方。该影像作品（图 3–2）来自 1938 年出版的那本具有里程碑意义的书籍和当年在 MoMA 博物馆举办的沃克 · 埃文斯个展。中国美术馆的展览维持了 80 年前那场展览的布置。这些影像既没有连贯的叙事内容，也没有单独的意义，而是通过对图形结构和主旨的反复及相互影响创造出联系。

在文化人文层面，过于久远的影像，时间越久越珍贵，解码阅读还须先从那段尘封已久的文化背景与人物说起。沃克·埃文斯1903年出身于在密苏里州圣路易斯的中产家庭。高中毕业后，大学学了一年法国文学就退学了，之后在巴黎待了一年，回到美国后在纽约的艺术圈混。1928年，他开始接触影像。

1933年，沃克·埃文斯去古巴拍摄动荡时局。1935年，受RA（Resettlement Administration）和FSA（Farm Secuirty Administration）委托，在美国南部农村记录与拍摄当时农村的情况。当时美国处于大萧条最低谷，是一个生存下来就已经是生活的最高目标的时候。1936年夏天，他接受《财富》杂志的任务，去阿拉巴马州记录三户雇农的生活，他把文章和影像结集成书：《让我们赞美着的名人们》（*Let Us Now Praise Famous Men*），该书在美国新闻报道史上也是很有影响的。

1938年，MoMA为埃文斯举办首次个展，这也是MoMA举办的首次个展。1945年后，埃文斯成为《时代周刊》的全职编辑。1965年到去世，他在耶鲁大学教授影像创作。

在技术技法层面，埃文斯最著名的作品，都是他为RA和FSA拍摄的大萧条时期的美国南部乡村影像，风格平和、淡定、优雅，像诗一样。他并不试图告诉我们什么事情，但毫无疑问我们可以从中读到很多东西。埃文斯常用8×10（英寸）的大画幅相机，采用正面视角直接拍摄具体场景，采取了像临床医学那样冷静客观的方式，这与现代主义的观点不谋而合，对细节进行简单、客观地观察并如实记录。

在对象主题层面，埃文斯是一个不喜欢暗房制作的影像家，他的影像普遍偏灰，反差不大，似乎在刻意避免“故事性”。他喜欢有文字的影像，如广告牌、招牌、路牌之类，擅长用文字作为影像的构成部分。

在对象本体层面，该影像有225张肖像。有些影像多次出现在不同的组合里。埃文斯仔细裁剪了图像，去除了周围的背景细节。观者只能看到“STUDIO”字样和这些微缩人像，暗房中对图像进行裁剪和编辑，已达到预期效果。

文字元素的运用。“STUDIO”是影像焦点，每个字母外围都有黑色边框，与分隔每组图像的白色边框相呼应。埃文斯对字母很着迷，经常用讽刺或怪异的方式来呈现。

▼ 视听媒介语言的叙事与表意机制

视听媒介符号的叙事

影像符号叙事其实属于语义学范畴。语言学中表意叙事是指用来表现事物或概念的符号与它所表现的事物或概念之间的关系[①]。由所指系统和能指系统共同构

① [法]让·米特里著，方尔平译，电影符号学质疑[J]，学术研究，2004年第2期。

成表达含义的功能。在电影中，有专门的电影符号学，该理论注重研究符号的表意叙事功能，深入探讨表意叙事结构，确定表达手段（能指）与含义（所指）的关系。电影符号学后来与精神分析学、拉康的“镜像学说”等现代文艺理论融合发展，形成电影精神分析学说、镜像分析学说等理论，并成为西方现代电影理论研究表意叙事系统的依据。这些理论强调电影的表意叙事功能，一是影像的产生是一个创造过程，而不是现实的自然显现。这些理论的对电影符号的“解码阅读”，即对电影表意叙事方式进行分析。现代影像理论中，影像的表意叙事符号不像电影那样明确具体，现代学者大多以构成影像的元素作为表意叙事符号进行静态影像研究。其主要原因是，影像范围不断拓展，视听媒介影像不仅包括动态影像，也包括静态影像和新媒介影像，因成像工具与成像方式不一，很难用某种单一的表意叙事符号进行界定。二是影像的技术言语内涵也处于动态变化之中，随着科技发展，涌现了诸如 MR、AR、VR 等视听媒介新技术。三是便于阶段性总结视听媒介语言。

视听媒介语言的构成元素，既有内在元素，也有外在元素。内在元素是指影像对象的自然状态与质地特征等元素；外在元素即影像对象外在环境的形、色、影等元素，还有创意者的人文素养与视觉常识元素，其中包括影像对象的历史文化与人文环境元素等。在这诸多元素中，对视听媒介语言影响较大的是技术技法元素。无论何种影像，每当科技进步或高新视觉技术介入时，影像的构成元素都会有变动。

图 3–3 是摄影家刘香成拍摄的作品《学生在校园里滑旱冰》。

在感官直觉层面，中国是如何一步步从贫穷走向温饱并奔向小康的，很多摄影师一直在用影像寻找答案，有五十年前土地改革的影像，也有库哈斯设计 CCTV 的建筑影像，还有鸟巢、东方明珠、北京大兴机场等影像，刘香成也给出了自己的答案，那就是他的画册《中国，一个国家的肖像》。这是一部中国人的历史记述，也是一部国家视觉回忆录。该答案的对象主体各不相同，但对象想表达的主题却是相同的，就是见证中国的变化与变革。

在文化人文层面，一个外国人眼中的中国究竟是如何发展变化的，刘香成只是众多影像记录者或收集者中的一位，这里不得不提到刘香成的文化背景与成长环境。刘香成 1951 年生于香港，几年后，随母亲回内地上学，之后经历了“大跃进”和“三年困难时期”。1960 年回香港，6 年之后回内地探亲，见证了“文化大革命”兴起。“文化大革命”结束后，刘香成以一个影像记者的身份从纽约到中国。1979 年，中美邦交正常化，刘香成是第一批美国派到北京的常驻记者，先后代表《时代周刊》与“美联社”，见证了改革开放全过程。后来刘香成到莫斯科工作，报道苏联解体过程。1997 年，刘香成定居北京。苏珊·桑塔格曾评论其影像说，“影像是碎片，其道德与情感的重量取决于时代背景，呈现的是已被描述过的现实”。

图 3–3　刘香成，《学生在校园里滑旱冰》，1979

在对象本体层面，影像是双刃剑，它既生产陈旧乏味的作品，又为它提供了一个新鲜的观点。刘香成眼里的中国影像属后者，其影像所表现的中国，不是充满热情，就是过于浪漫，与当时其他拍摄中国的影像完全不同。刘香成用镜头记下了一场场的历史盛况。时光荏苒，影像不经意间揭示了中国的转变过程。很多影像的主题，在今天看来，比拍摄时更有意义。有人曾说：“我们是我们自己创造故事的总和，这些故事源于我们个人的经验，也取决于我们解读他人历史时做出的选择。”2008 北京奥运结束后，英国前首相布莱尔指出：“中国向前跑得很快，并且旅程远未结束。”

在对象主题层面，当下的中国会是何种面貌？刘香成又以影像的方式做了预测，他策划的影像展“中国，一个国家的肖像”曾在今日美术馆举行，展出了 120 幅作品，全部出自刘香成的新书《中国，一个国家的肖像》，该书是刘香成历时 4 年时间编撰完成的，收集了 88 位国内优秀摄影师的作品，完整梳理了从 1949 年到 2008 年六十年间中国社会的变革历程。

在视听媒介语言的构成元素中，每种元素都具有表意叙事功能，如视听设备、光线、色彩、形状、影调等都可单独表情达意，但必须与视听媒介对象，即影像本体结合起来才能表述完整的影像意义。

视听媒介作品的表意叙事系统的研究与分析，旨在了解视听媒介作品的表意叙事功能是如何实现的。在语言学中，表意叙事机制属于心理学范畴，经人脑意识反应形成认知，通过文字或符号将某一观念、某一物体或某一存在物联系在一起。符号又分为人为符号和自然符号两类。人为符号又有“约定俗成的符号”（即语言符号）和“再现性符号”（复制事物的自然属性的视听媒介符号）。而“再现性符号”多指视听媒介语言的构成元素，即视听符号系统。

符号学是研究包括象征物、手势、信号在内的各种符号体系的一门学科[①]。符号表意叙事必须有两个关联项：一是能指（即符号本身），在文字语言学中指发音与符号、形状；二是所指（即能指指示对象），在文字语言学中指其表达的意义。两者的关联是由长期以来的约定而形成的。依据索绪尔语言学理论，语言文字符号即词语，文字符号其能指与所指区分极为清晰；但在视听媒介语言学中，能指与所指对象是同一对象，是等同的。因此，视听媒介语言符号所指与能指是同一对象。从语义学角度分析，这就容易导致影像语义的多义性，面对同一影像，不同的解码阅读者可能解读出不同的内容甚至完全相反的意义。

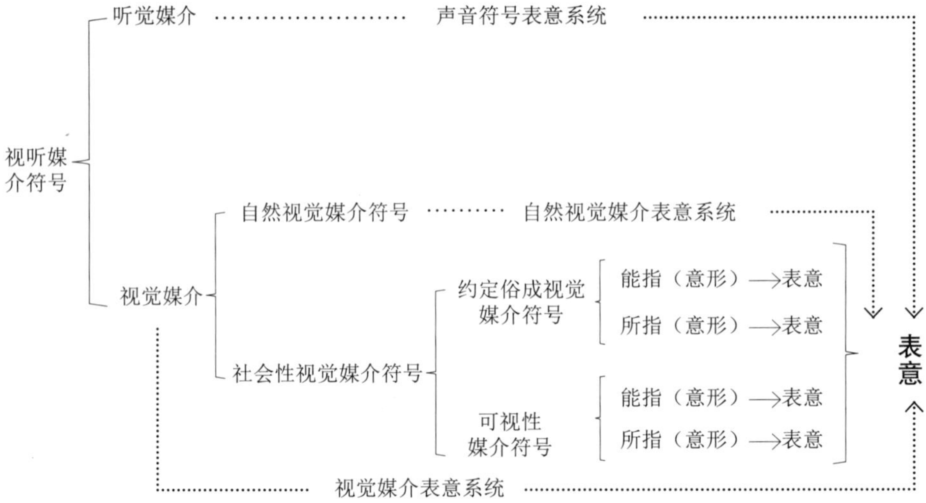

图 3-4　视听媒介语言符号与表意及表意机制

视听媒介语言的表意机制

影像作品表意叙事主要有两功能、三主体、四层面、四单元的表意生成机制。我们尝试把影像作品包含直接意指和含蓄意指在内的复杂表意系统（罗兰·巴特

① 梅琼林，消费社会的视觉文化[J]，青年记者，2006 年 05 期。

称之为交错系统）分解为两功能、四层面逐级生成机制。视听媒介语言表意的两功能是媒介单元与意义单元。三主体即创作编码者、被摄对象和解码阅读者。四层面为：视听技术层、对象主题层、对象本体层、文化人文层。其表意四层面的关系为：

对象主题层面（创意者）主题传达（一级表意）；

视听技术层面（媒介器材）设备功能（二级表意）；

对象本体层面（被创作对象）本体特征（三级表意）；

文化人文层面（环境对象）综合背景（四级表意）。

▼ 视听媒介语言的表意与影像再现现实局限性

视听媒介符号的表意是无疑的，重点在于如何把影像的表意功能研究透彻，并明确其形成机制，从而让我们的影像创作实践更有意义。巴赞指出："印在照片上的物像的存在如同指纹一样反映着被摄物的存在；影像不会像艺术那样创造永恒，它只是给时间涂上香料，使时间免于自身的腐朽。"话语虽有失偏颇，但道出了视听媒介语言的时间特性。影像表意具有一种时间沉淀性，随着时间的消逝，视听媒介语言的价值越发具有其特定的意义。

任何语言都具有相对的局限性，语言不是万能的。罗兰·巴特曾指出："我们不可能使现实世界的多维系统与一种一维的语言文字系统一一对应。"与文字语言相比，视听媒介语言的表意也有其自身的局限性，即其在抽象性与逻辑性方面表达不足。

雕塑家罗丹经常把雕塑作品人物的头或胳膊砍下来，他说："我还没有为头或脚找到合适的象征意义，或者说找到的太多了。"艺术家言外之意，即艺术语言（或视听媒介语言）表意叙事时在逻辑意义上具有不精确性。视听媒介语言还具有多意特性，如加拿大传播学家麦克卢汉曾指出，影像的表意具有意义分叉、意义发散、意义内爆等形式特性。

从影像专家与学者的研究看，影像的表意生成机制主要有两类：一是麦茨的"本文系统"，另一类是索绪尔的结构主义。综合两类的研究成果，我们更倾向于结构主义的表意生成机制。

鲍德里亚强调，我们生活在一个信息越来越多而意义越来越少的世界。为了研究视听媒介语言的生成机制，在网络时代研究视听媒介语言的表意机制，显得更有必要性。视听媒介语言作为传达或表述思想状态的一种方式，仍然依赖于文字语言的概念、判断、推理等各种逻辑行为。

视听媒介语言是一种交流表达方式，影像以其独特的符号体系表情达意。研究视听媒介语言的前提是了解各种符号系统，而每种符号体系都具有某种特有的象征性，文字语言和视听媒介语言的组织形式不同，语言的构成要素也不同。视听媒介语言是一种被编码的语言，而不是话语式的语言，不是交谈或面对面交流时所使用的语言，而是类似于诗歌和小说之类的语言。视听媒介语言尽管是根据某一确定的含义进行编码的语言，但仍然为被表达对象留出了不确定的空间，这一空间既是视听媒介语言表意的不足与缺憾，也促使阅读者思考、探索表意的匠心独具之所在。

影像表意对象是一个被感知到的、具有深层含义的现实物。视听设备器材是一架既没有记忆，也没有意识的机器，只是纯粹地“记录”现实物。电影理论家巴赞说:“镜头的旁观性能够把纯真归还给世界，引起我的注意与感情。”[①] 但对于创意者主观添加给现实物的意义、被编码的含义以及实用层面、文化层面、社会层面的意义，在影像中又该如何区分？视听媒介语言是否仍具有客观纯真性？其实，创意者通过影像的构图、叙事结构的组织或其他方式赋予影像的含义都已极具主观随意性。

《梅因布彻的束身衣》这幅影像（图 3–5）即便在当代，仍是颇为吸引眼球的，何况是在 80 多年前影像技术并不成熟的时代。

影像过于久远，首先还得从历史环境层面来看。在 20 世纪，唯一一位跨越战前和战后两个时期的时尚影像师，便是霍斯特 · P. 霍斯特。他见证了时尚影像的整个发展过程，从早期的精心设计到后来的低调优雅。霍斯特的创意从来不局限于潮流，当然为了生计，也不会让自己局限于时尚影像。那个时代，他倒不是特别擅长于多类型影像流派与表现风

① [加拿大] 马歇尔 · 麦克卢汉著，何道宽译，理解媒介——论人的延伸 [M]，译林出版社，凤凰出版传媒集团，2011 年 7 月第 1 版。

格，更多的是为了生计，他从人像到有错视效果的静物影像都得拍。灵感在生存压力逼迫时，就会不断涌现。从现在看，其灵感可能来自包豪斯的设计、超现实主义和新浪漫主义。在霍斯特早期作品中，能了解到他对形状、比例和古希腊雕塑中各种姿势的迷恋。霍斯特的作品大多在工作室内精心打造而成，同时，在《时尚》杂志整个团队的配合下，还有一系列装潢设计师、技术人员、助理以及灯光师配合。在他最著名的作品中，霍斯特的无名模特身穿紧身胸衣，背后系有束带，胸衣由德托尔（Detolle）为梅因布彻设计。影像代表了霍斯特一个创作阶段的结束，因为这是他在第二次世界大战前的巴黎拍摄的最后一张影像，之后他便离开巴黎前往纽约。

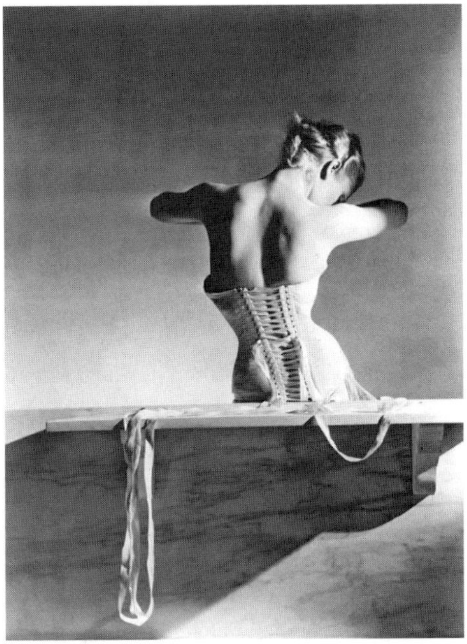

图 3-5　霍斯特·P. 霍斯特，《梅因布彻的束身衣》，1939

霍斯特原本就特别注重光影的技术表达，尤其是灯光效果的营造。为拍摄一张好的影像，他会花很长时间调整灯光以及光影基调。影像中，为了得到明显的阴影和强光效果，他肯定使用了射灯和反光板。由于照明设计过于复杂，霍斯特后来说，他自己也无法重来一次这样的影像布光。

影像的人物主体——模特犹如雕塑一般，她的身体比例和轮廓都像美丽的希腊女神——维纳斯一样完美。霍斯特经常去卢浮宫研究雕塑作品，其视觉素养驱使其从历史上最伟大的艺术家那里学习如何让对象以让人赏心悦目的表达形式让受众接纳并认同。

在文化人文层面，我们从影像打结的丝带、紧身胸衣与大理石栏杆便可理解影像的大致时代背景与社会环境，模特身着紧身衣的苗条身段，让人追忆起维多利亚时代女性痴迷于纤细腰部的时尚。该影像曾刊于《时尚》杂志，但经过处理，将紧身胸衣紧紧地裹住身体。然未经修饰的原图更有挑逗性，因为原图中，紧身胸衣松垮地挂在一侧。另外，大理石质地的栏杆和雅致朴素的外观，让人想起古典建筑。霍斯特自己设计了一些道具，有些是别人为他设计的。《时尚》杂志的能工巧匠可以使廉价的材料看起来很豪华，比如让石膏看起来像大理石。

在对象主题层面，就是用时尚的视觉形式来表达一种深层潜藏的欲望和理想。影像是1939年在巴黎拍摄的，在时尚界引起轩然大波。霍斯特拥有一双慧眼，对于主题的敏感把握十分到位并注重细节，但也过于追求影像的完美。位于图像下方的丝带，营造出一种平衡感，否则可能会显得过于无瑕，丝带还增添了一丝现实感。霍斯特曾说："我的影像总是有一点点混乱——肮脏的烟灰缸，或者其他什么……"

▼ 视听媒介语言的构成元素

视听媒介语言的基本元素，可以从电影语言的构成元素进行分析。研究电影语言构成元素的学术活动较早，且有相对成熟的理论体系，如匈牙利电影理论家贝拉·巴拉兹运用符号学的细微切分方法研究电影，并把电影比喻为一种语言，认为电影"语言"的构成要素，为景别、镜头、景深及蒙太奇四种；这些元素按一定的"语法"交叉组合,构成电影语言的"句段"（syntagme）并表达意义[①]。此后，电影语言构成元素研究分析多沿用此方法。

电影语言构成元素的理论研究为视听媒介语言构成元素的分析研究提供了便利，但视听媒介语言的构成元素与电影语言有所不同。在视听媒介语言中，镜头不是影像的最小组成单位，相反，镜头画面中的各类元素是视听媒介语言的构成元素，各类元素的排列组合都会使影像画面表意叙事有所不同。

视听媒介语言的构成元素可分为主观和客观两部分：客观部分有光影、色彩、镜头、画面、技术、声音、造型与剪辑等叙事元素；主观方面有创意叙事元素、数字与模拟语言元素、介质元素、市场与商业元素。

▼ 视听媒介语言的编码规则

视听媒介语言的编码与解码

视听媒介语言与文字语言不同，有其独特的表意叙事体系。解读视听媒介影像，须了解视听媒介语言是如何编码的。只有对影像语言的构成元素与意象内涵进行解码，才能明白其真正内涵。

① 邵清风，李骏，俞洁，彭娇雪著，视听语言[M]，中国传媒大学出版社，2007 年 10 月。

美国艺术家马塞尔·杜尚（Marcel Duchamp）① 提出，艺术场域的 50% 来自艺术品，50% 来自受众。他认为应以双方互动形式建立对艺术作品的转换与解读。美国艺术史家欧文·帕诺夫斯基② 以“图像学方法”的三层次划分法分解艺术作品的内涵。英国艺术史家约翰·伯格③ 在《观看之道》中提出观看者应根据自身的学识品位诠释作品。德国哲学家埃里希 · 弗罗姆④ 提出了普遍性象征语言的唯一特性观念等。他们分别从图像学、影像学、语言学的角度，为当代实验影像艺术语言的分析奠定了研究基础。当代许多影像艺术研究者，如保罗·M. 莱斯特⑤ 在《视觉传播：形象载动信息》中提出，希望链接胶片与数字的时代，尝试探讨视听媒介语言的表达方式。由此可知，探讨视听媒介语言的内涵表达，必须基于一定的方法，即“语法”或规则。电影是一种具有诗性的，在时间的蔓延中发展成的语言⑥，电影影像语言的表意叙事为视听媒介语言的表意研究提供了一个范例。通常，

① 亨利 - 罗贝尔 - 马塞尔 · 杜尚（Henri-Robert-Marcel Duchamp，1887—1968），美籍法裔艺术家，20 世纪实验艺术的先锋，对于第二次世界大战前的西方艺术有重要的影响，是达达主义及超现实主义的代表人物和创始人之一，纽约达达主义团体的核心人物。他的出现改变了西方现代艺术的进程。西方现代艺术，尤其是第二次世界大战之后的西方艺术，主要是沿着杜尚的思想轨迹行进的。

② 欧文 · 帕诺夫斯基（Erwin Panovsky，1892—1968），美籍德裔艺术史学家，早年在柏林、慕尼黑、汉堡大学教授艺术史，因对丢勒艺术的出色研究而出名。自 1931 年起到美国先后在纽约大学、普林斯顿大学任教，并发展出图像学的理论，将视觉符号视作文化的象征。代表作有《作为象征形式的透视》（1927）、《图像学研究》（1939）、《哥特建筑与经院哲学》（1951）、《视觉艺术的含义》（1955）等。

③ 约翰 · 伯格（John Berger，1926—2017），英国艺术史家、小说家，被誉为西方左翼浪漫精神的真正传人。1952 年，他开始为伦敦左派杂志 *New Statesman* 撰稿，并迅速成为英国当代最有影响力的艺术评论家。有艺术专著，如《观看之道》《看》《另一种讲述的方式》《毕加索的成败》等；小说《G》（1972）获英国布克奖及詹姆斯 · 泰特 · 布莱克纪念奖。

④ 埃里希 · 弗罗姆（Erich Fromm，1900—1980），美籍德裔哲学家。他致力于修改弗洛伊德的精神分析学说，以切合西方人在两次世界大战后的精神处境，企图调和弗洛伊德的精神分析学与人本主义的学说，其思想可以说是新弗洛伊德主义与新马克思主义的交汇，被尊为精神分析社会学的奠基者之一。

⑤ 保罗 · M. 莱斯特（Paul M. Lester），美国加利福尼亚州大学传播系教授，印第安纳大学大众传播专业博士，兼美国《新闻摄影家》专栏作家，在视觉传播研究领域造诣颇深。其代表作《视觉传播：形象载动信息》重点关注视觉形象在强势视听媒体中的应用，介绍视觉形象在不同媒介条件下的应用，如电影、电视、印刷品、图形设计、信息图形、卡通、计算机等；分析在当今媒介资源极大丰富的社会中，视觉信息的诸多消费途径。

⑥ 孟建，视觉文化传播：对一种文化形态和传播理念的诠释 [J]，现代传播，2002-06-15。

我们认为，“语法”或规范是能应用于无论何种性质的语言所独有的构建方式（特例除外）的一整套规则。克里斯蒂安·麦茨认为，基于语法的组织性这一事实，任何自由的具有创造性的独创性都必然具有语法性质。据此观点，影像必然源自某种“规则”，而不是源于某一先验既定的语法。

从一般意义上说，影像只有表意叙事时才是一种语言或话语，当然这并不是必然。当视听媒介语言的符号元素配置变得自由时，真正意义上的语言学法则就停滞不前了[①]。影像语言原本并没有“语法规则”，但作为表意的语言构成元素，却有这种明确的功能，视听媒介语言构成元素之间的排列组合运用，就形成一定的配置关系，也就是乔姆斯基所谓的“生成语法”，即影像在运用中形成的配置关系。生成语法强调“内在性语言”（Internalized Language，简称 I–Language）和外在性语言（Externalized Language，简称 E–Language）。内在性语言是指个人大脑中掌握的，从后天学习如同身体发育一样获取的语言[②]。人们在特定环境下所使用的语言，被称为外在性语言。按此推断，视听媒介语言就属于外在性语言中的一种。现就视听媒介语言的生成过程与影像的表意过程做个对比。

第二节　与视听媒介语言关联的语言符号元素

▼ 视听媒介语言的“声音”与“声景”元素

影像的外部关联符号

影像的内在性本体语言，即被表达对象本体所能表现、表达的内容，这里不一一细述，我们重点探讨影像的外部关联符号，即影像的标题、文字说明、解说和声音等多个方面。影像的声音、文字解说、配音、对白、音乐和音响属于听觉的叙事言语，也属于外部关联语言，与影像中内在主体的无声语言（内部语言）和有声语言以及视觉语言相融合，共同形成了影像的言语叙事。

① 李文华，无声时代和有声时代电影表意的不同看法及原因探析 [J]，西安社会科学，2010-12-31。
② 张宏树，媒介素养：从数字鸿沟到数字机遇——基于积极受众的讨论 [J]，东南传播，2008 年 12 月。

陈海璐的实验动画《对话》（图3-6）创作于2008年。陈海璐在上海美术电影制片厂从事传统动画片制作十余年，她的作品多以动画或者动画与实拍来表现，作品利用软件PAINTER在绘图板上完成，借鉴了国画大家韩羽先生诙谐精练的京剧戏曲造型，采用中国传统水墨动画的风格，配以经典传统古曲《广陵散》的片段，演绎了一幅中国人心目中耳熟能详的传统戏剧人物与现代人物超越空间进行对话的画面，这也是中国古代传统思想和现代文化之间的对话。该媒介作品中两种语言起到了重要的叙事作用，一是声音语言，另一种是声景语言的运用。这两点表现得极为突出，声音是借用《广陵散》，声景则是借用中国山水绘画的意境营造的声音画面空间。同时在视听媒介中还运用电脑CG语言的表达方式。陈海璐的创新是在传统影像基础上的一种创新，把视听媒介语言的构成元素用新用活。

图3-6 陈海璐的实验动画《对话》，2008

影像从来都不是"无声"的。语言与影像的关系一直是哲学家和语言学家所

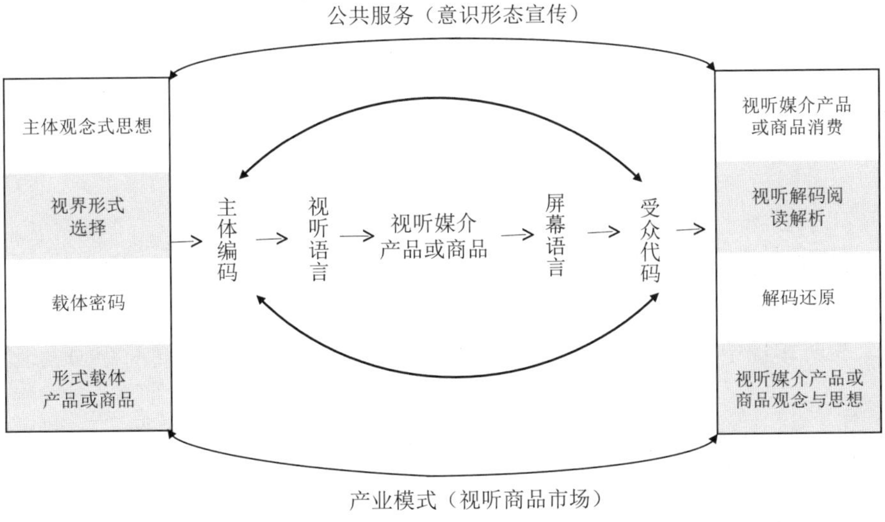

图3-7 视听媒介符号的编码与解码流程

关注的问题，在视听媒介与视听影像尚未出现之前的中国古代，就有“左图右史”的说法[①]，表明图像声音语言的重视觉特性。当代的视听媒介，影像中既有听不见的叙事符号，还有听得见的“声”与“音”，以及看得见的“声景”元素（本书后文有专项论述）。

2018 年 1 月 22 日，央视纪录片《创新中国》首次用人工合成技术配音引人关注，是科大讯飞公司对已故播音员李易的语音样本进行整合后应用的，效果与真人无异，同时该公司已推出多项视听媒介影像的配音翻译等工作。

哲学家路德维希·维特根斯坦曾阐述过声音言语与影像的关联，认为“思想、语言是世界的一种独特关联物”。动态影像中，默片虽然“无声”，但影像的手势和动作仍起到重要的叙事作用[②]。同时，观看者感知影片时，已将影像的内在叙事语言与外在影像的动作和手势言语融合，共同感知视听影像。观看者的观赏阅读并不是一个简单的过程，既要解码阅读影像的内部无声语言，并将其转换成阅读者自身的视听语言，同时又要解码相关的外部语言，即有声语言，并结合思维进行类比、联系和判断，最终感知影像的意义内涵。从语言学角度看，影像的“内部语言”虽具有文学符号元素，但并不是一种真正的“文字语言”，需要直接感性的视听思维过程，这时“外在”的有声语言就更有助于我们理解影像的叙事言语。视听媒介语言是“将某个已经机制化了的语言成品转换为一个视听成品”。

文字语言的根本元素是词语，视听媒介语言的根本元素是形象，其思维逻辑过程不同。视听媒介语言虽具有一定的文字思维逻辑，但其感性直接的影像逻辑思维是文字语言所不具备的。

▼ 视听媒介语言的“文字”与“字幕”元素

视听影像中的字幕或文字是借鉴于早期电影默片的做法，此前德国表现主义

① 樊强，语言学视阈下言语行为的影像建构研究 [J]，西安外国语大学学报，2018 年 4 期，P26。
② 周宪，视觉文化的三个问题 [J]，求是学刊，2005-05-15。

的很多电影并没有字幕[①]。时至今日，影像上加字幕或加上标题的做法已成视听媒介语言表达的一种惯例。给影像加上一个简洁的标题，可以起到提醒或总结影像意义的作用。当代影像作品或艺术作品，在视听影像画面中总会有一个标题，无论其目的为何，其实是视听媒介语言的一种表现方式与构成元素。

▼ 视听媒介语言的本文与文本

“文本”与“本文”概念的本质区别

该区别有点过于学术，两者指涉不同但常混用，有着严格的内涵与外延区分[②]。英语对等词为 Text，在英语中 Text 有三个重要来源：一是拉丁语动词 Textere（即“编织”）的名词隐喻用法，有“编织的图案”之意；二是法语名词 Texte，意指“任何书写的东西”；三是后期拉丁语 Textus，意为“由文字书写的文体或文章

① 如《铁路》《街道》《圣西尔维斯特之夜》《影子与夜的幻觉》《最卑贱的人》《托尔古斯》《瓦妮娜》《杂耍场》《蜡人馆》等电影并没有字幕，即使如《尼伯龙根》《灰屋子记事》《浮士德》等著名电影也只有很少的字幕。即便有字幕也很少做出解释，更多的是进行暗示或营造诗意。

② 本条注释引自徐新建《“本文”与“文本”之关系——人类学的研究范式问题》。主要观点有，英法中的 Text，中国批评理论界在翻译时曾关注“对等”问题。在 20 世纪 80 年代译介西方批评理论过程中，学界曾强调在解构主义之后的理论语境中必使用“本文”一词，原因是这个词在西方形式主义、新批评、结构主义语境中已经成为一个具有特殊学术含义的词语。20 世纪 90 年代至今，无论是在文学理论界、批评理论界，还是在语言学界与翻译界，“文本”与“本文”两词的使用一直呈现比较混乱的局面，没有统一准确的使用标准：在语言学界，“文本”与“本文”两词很少有批评理论中所强调的语义内涵，而前者则更多地与“话语”“语篇”“篇章”相近或互用。Text 一词在中国学界的学术翻译具有两个特点：1.在最初译介西方理论时，中国学者强调 Text 在新理论语境中的对等意义，但随着时间的推移，深受西方“同词异意”之影响，逐渐不加区别；2.外文专业的外国文学及批评理论学者倾向于在学术翻译和使用中的“异化”，而中文与哲学专业的学者则倾向于“归化”。但是，无论使用者是否理解 Text 一词的“历史性”，当代不同理论话语中的 Text 的确具有不同的学术意义。巴特把文本分为“可读性文本”与“可写性文本”：前者意指具有稳定、封闭、自足意义的文本，后者则是一种阐释开放的话语文本。按此意，Text 就成为一个脱离结构控制的书写客体，向读者、社会、文化等完全裸露，可任由阐释者欣赏、玩味、挪用、颠覆。近 30 年来，Text 的外延无限膨胀。所指拓展到诸如绘画、雕塑、日常行为、衣着装扮、风景空间等所有领域。结果是：文学浓缩或落魄为文本，文本被稀释为文化，文化变形为“快乐的文本”。阐释变成在“叛逆的快感”中进行无穷无尽的文本互证（互文性）。

结构”。从汉语词源上讲，“文”即“纹理”，甲骨文为“纵横交错之形”，《说文》："文，错画也。”即“纹”或“任何编织的花纹”。而“本”，《说文》中："木下曰本。”即“草木之根”之意。“文本”为现代汉语词语，学术内涵为“由文字书写的、具有连贯意义的、自在性的客体”；“本文”则主要指“此文”，没有“文本”定义中所具有的“连贯与自在”之意。

综上所述，从文艺理论角度看，本文的概念有三层意思：一是狭义，指语言学中大于词组的语言组合体，也叫话语；二是广义，指非语言类艺术表意手段的组织结构；三是“本文”不同于英文的“Text（文本）”。本文中的“文”有着事物表象、“本体之文”的意思，不全等于对象以及对象本身在观察者眼中呈现出来的式样和图形。文本的概念，有以下三方面：一是指将这些被观察到的式样与图形记下和发表的文章、著述；二是文本是我们走向本文的一种工具、一座桥梁；三是现实对象是难以被人为认知的，在对象与文本（文章、著述）之间，本文充当了“天人对话”（人与自然、人与世界）的中介。

视听媒介影像的本文与文本区别

视听媒介影像本文指的是以研究影像语言的组织结构为对象，是一个综合性的理论概念，从历代研究者的论述看，主要有三个特点：声画结合的表意系统；独特的代码（有别于诗歌、音乐）；提供原初场景的环境条件。视听媒介文本或影像文本，是指研究摄影或影像的著述与文章。两者是两个完全不同的范畴。视听媒介影像文本则是指研究影像综合表意体的理论著述与文章，即影像的视觉符号构成元素的理论研究著述。

影像的“本文”元素：对白和声音

对白与声音作为本文元素最初出现在影像呈现环节，即屏幕消费环节。影像创意者为了更好地呈现影像，用多媒体呈现影像时，加入音乐或自己编写的文字解说，并在静态影像中加入动态影像作为中间呈现过程，初期引发了无数争执和歧见。网络普及之后，人们才开始隐约感觉到影像呈现的视听结合意义，本文与影像的关系有了一种完全不同的含义，相继把文字说明、标题与影像结合起来表意，即将原本的观看与可听的环境声音或解说或文字说明并列起来，共同表达意义，开创了“影像 / 文字”“影像 / 声音”“影像 / 标题”等呈现方式，观看者也获得了一种新的解码阅读方式。从历史角度看，这其实是电影蒙太奇手法的借用“挪移”，并拓展到了影像领域，为视听媒介语言的构成元素增加了新的表意叙事元素。

当然，好的影像作品或许并不需要这些关联元素，重要的不是视听媒介语言构成元素的数量，而是影像本文研究结论与影像文本品质。

【实训与练习】

1. 以视频案例说明“本文”与“文本”对视频媒介语言的意义与作用。

2. 用“春秋笔法”“视觉完形”“镜像视觉”三种影像表意手法拍摄同一对象，剪辑制作成短视频，分析这三种手法的差异与作用。

3. 在自然环境（如森林）或生活场景（如教室）中，用手机拍一段短视频，用声音表现影像的“声景”，研究短视频用声音去营造场景，进而表达环境与文化背景。

4. 从互联网上找 4—8 张一组的图片故事，剪辑制作成 30 秒的短视频，对照原照片文字说明，从视听媒介语言的角度分析影像语义的变化。

5. 把一张经典纪实照片配上不同的音乐（不用旁白与对白），制作成 15 秒的短视频，分析“声景”与影像的关系，并思考如何将纪实照片变成一种虚幻的影像表达。

第四章

视听媒介语言的符号编码与叙事层级

4

视听媒介语言是一种符号编码语言，一种表现感知世界中实物和活动的符号编码方式[①]。我们不仅是在阅读影像或消费影像，而且在接收各种信息，包括形状、图案、颜色，以及一系列连续图像产生的动态影像[②]。

第一节　视听媒介符号的语言特质与编码意义

影像符号是视听语言的基本词汇之一，要生成完整的影像叙事文本，需要对视觉对象进行符号编码，将符号组合编成代码，用代码表达意义。

要素选择编码分析

叙事者对影像符号系统内部诸构成要素进行倾向性选择，生成文本的基本叙事单元——镜头，完成对影像符号的第一次编码，实现文本的第一层次叙事和表达。从动态视听媒介语言角度看，要素选择编码在操作层面往往是由摄影师与导演共同完成的，例如由摄影师本人或摄影师根据导演意图选择拍摄角度、景别类型、景深和构图效果，构成影视镜头代码，不同的镜头要素构成可以实现不同符号的意指功能。

技术层面的编码选择

一是感官直觉编码选择；二是镜头、画幅、光线、照明等视听技术技法编码选择；三是故事创意编码选择；四是文化人文编码选择。影像文本为核心叙事主体，影像文本的艺术修饰和完善，通过调动各种镜头造型手段，在符号的四次编码中，强化影像文本的视觉效果和艺术表现力，深度发掘视听媒介产品的艺术价值与审美价值。

---

① [美]大卫·艾布拉姆（David Abram），教师，作家，新墨西哥圣达菲“野生伦理学联盟”创办者，著有《感觉的魔咒（The Spell of the Sensuous）》，本段引用见该书。

② 拉斐尔·马拉克（Rafael Malach），是以色列魏慈曼科学研究所（Weizmann Institute of Science）学者，该机构是以色列的公立研究型大学，拥有约2500名科学家、博士后、博士和硕士，拥有诺贝尔奖获得者和三个图灵奖得主。机构位于以色列特拉维夫南部雷霍沃特，该机构只提供自然和精密科学本科和研究生学位。

▼ 视听媒介静态语言与动态语言的异同

视听媒介语言里的电影影像语言与影像语言经常容易混淆。从技术层面看，电影影像语言源自影像语言；但从电影角度来看，电影影像语言是以影像语言为基础，但又同影像语言有所不同。电影是声画融合的艺术，而摄影是光影融合的艺术。那些认为两者区别在于画面的动、静态的观点，则过于简单。两者都注重影像的形式美感，强调影像语言的视觉冲击力。两者的主要不同是，首先，在影像创作时，创意者视觉符号的编码不同，影像阅读时，受众的解码方式不同，也即影像的静止与动态的区别；其次，符号的叙事组合不同；再次，符号的表意功能不同。

静、动态视听影像的不同表现在于：一是电影影像是声画融合，主要是基于画面与声音综合叙事表情达意的；静态影像是光影融合，是基于光与影融合变幻来叙事的。现代影像尤其是影像呈现时，也常采用电影的放映方式呈现。二是两者视觉符号编码方式不同。主要是创意者作为叙事主体对于对象主题言语的编码方式不同。静态影像语言是静态编码，而电影影像语言是动态编码。三是两者的符号解码方式不一样。阅读者与受众对于两者的解读方式不同。除了阅读的视觉文化素养不同外，更多的是视觉解码与意义阅读理解不同。四是叙事方式不一样。影像注重符号编码的精细叙事，除了光影综合叙事外，还有画面主体对象（人或物）叙事，画面相关符号元素的辅助叙事。电影语言叙事除了上述功能外，因为动态放映和视觉暂留的特点，略去了画面精细叙事的功能，除了主体对象的主要叙事，还增加了声音符号的叙事与动态叙事这两种叙事功能，而画面相关符号元素的辅助叙事，则进一步弱化。五是表意方式不同。静态影像语言是单幅画面的情绪气氛定格意境表意；电影是多幅画面的动态组合与情绪气氛累积的综合表意。

▼ 视听媒介的语言建构与言语表达

语言与影像的关系一直是语言学家、文学家关注的重点，中国古籍里有“左图右史”[①]的观点，古代的诗词歌赋也极为注重意象的构造与表达。索绪尔的语言学理论认为，语言是组织在声音物质中的思想，言语表达是语言学研究的真正核心，文字书写是围绕言语呈现的外形。语言和文字原本就是两种不同的符号系统。“文字并不是语言，而只是利用看得见的符号来记录语言的一种方法。”[②]在日常生活中，言语的表述可与具体影像相对应，更多时候，影像言语的建构必须与个体的想象与思维相结合，必须与个体具体的感受关联，才能建立起与之对应的思维联系。从索绪尔的理论看，语言的能指（signifier）和所指（signified）的构成要素，对应语言的声音形象和该声音形象关联的概念，即意义。这里的概念或意义，在视听媒介语言学中，则转换成直接感性的影像对象。德国语言学家威廉·冯·洪堡特（Wilhelm von Humboldt）[③]认为，“词不是事物本身的模印，而是事物在心灵中造成的图像反应”[④]，强调“在语言的内部始终有一幅完整的图景，呈现着一切事物及其隐蔽的联系和关系”。

语言学家都把概念与声音形象看作是语言直接对应的主体，论述了言语与影

① 成语，形容家中藏书多，嗜书好学。出自《新唐书·杨绾传》。

② [美]布龙菲尔德著，袁家骅，赵世开，甘世福译，语言论[M]，商务印书馆，1980年4月，P22。

③ 德国语言学家、哲学家、政治家。1767年生于波茨坦。1787—1789年就读于法兰克福大学和哥廷根大学，1801—1810年任普鲁士宗教和教育大臣，致力于教育事业的改革。1809年创建柏林大学，即现在的洪堡大学，1810—1819年任外交官。1819年后辞去公职，专门从事学术研究。洪堡特对许多语言都有广泛的认识。他研究过欧洲的巴斯克语，美洲的印第安语，非洲的埃及语和亚洲的梵语、汉语、日语等多种语言，是比较语言学创始人之一。洪堡特第一篇有关语言学的著作是1820年6月29日在柏林学会宣读的一篇报告《依照语言发展的不同时期论语言的比较研究》，在这篇文章里他起草了他所设想的语言哲学体系的纲要。1828年，他发表了《论双数》一文，这标志着他在语言研究上完全转向理论研究的开始。他一生中最后也是最大的一项工作是《论爪哇岛上的卡维语》的写作，这篇巨著共分三卷，陆续出版是在他去世以后的1836—1840年。书中附有一篇长达300多页的绪论，题为《论人类语言结构的差异及其对人类精神发展的影响》，这篇绪论是洪堡特语言理论的代表作，对其后的语言研究产生了深刻的影响。洪堡特的语言哲学思想宏大深邃，对20世纪的语言学产生了深刻、持久的影响。欧洲语言学界魏斯格贝尔等的“新洪堡特派”，美国的萨丕尔、沃尔夫的语言学说都在不同程度上继承和发展了他的语言思想，他的许多富有创见的理论观点至今仍有极其深刻的意义，为当代语言学研究者所瞩目。

④ [德]威廉·冯·洪堡特（Wilhelm von Humboldt）著，姚小平译，论人类语言结构的差异及其对人类精神发展的影响[M]，商务印书馆，1999年11月，P72。

像的联系，把言语的表达和抽象化的影像密切关联起来。言语表达的过程，是向阅读者传递经由表达者思维处理的信息的过程，表达者将形象化的思维通过有声语言传递出来，需要听者在获得基本感知信息的基础上，在脑海中进行影像的重新建构、编译或还原，最终完成认知。“语言既是映像，又是符号”[①]，从言语到影像的建构过程是形而上的抽象化过程，文字把语言符号固定在约定俗成的声音与形象的关联里，但是要把言语行为的一切细节都转换成影像却很难。从言语到影像的转换要基于自身素养、感性认知、想象及个人观念。从言语到影像的建构范围，要大于具体、真实的影像对象，并不是所有言语都可以用影像语言来表达。法国语言学家约瑟夫·房德里耶斯（Joseph Vendryos）[②]在其《语言》[③]论著中，把这一建构过程概括为“语象”，即言语行为所产生的逻辑图像[④]。我们可以这样概括：在言语之前的心理统一体叫作语象，语象是思想为语言表达所制成的表象。

影像作品在创作过程中，其言语表达过程，是创意者力图将自己所看到的，在脑海中反应形成的视听影像编码成表达的语言，然后复制传递到阅读者的脑海中，形成视听影像的过程。这一过程因创意者与阅读者在视觉素养与文化素养，以及性别、地域、民族等方面的多重差异性因素，创意者从影像言语到视听媒介语言的编码同阅读者对视听媒介语言解码、意义重组上有较大差异，创意者的言语经编码后可能有弱化甚至丢失的可能，影像阅读者在符号解码时，存在无法完全解码阅读理解的情况，视听媒介语言的建构及转译过程，会让视

① [德]威廉·冯·洪堡特（Wilhelm von Humboldt）著，姚小平译，论人类语言结构的差异及其对人类精神发展的影响[M]，商务印书馆，1999年11月，P34。

② 约瑟夫·房德里耶斯（Joseph Vendryos），法国著名语言学家，1875年生，后在巴黎师从梅耶（A. Meillet）和格拉蒙（M. Grammont）等老前辈学习语言学，精于希腊语、拉丁语等古典语言和克勒特语，著有《关于语言定律的意见》《论专有名词研究的困难》《论静态语言学的任务》《语言》等普通语言学专著。1907年任巴黎大学教授，主要研究印欧语系，特别是希腊语、拉丁语和凯尔特语，继承了历史比较语言学的传统。房德里耶斯认为语言始终存在分裂与统一的倾向，彼此平衡，他反对语言上的种族主义。

③ [法]约瑟夫·房德里耶斯（Joseph Vendryos）著，岑麒祥，叶蜚声译，语言[M]，商务印书馆，1992年4月。后收入汉译世界学术名著丛书，汉译名著系列书中。

④ [法]约瑟夫·房德里耶斯（Joseph Vendryos）著，岑麒祥，叶蜚声译，语言[M]，商务印书馆，1992年4月，P78。

听媒介语言产生偏差。

▼ 视听媒介的语言编码与叙事

视听媒介语言中的影像语言，其言语的建构过程是双向的，从影像创意者有创作欲望开始，就已启动影像言语编码，运用视听设备技术言语，对象主题言语、对象本体言语、影像环境的文化人文言语，把创意者的主观评价与实际对象的本质与内涵本体言语融合起来，用不同的符号编码成视听媒介语言，同时根据时空环境与技术手段进行适时调整及重组编码，确保视听媒介语言准确表达对象的本质内涵。

影像的消费受众与阅读者必须对影像的视觉符号进行解码，并重新解读影像的各种不同的言语。编码者希望解码者能够完全接受视听媒介符号的意义，从影像对象→言语表述（创意者）→编码→影像阅读（阅读者）→解码理解的过程中，会出现视听媒介语言语义的损耗，阅读者不一定能与编码者达成一致的意义。

在整个体系中，有一个重要的衡量标准，即视听媒介的言语经编码转换后，是否完整表达了创作的四种言语本身，以及是否被完整解码阐释明白，即创意者与阅读者之间是否有信号损失，这是一个关键因素，也是编码者与解码者之间的一个重要认知差异。而阅读者因个体素养、社会经历、知识储备不同，将会解码阐释出不同的意义。影像转换过程中意义的遗漏损失或意义添加，都将使视觉媒介符号表达不完整，就会发生视听媒介语言“言不及意”问题。

如何使视听媒介语言的编码与解码做到准确精细?

视听媒介语言的编码与解码的转换过程有两个变量，即编码者与解码者，两者的差异容易导致语言所传达的信息发生损失与增加。这一情况主要受四个方面因素影响。一是影像创意者与受众观看者的文化底蕴与视觉素养有差别；二是影像创意者的技术编码与技术技能有差别；三是被摄者的本体语言有差别，主要是创意者对被摄对象在熟悉与把握上的差异；四是创意者的对象主题语言有差别，不同的影像创意者对同一对象所形成的影像表达内容与主题偏重点有差别。这四者各方面的内在特质不同，对于各个方面的要求也就不同。视听媒介的技术言语相对简单容易，影像创意的本体语言较复杂，有时被摄对象能表达的意思甚至与创意者理解和编码的意思截然相反，却被创意者“反为正用”地传达出来，导致阅读者出现解码歧义。创意者与阅读者不同的文化背景，致使视听媒介语言在编码与解码过程中，出现如文言、白话、俚语、谚语、成语、歇后语、口语、外来语等种种符号信息的编码，影像意义的转换与传播就容易发生曲解、误解甚至歧义，甚至有些创意者根本不懂视听媒介语言，生搬硬套，发生“照片不够文字凑”的现象，影像解码完全靠文字说明，如此，影像便偏离了影像语言的本意了。

第二节 视听媒介语言的言语维度与意义编码

视听媒介语言因创意者与阅读者的文化底蕴不同，其编码与解码过程也就明显不同，呈现出视听媒介语言的创作与接受时的意义差别，甚至出现意义完全相反的情况。影像创意者偏重自身表述言语的，长期以来形成了一种个人特色与艺术风格：有偏重于质朴的技术言语的，注重创作的技术技法；有偏重于被摄对象本体言语的，注重被摄对象的了解与把握程度，力争拍摄出“典型环境中的典型人物”；有注重对象的客观性言语的；也有注重传播语言与传播环境的；有把阅读者的阅读环境增加到影像中的；还有在影像中注重网络语言的运用的。若上述现象各有偏重，则视听媒介语言的表达准确性就会出现偏差。即便众多影像创意者面对同一对象、同一主题的影像言语编码，其编码、解码过程中侧重点不同，风格就完全不同，最终导致影像创意者各有各的特色，这主要体现在视听媒介语言的言语维度上。

▼ 视听媒介语言的四个言语维度

一是视听技术技法言语，即技术维度，包括数字与模拟技术方面的技术技法总结归纳，如亚当斯的“区域曝光法”、布勒松的“决定性瞬间”等，以及“中途曝光法”，还有数字软件制作 VR、MR 等技法。二是创作对象主题言语，即艺术维度。大多是以创意者对现实的观感与反应为主，创意者在视听媒介言语中形成自己独特的风格，以及这种风格或思潮对影像的影响。三是历史人文言语，即学术维度，如符号学、精神分析学、结构主义、解构主义、人类学、社会学、女性主义等人文理论在影像领域的应用等。四是对象本体言语，即本体维度。被创意者关注的对象在现实中的人文关系以及同社会、历史、人文与环境的关系。视听媒介语言的四种维度即四种言语虽有差别，但在视听媒介语言中必须融合在一起进行整体叙事。这既是理论的，也是实践的，四者缺一不可，从而让视听媒介语言成为一种理论与实践密切结合的语言。

▼ 创意者对象主题言语

影像创意者的对象主题言语

这是影像作品语言的特有表征，运用被摄对象表达某一主题的言语，即创意者对于被摄对象文本的建构表征，受创意主体自身素养以及不同的社会与文化背景的制约，主要体现在创意者对于影像主题的表现上，即创意者如何“讲得生动”，“讲得有意思”的主题言语。正如中国古代文论中所说的“言有尽而意无穷”。巴尔特曾说：“影像的语言结构不仅是全部被发出的言语，同样是全部被接受的言语，语言结构必须包括‘意外’之意。”[①] 对于创作对象，视听媒介语言的对象主题言语至少包括两方面：一方面是对象主题言语，即创意者想说的话；另一方面是创意者认为被摄主体能表述的言语，即被摄对象的本体言语。

创意者与表述对象有间离感

用视听媒介语言反映被摄对象需要一种距离感与陌生感，表述内容虽是日常所见，但用视听媒介语言描述出来却需要创意。这涉及创意者的对象主题言语表达水平，即创意者个体的媒介素养与主观想法。法国电影理论家让·米特里认为，创意者要“通过安排事物、体积和颜色之间的关系构成一幅富有表现力的画面，赋予被再现的世界一种特殊意义”，使“一切呈现为活动影像的客体都获得它在直接现实中所没有的含义”。也就是将平凡的对象非凡地表现出来，在陌生之境

---

① 《世界电影》，1997 年第 4 期，P186。

发现新奇事物。

距离产生美，引发神秘与诱惑。恰到好处的距离尺度往往离不开创意者对于被摄对象“熟悉”与“陌生”的把控，熟悉的地方没有风景，距离产生美。距离的控制是视听媒介语言的视觉态度，是引起受众观赏注意、诱导探究兴趣和激发审美愉悦的最佳方式。

影像的对象主题言语是影像创意者在创作某一作品时想要表达的观念与想法。这一言语通过创作技术等各种言语手段的编码，是以被摄对象为载体所做的一种态度性评价言语。影像作品的创意者针对不同的被摄对象，有不同的态度和不同的表述观点：态度有褒、贬、中性之分，观点上有客观、主观、主客相融之别，所谓“一事一态度，一物一主题”。从影像作品的语言风格上分析，不同创意者创作的影像作品虽然在艺术理念、视觉素养上不同，作品的对象主题言语却有一致的观念。

郎静山的“集锦摄影”素有佳誉，其作品所塑造的诗情画意的意境，一方面同他深厚的国学素养积淀有关，无论是《鹿鸣呦呦》(图 4-1)、《艺术家之梦》等，还是人物肖像等，都体现了中国传统文化的人文功底和诗韵情怀。针对不同的作品，其对象主题言语又是各有所异，《鹿鸣呦呦》作品，对象主题言语是诗经《小雅》中的首篇《鹿鸣》：“呦呦鹿鸣，食野之苹。我有嘉宾，鼓瑟吹笙。吹笙鼓簧，承筐是将。人之好我，示我周行。呦呦鹿鸣，食野之蒿。我有嘉宾，德音孔昭。视民不恌，君子是则是效。我有旨酒，嘉宾式燕以敖。呦呦鹿鸣，食野之芩。我有嘉宾，鼓瑟鼓琴。鼓瑟鼓琴，和乐且湛。我有旨酒，以燕乐嘉宾之心。”创意者

图 4-1　郎静山，《鹿鸣呦呦》

把这中国古典文化中经典的文字想要表达的内容，融入被摄对象的言语中，给了作品一个隐藏深、积淀厚的对象主题语言。创意者将主题语言编码进入影像作品中，阅读者在解码阅读时，对《诗经》的《鹿鸣》应有所了解。

在对象主题言语层面，陈复礼的风光影像也运用了同样的手法，融入中国传统文化基因进行表达，如作品《小楼一夜听春雨》，同南唐李煜的《虞美人》（小楼昨夜又东风）和唐朝杜甫的《春夜喜雨》两处诗词意境融合交织在一起，给其创作的影像作品命名。陈复礼创作《秋江水冷鸭先知》时，其对象主题言语取意于宋代苏轼《惠崇春江晚景》（二首）的意境。其编码语言可谓用心良苦。此外，陈复礼的《吹皱一池春水》《拼将余热染山河》等作品也是采用此类语言表现法。陈复礼将郎静山的影像语言的对象主题言语发挥到了极致，有意标出一个富有诗意的标题，而受众的解码阅读则经过阅读转换，又还原了陈复礼的对象主题言语。如果缺乏中国古典文化素养，受众在解码阅读上述影像作品时，就会缺失此层语言的理解与解读。

此类视听媒介作品的对象主题言语，在静态影像作品中并不少见，影像创作数字化后，有创意者更是将其泛化运用，并拓展到更广泛的领域。如戴翔的《清明上河图》，其对象主题言语，则是取意于宋朝张择端的名画《清明上河图》。陈复礼的对象主题言语也从诗词拓展到古典绘画领域。此类作品还有洪磊的影像作品《我梦见我被倒挂着听宋徽宗弹琴》，其作品的对象主题言语取意于宋徽宗赵佶的《听琴图》。影像作品创作数字化之后，此类手法的借用将会更广泛。

构图是创意者对影像画面的一种处理和安排，涉及影像创意者的对象主题言语，创意者调动各种因素精心构图。如薄雾中一叶扁舟，前景缀以枝条以加大景深，用透视效果产生意境等。当然，此类言语编码仍需技术支撑。

瞬间，即影像中的“决定性瞬间”，影像创意者极为关注时机，从而获得精彩瞬间。拍摄人物，往往要等到人物的表情、动作俱佳再按快门。

角度，即影像的空间位置。相同的场面，水平视觉拍摄与仰俯视角拍摄，影像效果迥异。这里既有技术成分，更多的是创意者对被摄对象主题言语的选择性表达。

影像作品的语言编码解码体系，无论国家、种族、地域，在其对象主题言语中，国家、地域、种族等元素的借用、挪移都只是其中的一种方法。在中国，诗书画印的元素浓一些，在西方，宗教民俗的成分重一些，这与文化背景与历史传承有关。视听媒介语言中的对象主题言语的编码解码是相通的。

▼ 视听技术言语

基于视听科技和影像技术的言语

主要是指以硬件设备的性能功用所能表达体现的叙述言语。影像创意者的对象主题言语与构思理念都由硬件设备——主要为相机或摄影机——的技术控制来实现，最终由阅读者解码阅读。拍摄者透过技术编码表达内容，即所谓“用镜头说话”，影像创意者运用“镜头语言”来进行技术表达。“镜头语言”并非无规律可循，而是有严格的技术规范与要求的。从大的范围上看，主要有影像器材、成像材料、曝光、色温、景深、焦点、景别、方位、视点、角度、画幅等方面，本书不做技术方面的专门论述，我们仅以镜头语言方面的长焦与广角的技术言语区别、决定性瞬间等内容对影像语言的技术言语做比较。

表 4-1　长焦与广角的技术言语对于视觉语言的表现[①]

	同一位置不同焦距					焦距不同主体同大					典型画面	主体与环境关系	画面气氛与效果	工作场所	拍摄条件
	视场	景深	纵深感	视觉效果	透视变形	拍摄点	前景尺寸	后景范围	视点移动						
									主体变化	背景变化					
广角	大	深	强烈	夸张	大	近	较大	大	大	小	全景远景多层次空间	强调主体与环境关系	宽敞深远开阔雄伟对比鲜明强调透视	可在狭窄空间工作	易于抢拍抓拍
长焦	小	浅	减小	压缩	小	远	较小	小	小	大	局部特写	淡化主体与环境关系突出主体	狭窄短浅紧凑平坦构图简洁明快气氛柔和清新	适合远距离工作	高速快门精确调焦

① 此表引自钱元凯先生2003年的著作《摄影光学与照相机》。

近距离拍摄的技术言语，其技术符号所形成的语言效果是，使拍摄主体自行消解，影像画面给人的感觉完全无视影像设备的存在，镜头的视点完全消失在受众观看的主观感受中。

对于典型瞬间的技术言语来说，日常生活中发生的每件事，都有许多不同的精彩时刻，这个时刻来临时，环境中的元素会排列成最具意义的几何形态，影像语言所呈现的形态也最能显示事件的完整面貌。影像创意者抓住这一时刻，必须假借技术言语进行表达。“所有的思考，只能在拍照前或拍照后，按快门的瞬间，完全凭直觉。”而这种直觉，则依赖于创意者影像素养与技能技巧言语。“借最好的一刹那，使事件产生全新的意义与境界。”这最好的一刹那，就是对象主题言语。多种言语的综合与交融，才会真正呈现“典型瞬间”。

杉本博司的静态影像《影剧院》，以视听媒介语言的技术言语方式对时间的流逝进行记录和反思，影像采用设备技术言语的方式，即过度曝光的银幕来表述，进而引发我们对于对象本体言语，即影院能表述内容的关注，人们通过对对象本体也就是透亮银幕的思索，最后再去探讨创意者即杉本博司的对象主题言语，即基本现代社会影剧院这一现象的思考，进而扩大到文化人文言语，这样对于该作品的解码阅读就基本通透了。对于时间这一现象的反思，以影院银幕影像的呈现这一具体对象为载体，完全不同于霍金关于时间的思考，并且影像对于时间的思考也没有结论，没有论证过程，只是以影像形式展现了这一动态发展过程，结论在受众的思索和情感中。

影像作品的技术言语，总是离不开“点、线、面、形、色、影”之类的纯技术言语，其技术规范主要包括光圈、快门、曝光、焦点、焦距、幅面等方面的技术。数字影像的技术言语是以传统技术体系为支持的，增加一些诸如“色相、像素、曲线”之类的概念。影像作品的技术言语取决于设备的性能表现与记录能力，也取决于创意者对于高新技术的运用和把握能力。

“大漠孤烟直”“月涌大江流”之类的影像，原本就是用文字语言表现的一种意境，这是一种虚无缥缈、依稀隐约的意境。至于如何运用视听媒介语言表现出来，就看影像创意者的意愿了。原本用文字都难以精确描述的影像意境，在视听媒介语言的编码过程中，更需要影像技术言语的支撑和创意者人文素养的积淀了。

视听媒介语言是综合了声画光影的艺术语言，电影影像偏重于声画技术的融合，静态影像偏重于光影技术的融合。风、雨、雷、电影像中的任一元素的本体言语，都会影响视听媒介语言多重言语体系的运用。这时，创意者的视觉素养、控制与表现能力就发挥作用了，视听媒介语言的言语表达系统也是需要取舍选择的。

视听媒介语言的四种言语各有不同，各有侧重。既有被摄对象的国家、民族、地域特色，也有创意者的个人风格特征，还有创意者的个人认知能力与水平，当然还有被摄对象的视觉呈现，等等，如焦波的动态影像《俺爹俺娘》是创意者的视角，是被摄对象的视点。宋朝的静态影像《矿工》是主观与客观融合的现代文化视点。袁毅平的静态影像《东方红》是历史视点。诸如此类的多种言语融合在影像作品中，将多方面的言语技能编码在视听影像里融为一体，以影像语言的形式完整表达出来。

视听媒介语言同文学作品语言一样是有风格流派的。当代视听影像众多的类型、流派，之所以无法囊括，是因为这四种符号言语编码中都有不确定的变量，而影像语言讲述故事要表达准确，却是一个基本衡量标准，偏废一方都会有问题。

技术言语的光圈技术是控制影像曝光和景深的重要手段，大光圈可产生浅景深效果，小光圈拍摄可产生大景深效果。快门技术是控制曝光时间及被摄物成像效果的重要方法，高快门速度抓拍精彩瞬间，低快门速度拍摄流水缠绵轻柔。曝光技术是技术言语的基本途径，光圈与快门的组合决定曝光量，从而达到一定的影像效果。逆光人物有剪影效果，被摄对象反差大与光比小有不同的效果。曝光过度会产生梦幻朦胧或宁静感，而曝光不足则会有压抑与苍凉感。焦点技术是影像技术言语的关键环节，镜头的焦点控制被摄主体成像的清晰程度，焦点与光圈的适当搭配往往会产生奇特的效果。焦距也是摄影技术言语的重要元素，影响到影像的大小、画面对象的景深。技术言语中还有镜头的技术功能，如鱼眼、广角、标准镜头、中焦镜头、长焦镜头等各种不同类型的影像设备将形成不同的言语。

技术言语里还有“计算摄影”影像技术以及“软件图片”影像科技的技术言语。前者注重以高新技术、纯硬件设备为支撑创作的影像技术言语；后者注重以固定流程为主的软件为支撑的影像技术言语。两者都以技术言语为核心进行表达。当然，任何高新技术都离不开人本理念，所有的技术前提都建立在人的基础之上。

▼ 对象本体言语

视听媒介语言系统中蕴含的四种言语表意中，影像作品的被摄对象本体言语，是整个视听媒介语言体系中最复杂的。从创意者的发现、选择到被摄对象最后成形的影像，是一个动态过程，即四种言语符号的混合编码过程。

对象本体言语，即创意者对被创作对象的视听觉意识反应后所创作的言语。如第一反应是触景生情或有所感悟，创意者直接拿起设备拍摄。这其实是第一瞬间将四种言语融为一体进行编码拍摄，即影像视觉中所谓的“感官直觉”，然后在视听媒介言语的选择过程中，发现技术言语不到位，或创意者的对象主题言语不相吻合，便采取其他言语方式进行纠正与校对，以确保影像言语能够准确编码并表达。

影像创作过程中的视听媒介语言的编码，很容易将创意者的对象主题言语与被摄对象的本体言语混淆。从创意者选择发现被摄对象开始，就必须开始选择视听媒介语言，这是创意者的对象主题言语；面对眼前的被摄对象，对象所能表达的内容吸引你去拿起设备，这是被创作对象的本体言语；你拿起设备怎么构图取舍，如何运用光影、位置，怎样聚焦，设备怎样设置，技法怎么运用，这是技术言语。这如同写文章布局谋篇一样，在按下快门的瞬间，将这四种言语编码融为一体，形成视听媒介语言——影像，才最终完成视听媒介语言的符号编码。当然这并不是编码的最终成品，还有后期的剪裁取舍与调整修图。

光影，主要是指被摄对象所处环境中的自然光影。摄影是光影艺术，被摄对象的光影是其自身本质状态的一种外形呈现。如被摄对象的环境光线较暗，而影像主体处于一束光线照明的亮度环境中，从技术层面上，按主体亮度曝光，就突出了主体并净化了阴影遮盖的杂乱的视觉元素，在影像中，影子本身就是画面中不可或缺的重要元素。

色彩，被摄对象的自然色彩与光影反差密不可分。光线不仅会影响明暗对比与亮度，还会影响被摄对象的色彩。被摄物体的色彩、环境的色彩、感光器件的色彩记录能力，都关系到被摄对象的本质特性能否充分编码记录。

影调，在视听媒介语言中指的是被摄对象自身亮度、对比度、饱和度、色温等条件作用下形成的明暗关系，不是指影像或照片。传统影像的分类大致有五种：高调、低调、中间调、冷调、暖调。被摄对象的影调不同，呈现的对象状态也不同，但其本质仍是同一物体，只是给阅读者的外在观感不同。

被摄对象的本体言语，是被摄物体的自身言语表意，也即自然的物性表征，具有人类视知觉的共识性。被摄对象的本体言语是叙述，是被摄对象“讲什么”的语义层。法国人巴尔特说：“影像的语言结构不仅是全部被发出的言语，同样是全部被接受的言语，语言结构必须包括‘意外’之意。”[①]

其实，被摄对象的本体言语也是一个动态交互的过程。不同的创意者，对于被摄对象的反应与感悟不同，对于被摄对象所能表达的内容，读取与理解也不同。因此在选择对象时，具有主观能动性。而创意者的技术技能水平不同，采取的技法技巧也不同，对于被摄对象所能表述的记录的言语真实程度也不同。有些创意者只是撷取了对象所能表达的一部分，有的则全部记录下来。被摄对象所能表达的内容因创意者的个体差异而有所不同，当然影像风格也就不同。这其实同哲学认识论一样，是一个曲折发展、螺旋上升的认知过程。对于同一个被摄对象，因

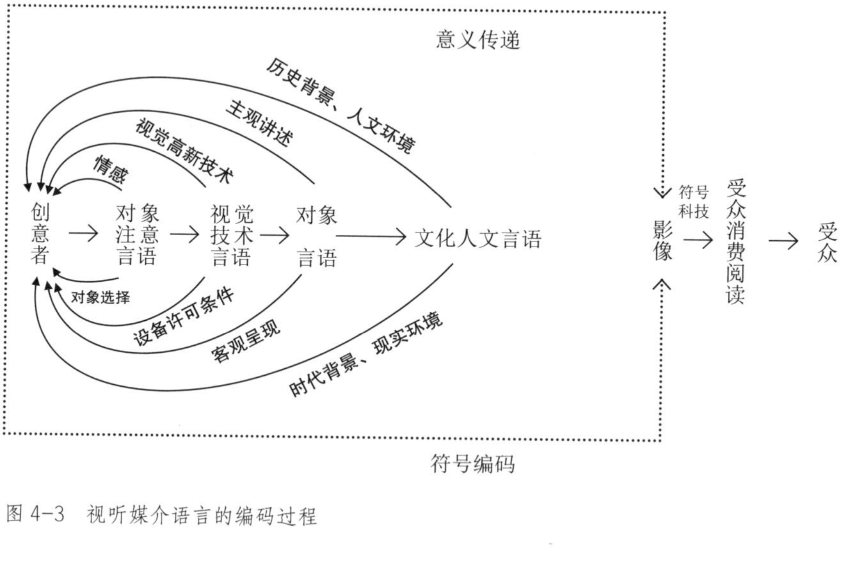

图 4-3　视听媒介语言的编码过程

① 《世界电影》，1997 年第 4 期，P186。

为创意者自身的因素，可能前后时间不同，会有完全不同的影像语言。当然，不同影像类型的技法技巧也会有所差异甚至完全相反。

视听媒介语言里的被摄对象的本体言语，从辩证角度看是相对不变的。自然对象的叙述与阐释是相对固定的。但创意者的认知水平、文化素养、技术能力影响了创意者对被摄对象的认知程度以及表现能力。

受众进行视听影像消费，解码阅读视听符号时，有的影像作品附有标题或文字说明，这是对被摄对象本体言语的一种补充。有创意者在影像作品中打上时间、位置戳，这其实也是一种外在的技术补充言语，是运用设备所具备的功能进行补充的。

从影像作品层面看，被摄对象的本体言语是影像作品中最具魅力的部分，尤其是专业创意者，能够准确把握被摄对象的内在本质，如姜健的《场景》《主人》，宋朝的《矿工》《矿民》。在姜健的《场景》里，被摄对象的本体言语较为程式化，但姜健的主题言语却很刁钻隐晦，以被摄对象静默的方式讲述中国农村的方方面面，从人类学、社会学角度折射中国乡村的真实现状。宋朝的《矿工》，创意者的主题言语较为平实，而被摄对象的本体言语却十分丰富，上述两人都对被摄对象十分了解，但在影像作品的主题言语、被摄对象的本体言语选择表达上却不相同。

▼ 文化人文言语

任何视听媒介影像都有其时空局限性[①]，不同时代的影像作品，尤其是影视影像与静态影像，脱离了时代背景与人文环境，都会失去影像的历史价值与时代意义。视听媒介影像作品的时代人文言语的编码，主要体现在影像里的地域环境与时空信息中，把对象的时空环境符号结合在一起融入影像的符号编码中，在符号编码形成的影像中潜藏作品的地域、民族、宗教、习俗等信息。当然，现代影像设备也可以直接在设备上记录时空坐标等信息，从而让阅读者在符号解码阅读时

① 张文明，试论影像语言，2014 年 3 月 13 日中国摄影家协会网。

有准确的时间标尺与地理位置，不至于时空错乱。

“任何构图，只要包含几条长长的直线，不论方向如何，都可能产生明显的视觉效果。”①技术言语同“决定性瞬间”以及被摄对象本体言语的多重结合，才形成了视听媒介的表意语言。卡帕说：“如果你拍得不够好，那是你离得不够近。”这是创意者的技术技法言语，究竟哪种言语更重要，答案是这四种语言的精准编码更重要。

【实训与练习】

1. 运用技术维度的“两极镜头”（广角与特写）拍摄王维《使至塞上》中“大漠孤烟直，长河落日圆”的意境，以及马致远的《天净沙·秋思》“枯藤老树昏鸦，小桥流水人家，古道西风瘦马”的意境，分析“两极镜头”的视听影像表意作用。

2. 拍摄“喜极而泣”“悲极而泣”两段短视频，画面要求区分“被摄对象言语”与“文化人文言语”两者的不同。

3. 用全景、中景、肖像、特写四种镜头技法，拍摄同一对象的四段短视频，分析、体会视听媒介语言的不同表意。

4. 选取李白或杜甫的某一首诗歌，拍摄制作成短视频，对比、分析短视频的视听媒介语言与文学语言在意象与意境表现上有何区别。

① [加拿大] 弗里曼·帕特森（Freeman Patterson）著，何岑成译，摄影与观察艺术（Photography and the Art of Seeing）[M]，长城出版社，1986 年 12 月。

第五章

视听媒介语言的符号解码与语意解读

5

视听媒介素养是个体运用视听媒介语言的基础，而其语言的符号解码与意义重组的阅读过程显得更有必要，视听媒介语言已成为一种全球化的通识语言，影像（包括电影、摄影）普及传播率越来越高，视听媒介语言的解码过程及阅读过程显得迫在眉睫[①]。

视听媒介语言的解码阅读过程，并不像文字语言那样通俗易懂，便于理解阅读，也不企求完全能看“懂”，读明白。其阅读过程是一个求知索取的过程，同人的认知过程一样，也是一个循序渐进的过程。

第一节　视听媒介语言的“呈现”与阅读方式

▼ 影像语言与屏幕“呈现”

影像言语经过创意者的符号编码与意义重组并经传播后，受众与阅读者进行屏幕影像消费与符号解码，至于信息是否完整，基于符号解码的多维度及多方因素的共同作用，如编码者与解码者的文化素养、视觉常识、地域环境、教育程度等因素趋同，尚可容易理解。就影像作品而言，很难确保编码者与解码者在视听媒介语言的理解上同步。因此，在影像语言的表达与交流中，唯有增强双方的视觉素养与影像语言编码和表达能力。

影响影像语言表达有效性的因素有很多，但经过系统的视觉素养训练后，视听媒介语言表达的有效性会得到明显提升。对于视听媒介语言初学者来说，经过基本的视觉训练，可实现明确的沟通交流，但并不一定能做到精准表达。那么，如何让影像语言在表达过程中更有效地传递思想与观念，更方便阅读者的信息接收与理解?

同样的视听对象、同样的环境与同样的视听设备手段，不同的影像创意者创作的影像，其语言表达的内容可能完全不一样，甚至相反，如同一本乐谱经由不同的乐手演奏，最终效果也会不一样。视听素养的训练在视听媒介语言的编码与解码中极为重要。从影像语言到视听媒介语言的过程同样存在“呈现方式”的差异。编码者将影像对象进行符号编码时，需要运用视听技术言语、对象本体言语、文化人文

① 见 2017 年 3 月 27 日武汉美术馆公众号，原题为《看艺术展一定要看懂吗？》。

言语及编码者的对象主题言语进行有效编码，方能准确传递自身的理念与观点[1]。

▼ 视听媒介语言的“呈现”与交流

影像语言的网络或屏幕“呈现”

影像语言因其符号的特殊性，其呈现交流主要体现在网络与屏幕上。视听媒介语言尤其是影视语言，必须有交流载体，不像文字语言，可以由交流者经过学习通过无载体转换形成。视听媒介语言必须要有交流的呈现载体。目前大多以网络或屏幕方式为呈现载体，类似于影像语言的呈现载体。

“呈现”效率与视听素养

无论是视听媒介语言的编码者还是视听媒介语言的解码者，其表达都和人的思维逻辑相关。不同的视听媒介语言的编码者针对同一对象，用同样的影像编码方式表述时也是有差异的，编码者的思维越精细、逻辑越缜密，对于影像的认知就越深刻，解码者阅读时就越容易解码阅读，意义表达得就越清晰，“呈现方式”

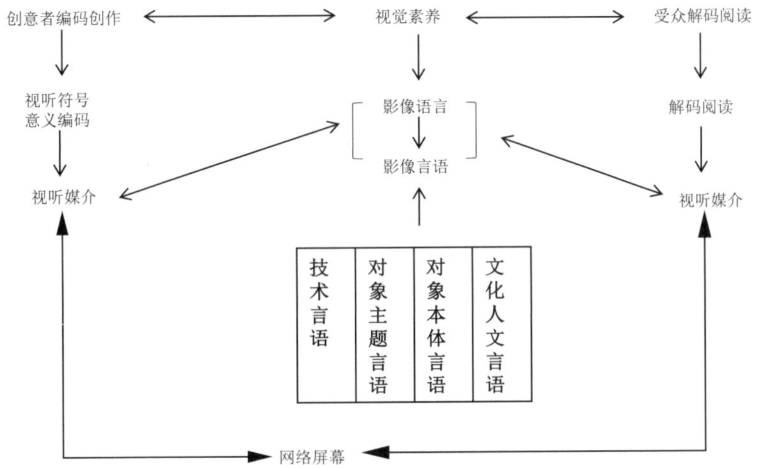

图 5-1　视听媒介语言的呈现与交流

---

① 吕中舌，郭茜，阅读：解码的过程还是相互交流的过程 [J]，外语教学，2004 年 7 月第 25 卷第 4 期。P61-63。

就越高效。

交流主体中的创意者与受众作用

影像语言表达能力的提升同视听媒介语言的“呈现方式”及影像传播过程有关。因此，语言学家认为，影像的交流和沟通的过程为：创意者编码传递影像信息，阅读者解码接受影像信息。影像创意者传递影像信息的手段是视听媒介语言。

▼ 视听媒介语言的编码与“呈现”环节

视听媒介语言的解码阅读并不要求具备丰富的视觉理论知识，不必通读艺术史、影像史、美术史等理论。如同孩童识物识字时并没有多少理论知识一样。视听媒介语言的解码阅读过程就是一个学习过程，也是视听素养的培养训练过程。而阅读本身就是一个潜移默化的审美与思考意识的培养训练过程。通过这一过程，我们经历了从似懂非懂到逐渐明白的转变。视听媒介语言阅读的培养是让阅读者通往自由与探索的大门。

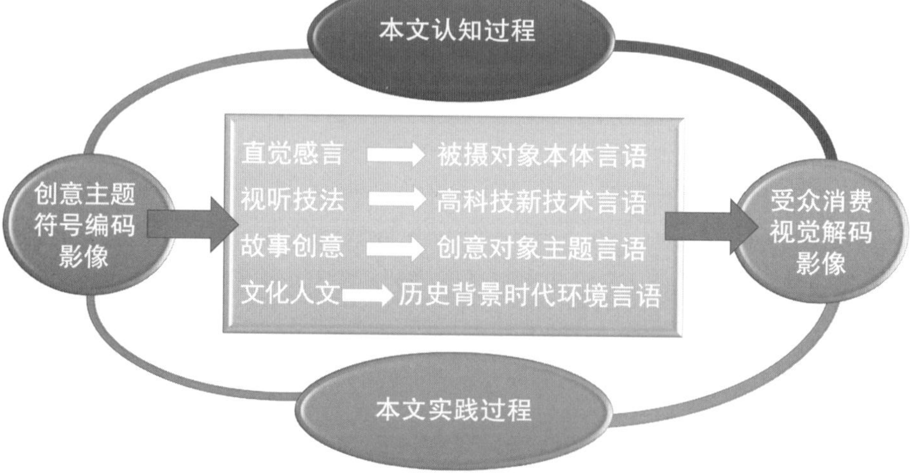

图 5-2 视听媒介语言的编码与呈现环节

第二节　视听媒介语言的符号解码与意义转换

▼ 视听媒介语言阅读环节之一：感官直觉解码

许多教科书都在教人们如何观看、阅读影像，那么，对于识字不多或无法阅读的人如何阅读影像，就成了一大问题。但如果询问孩子如何观看阅读，多半没有高深的道理与复杂的程式，就一点：用眼睛看。另外，我们在观看西方影视作品或影像时，不懂语言只能看画面，大多数人也是先直观感受，进而理解、明白。

感官直觉解码的内容

内容一般分为两个层面：一是时、空、人，二是情节、故事与主题。作品给你的第一印象，首先是时间、地点和影像主体对象；其次是说了什么事，表达了什么内容。这两个层面可能在直官感受解码时，一时无法完全解读。完成了两个层面的解码阅读，至少明白了视听影像的主要内容与表达主题。无论作品使你悸动、迷醉，抑或厌恶、欢愉，直观感受是我们解码阅读影像作品的第一感官直觉认知层。

感官直觉解码的步骤

在影像作品的感官直觉解码阅读时，直观感受其实就是视听媒介语言体系中的被摄对象本体言语的浅层次综合解读，也即被摄对象本身想表述的内容。这也是视听媒介语言解码中最基础、最关键的一步。被摄对象本身想表达的内容，也是我们解读视听媒介影像最重要的内容。至于对视听媒介语言的技术解码与创意者对象主题语言的解读是在此之后的过程。

图 5–3 表现的是一座大理石雕塑，造型姿态扭曲，却在每一寸线条上都透露着温柔，让人觉得，仿佛丘比特的一吻，真的会给普赛克注入无穷的生命力。整个场景在光影之下，显得极其浪漫与神圣。这幅照片因为文化背景的差异，我们只能从日常生活体验与直观感受层面去解读，而不同的读者各自的感受也不相同。但照片中所体现的人性伦理却是全人类的共性感受。至于照片为何会造成此类效果，还需从光影技术语言（为什么会有如此效果？）、创意者的对象主题语言（为什么要拍这张照片？）、被摄对象的历史人文语言（为什么那个时代会有此类雕塑？）来解读。首次阅读时，我们或许并不了解该作品拍摄的是意大利雕塑大师安东尼·卡诺瓦的作品，也不了解卡诺瓦是近代最著名的雕塑家之一。这

图 5-3 《丘比特与普赛克》

些都可以在进一步深入解读时去了解。直观感受是视听媒介影像作品解读的第一步。

▼ 视听媒介语言阅读环节之二：视听技法解码

视听技法解码

视听技法解码其实包括技术与技法两个层面的内容：一是视觉与听觉的硬件设备技术层面；二是技法运用层面，即运用硬件设备的方法，也就是视听技术运用层面的方法。影像作品的媒介语言总是隐藏着许多硬件设备技术言语与技法运用言语，无论何种作品，必须要用一种形式表现出来，既然有形式，就一定会有这一形式的技术技巧言语潜藏于其内。影像作品的视听技术言语的技法技巧，因为制作手段不同而差异较大。影像中的视听技术言语的技法技巧主要分为三种。一是所用设备的视听技术言语，受设备的性能功用限制，而创意者对所用设备的视听技术性能的把握，决定了其作品视听技术言语的品质。好的创意必须要有好的技术技法去实现，即用好的视听技术技法言语来表现。这里当然也包括传统的方法与现代的方法。二是数字技术技法。运用数字设备创作或制作的影像作品，有可能是“计算摄影”作品，也有可能是“软件摄影”作品，还有可能是纯数字设备制作再增添到影像素材中的作品。三是高新科技的技术技法。如现代影像作品中的 AR、VR、MR 技术与硬件设备等。随着科技的发展，新的技术技法还会不断涌现。

视听新技术将提升影像表达水平

技术的发展是永不停滞的，影像作品的记录与创作不会局限于电脑、相机、摄影机等设备，这些设备在记录或捕捉对象的细节与色彩方面会受到制约与限制，但总会有一些新的技术设备可以补充实现。可以设想，未来的透视学、解剖学、色彩学、声学与光学等技术的发展，会给视听媒介语言的技术语言提供丰富的选择。

▼ 视听媒介语言阅读环节之三：故事创意解码

《泉》（图 5-4），一个从五金店搬来的普通小便池成了影像艺术品，其成功之处主要是因为创意，即得益于作品创意者的对象主题言语：艺术与生活平等存在。作品消除了艺术品与日常物品在外观上的差异，向世人宣示了艺术家的思想才是艺术品的核心价值。

这幅照片可以理解为一种艺术现象，这一现象还在 2005 年被全球 500 位重要的艺术界权威人士评为“对艺术史影响最大的艺术作品”。

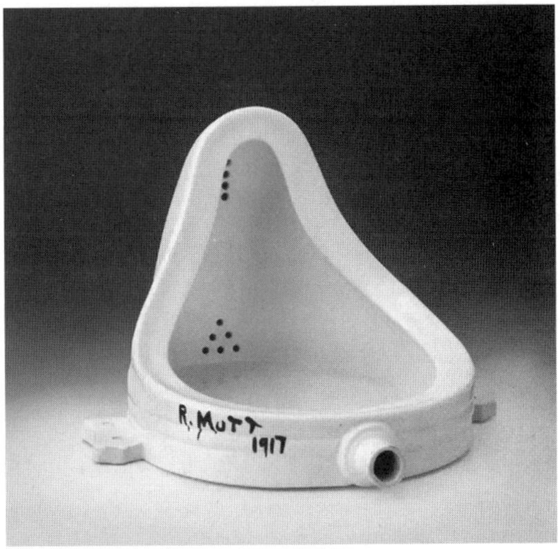

图 5-4　马塞尔·杜尚，《泉》，1917

故事创意解码

对应于影像符号元素编码，便是影像的对象本体言语的解码过程，也就是对影像本体言语的编码分解和分析，影像无论是动态还是静态，都是用来讲故事的。影像符号故事层的编码是构成影像符号意义的稳定载体。并非所有的影像都能讲好故事，并非所有的影像故事都能通过影像讲出来，影像故事能表现现场，但大多数受众不可能亲临现场，还需用影像作品来讲故事。我们从影像作品的语言解码角度看，对于感官直觉解码无法理解的影像作品，还需对创意者的对象主题言语以及故事创意层面进行解码。即创意者为什么要拍摄这个影像？他想用影像讲述什么故事？

故事创意解码取决于影像叙事结构

影像叙事结构分为三个方面：一是影像符号各个言语层面的组织关系，影像的各个言语层面都有叙事作用；二是影像各个层面不同的组织关系和表达方式；三是影像内部各元素的组合关系。静态影像的故事与创意的编码难度相对大一些，而动态影像的故事创意，以好莱坞为主的故事体系已形成固定模式，并有产业化流水线的程式化制作。程式化的类型片叙事促使解码者形成一种叙事的“格式塔”，形成结构化的符码系统。

故事创意在其他层面也有叙事

影像语言的解码，在感官直觉解码与视听技术解码层面都有听懂故事与创意的优势。影像是把日常生活的细节用各种符号的方式编码到影像中，有技术层面的，有人物性格层面的，有自然环境方面的，还有声音方面以及其他形态层面的。动态影像讲故事有戏剧性的矛盾冲突，而静态影像的戏剧性与矛盾、冲突显得更为隐蔽，矛盾冲突与故事常常隐藏在视觉符号代码与影像细节之中，或是影调光影对比，或是技术反差调控，或是背景气氛营造，或是对内部空间和外部空间的建构，或是虚构故事的真实性。

影像作品故事创意的递进解码

影像的故事创意解码阅读是有先后顺序的，影像作品的故事创意，即影像创意者的对象本体言语想要表达的东西，是影像作品较深层的内涵，需揣摩斟酌。同时，也是对象本体言语的一种表达的升华。实际上是创意者对于对象本体言语的解读，并以影像形式融入作品中。

▼ 视听媒介语言阅读环节之四：文化人文解码

视听媒介语言表达的深层解码是文化人文解码，即视听影像背后的文化背景与人文环境解码。任何影像背后的文化与历史人文环境，都是影像叙事或影像语言表达的重要背景符号。

电影影像或动态影像的文化人文解码

电影影像中主流意识形态是作为潜隐的影像符号编码到电影影像文本中的。影像消费者通过动态影像（电影影像包括动画片）的解码阅读与分析，透过某些叙事的缝隙，分解出文化与历史人文符号，揭示其背后的意识形态、文化象征意义。反之，动态影像的编码方式也一样。视听媒介语言的文化历史与人文解码，就是通过影像作品前几个层面的解码去挖掘影像深层次的价值观与人生哲学，反映主流意识形态，体现集体心理意识与文化意识，达到影像创意者的目的。

静态影像的文化人文解码

以任何一张普通照片为例分析，我们从摄影家解海龙的作品《我要上学》（图5–5）中看到了什么？

解读这幅摄影影像，还要将此图同照片《大眼睛》联系起来，才能深入了解影像所表达的意义与背景。再通过了解影像创作者解海龙的身世背景，最后才能明白该影像的时代意义与社会价值。

图 5–5　解海龙作品《我要上学》，2014 年荣获第十届中国摄影金像奖影像创作奖与中国艺术金像奖

静态影像的文化人文解码过程，有以下三个层面：先是对影像直观解读。如一幅静态影像画面为：一个男士从街上迎面走来并脱帽弯腰。在前几个步骤的层面解码阅读里，我们已大致清楚影像的技术、对象主体以及创意者想表达的内容。其次，是对影像符号的意义探究，要了解脱帽弯腰画面的人文背景，男士所处环境的历史年代以及那个时代约定俗成的社会习俗等，弄明白脱帽弯腰的举止是礼貌的表示还是“犬儒”的举止。再次，是进入意义本质阶段的探究。进一步了解影像的历史、文化背景，以及脱帽弯腰与人物性格的关系，包括在影像特定的文化环境下产生这一行为的原因。至此，我们通过影像的文化人文解码，就获知了该影像人物的性格、时代、社会生态等信息。

对静态影像的文化人文解码的三个步骤是一个线性演进的过程，其解码的结论就是影像语言所隐藏的信息。因此，静态影像的文化人文解码，总是给人一个由小到大，由形象画面到语词意义或宗教文化背景这样的递进深入的过程。

文化人文解码与受众心理及审美因素

视听媒介语言的文化人文解码，还涉及受众心理与审美的解码分析。只是这一解码已达到影像语言阅读的更深层面，并非所有受众与阅读者都需深入探究。但从解码的流程与环节看，这一环节是不可或缺的，其实质就是主流意识形态的解码。

主流意识形态的解码主要有四个方面。一是受众的影像消费需求与心理认同感。5G 时代，作为商品或产品的视听媒介作品，有消费需求才会有市场。因此，编码时，影像创意者已从受众的心理需求和接受程度上做了初步了解，并以市场意识用商品观念进行符号编码，让受众消费时具有认同感。受众作为商品的消费者，也有个性弱点，或在生活中出现种种问题。如果影像中的人物和受众一样具有现实感和生活化，实际上就从情感上亲近了受众。二是替代感。影像可以虚拟、加工、想象、消化和普及各类人生体验和阅历，让受众在影像中体验各种人生体验，并可以选择影像中的人物立场。受众观看迪士尼的动画片《猫和老鼠》时，就会自觉地把自己置于老鼠的弱者位置。三是刺激感。人生的很多体验，如悲欢、恐怖、灾难，不是每个人都能体验的，需要时间的验证与心理体验。影像就能达到这种“身临其境”的效果。四是审美感，这是阅读的一种精神升华与人文历练，

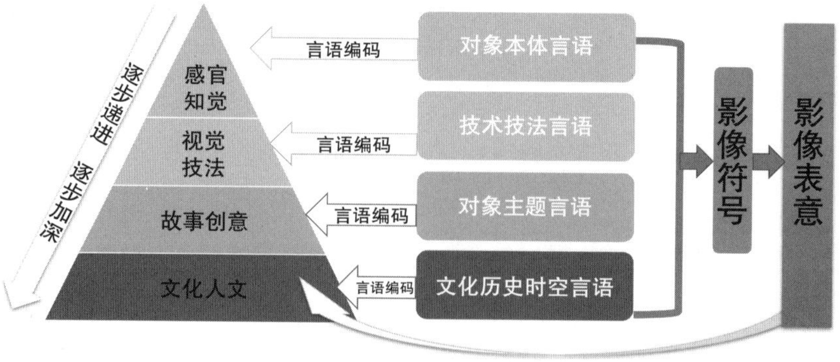

图 5-6　视听媒介影像语言解码流程

这同受众心理需求与人生历练及媒介素养有关。因此，影像编码者，一定要从受众角度与市场定位方面来考虑影像产品的商品定位，因为消费决定市场。

影像作品的解码阅读，除了上述四个方面，还需要读者具备一定的文化素养与科学认知方法，通过日常积累，以循序渐进的方式提高个人的影像作品语言的解码阅读水平。阅读者可用适合自己的方式来解码阅读。

【实训与练习】

1. 观看一部非母语外语片，解码其拍摄技术技法言语与文化人文言语，分析其在意义表达上的差异。

2. 把一组图片故事剪辑成 30 秒的短视频，并配乐加字幕，分析图片故事与短视频在意义表达上的差异。

3. 拍摄某一人物或某一事件，并剪辑制作成 3 分钟的短视频，分析其在影像符号与意义表达上的特征。

第六章

技术经济范式下的视听媒介产业

6

网络社会是以互联网为支撑的动态、开放的社会形态和系统。视听媒介语言正经历着一场深刻的变革，网络无疑是其中重要的原因，数字与网络技术推动影像产业链各环节随之变化，并向纵深发展。本章探讨了网络技术经济范式下视听媒介产业网络化发展特征及表现形态，以及向创意经济范式发展的可能。

第一节 网络技术经济范式下的视听媒介产业

数字、网络技术推动影像产业化、市场化快速发展，改变了视听产业发展模式及其发展范围、规模和水平，主要体现在高新技术优化了视听传播方式，改变了视听制作方式，影响了视听存在方式，更新了视听体验方式，从而形成了新的技术经济范式。新技术经济范式的关键特征是，制作和传播成本迅速下降，服务能力大幅提高，应用前景更加广泛[①]。其要素特征主要体现在大数据、技术融合和产业链创新等方面[②]。视听媒介产业围绕网络而出现的移动影像消费、大数据、IP资源转化、计算摄影等技术，迅速应用于产业各环节，完全吻合了以上列举的各方面特征要素。

▼ 视听媒介内容的众筹与 UGC、PGC、OGC、MGC、AGC

网络环境下，影像与媒介融合并衍生发展[③]

其内容体现在两个方面：一是大数据将影像创作和传播销售聚合成新传播平台，这方面以在线门户网站为代表；二是视听媒介产业资本与传播、消费跨环节融合出现众筹[④]、UGC创作现象，这方面以专业媒介平台为代表。两者成为视听媒介产业转型发展的突破口：影像门户网络以受众的影像消费大数据信息为基础，推行UGC（用户生成内容）、OGC（职业生成内容）、PGC（专业生成内容）、

① 李哲，大数据将加速形成新的技术经济范式[N]，学习时报，2015年1月5日。

② 孙宇龙，大数据在摄影中的应用和发展研究[J]，现代电影技术，2015年第8期。

③ 孙宇龙，影像大数据的特征与意义[N]，中国摄影报，2015年8月25日。

④ 罗布，摄影如何众筹？[J]，中国摄影家，2014年9月。

MGC（机械生成内容）创作模式，以及 AGC（算法生成内容）创作模式[①]；众筹平台实施跨越式整合，将产业融资与影像传播捆绑经营。从目前这几种方式的产业业绩与参与度看，网络及数字技术对视听媒介产业经济的影响明显而深刻。

视听产品市场和拍卖趋向成熟

国内视听媒介产品与影像一、二级市场发展渐趋有序，传统影像拍卖与网络融合，推动影像市场和拍卖向深度发展。与媒介的融合使影像发展成为性能独特的综合媒体，除了传统影像之外，在影像库、专业平台网站和移动影像消费方面，收藏与拍卖成为视听媒介产业发展的平衡方式。当下，更注重把影像作为媒介，加入其他元素进行二度创作，重在表达和创意。拍卖是视听媒介产业链的一个环节，也是影像产业化的一种方式。华辰影像拍卖用十年时间完成从照片→图片→图像→影像→视听产品的全产业链发展，这是华辰业务的拓展，更是影像从照片产业链向全产业链拓展的一个标志[②]。

影像收藏市场容量越来越大

随着影像文化越来越受到关注，以及影像市场价格体系的完善，影像艺术品作为新兴的投资对象，有较大的发展空间。2006—2015 年，仅北京华辰、中国嘉德、北京诚轩三家拍卖公司 25 场影像拍卖专场，成交率都在 60% 以上。影像收藏极度活跃，藏家数量逐步递增。总体而言，影像产业经济新特征源于以下两方面：一方面是传统影像与当代影像的产业化发展趋同，影像数据、影像收藏、影像销售方面呈明显上升态势；另一方面是影像与其他媒介的融合速度加快，互补优势彰显，形成了新的传播与销售模式。

---

① AGC（Algorithm Generation Content 首字母的英文缩写）算法生产内容：大数据通过价值主导技术和人工手段，解决个性化不足问题；机器人全面入驻客户端，将传统的资讯阅读、网上评论转化为与用户聊天，实现资讯有效到达和提高用户黏性的作用。

② 付晓岚，北京影像艺术市场研究 [D]，北京印刷学院，2012 年。

▼ 视听媒介内容的移动消费与 IP 资源转化

移动影像成为网络消费内容主流

移动影像消费随 5G 网络和 AI 技术的普及而不断增加。截至 2020 年 3 月，中国网民 9.04 亿，网络普及率 61.2%，手机网民 8.97 亿户，网民手机上网率 99.3%[①]，网络视听用户（含短视频）共 14.85 亿户。网络视频（含短视频）已成为仅次于即时通信的第二大互联网应用类型。短视频平台在努力扩张海外市场的同时，与其他行业的融合趋势越发明显[②]。受网速影响，网络内容仍偏重于静态影像与文字[③]。各门户网站都建立了以影像专栏与以影像为主的推送和平台服务；微信、微博等社交平台多以静态影像为载体。同时，影像版权使用费也出现买断或按次、按点击收益分成等方式；影像库及影像大数据运营环节商业化正在推行中。

图 6-1　视听媒介设备网络接入使用情况[④]

① 据 http://www.cnnic.net.cn/hlwfzyj，中国互联网络信息中心 2020 年 4 月 28 日第 45 次发布的《中国互联网络发展状况统计报告》数据。

② 据 http://www.cnnic.net.cn/hlwfzyj，中国互联网络信息中心 2020 年 4 月 28 日第 45 次发布的《中国互联网络发展状况统计报告》数据。

③ 据 http://www.cnnic.net.cn/hlwfzyj，中国互联网络信息中心 2020 年 4 月 28 日第 45 次发布的《中国互联网络发展状况统计报告》数据。

④ 互联网络接入设备使用情况，数据来自 http://www.cnnic.net.cn/hlwfzyj，中国互联网络信息中心 2020 年 4 月 28 日第 45 次发布的《中国互联网络发展状况统计报告》。

IP 资源开发转化创作

继网络众筹和 PGC、OGC、UGC、MGC、AGC 影像创作模式之后，IP 资源开发转化为影像创意发展新形式——摄影 IP 资源分著作权、专利权、商标权三部分，表现为摄影自身 IP 资源开发、其他 IP 资源转化、价值延伸开发等三方面。创作层面表现为将传统或国外文学题材经典主题资源转化为影像作品。IP 影像实质是大数据支撑下的“互联网 + 摄影”的产物，成为知识产权和创意产业融合发展的新形式，是传统文化融合流行文化，以影像形式满足视听媒介用户文化需求的新方式。目前，该方式正成为视听媒介产业创作的新现象。

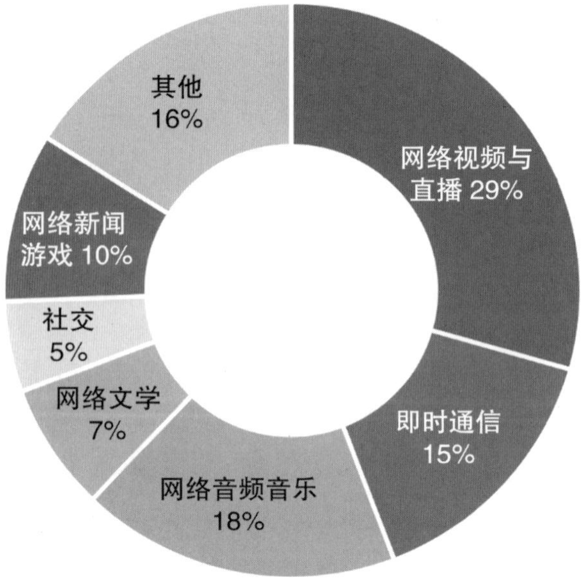

图 6-2　视听媒介网络应用比[①]

视听媒介素养与定位

“控制权是媒介素养的全部内容”[②]，网络与数字化时代，媒介素养既涉及受众，也涉及传播者，视听媒介素养与话语控制权较视听媒介产品更重要。视听媒介素

① 视听媒介网络应用比，数据来自 http://www.cnnic.net.cn/hlwfzyj，中国互联网络信息中心 2020 年 4 月 28 日第 45 次发布的《中国互联网络发展状况统计报告》。

② [美]詹姆斯·波特（Ptter W. J.），李德刚等译，媒介素养[M]，清华大学出版社，2012 年，P6。

养主要包括个体定位、技能和知识结构三方面。在这三者之间，个体定位是能量与目标，知识结构是原材料，技能是工具。劳伦斯·普鲁萨柯（Lawrence Prsak）指出，唯一能给一个组织带来竞争优势，并持续不变的就是知道如何利用所拥有的知识和以多快的速度获取知识。[①] 因此，个体素养在视听媒介中的作用更重要。

视听新媒体主导信息传播

视听媒介因其丰富性、多样性、可选性，超过传统媒介。中国网络电视台集合了 150 多套电视节目和 699 个网络视听联盟的 9400 多个栏目，有的节目在网络上的播放次数达几千万甚至过亿，超过了传统电视的观看人数。据爱奇艺数据显示，仅 2012 年 4 月之后的一年，其移动终端视听节目点播次数增长 15 亿次，月点播时长增长 4 亿小时。到 2012 年 9 月，中国 12 家商业视听媒介网站拥有影视剧 7.2 万部 42 万集、综艺节目 0.6 万集，超过了传统视听媒体的供给能力。数据分析，全球未来网络九成的流量来自视频，视听媒介资源中 70%将进入网络[②]。同时，视听媒介与传统媒介、影视媒介、社交媒介、电子商务加速融合；其次，5G 网络助推视听媒体产业的繁荣；再次，视听媒介产业链垂直并购、横向重组加速，形成了支柱性产业集团，视听新媒体已成为当前最重要的主流媒体。

▼ 网络技术支撑与媒介内容主导

网络影响了视听媒介产业的内容传播、数据资源、技术创新等诸多方面。“互联网 + 影像”实质是“网络技术 + 视听产业经济”组合成的新技术经济范式表现形态，推动视听媒介产业由网络化发展向创意发展转变。技术经济范式下的视听媒介产业网络化发展，影像没有发生根本变化，同黑白影像向彩色影像、胶片影像向数字影像转型一样，只是发展的一个新形式，数字与网络技术丰富了视听媒介产业的内涵，有技术创新，也有理念创新。从发展角度看，技术是视听媒介产业发展的外在因素与条件，但不是决定性因素。“互联网 + 影像”需要大数据、

① 王莉芬，知识管理与大学核心竞争力的提升 [J]，南华大学学报，2008（12）：P44—47。

② 杨明品，中国视听新媒体发展趋势分析 [J]，传媒，2013 年第 11 期，P57—60。作者杨明品，时任国家新闻出版广电总局发展研究中心副主任。

影像创意者的创意与想象力，关键还是内容表达。视听媒介产业作为文化创意产业的组成部分，内容服务与用户的消费需求才是根本，“原创力才是文化产业的核心驱动力”[①]。5G时代，视听媒介产业从“互联网+影像”向“影像+互联网”转变，进入以创意为特征的影像创意技术经济范式阶段。新技术经济发展范式下的视听媒介产业同传统影像、当代影像有了完全不同的内涵。无论哪一阶段，内容永远是发展的主导。

第二节　构建视听媒介数字网络化产业布局

技术催生了新产业的萌芽，也改造了现有产业。视听媒介产业发展需要全新的技术经济支撑，“互联网+影像”不仅是经济、技术现象，更是新技术经济范式的发展。在技术经济范式理论框架视野内，“互联网”是产业技术经济范式的技术支撑，并具有与历次技术经济范式中关键技术的相似功能。“只有实现范式转换，才能加速技术变革与新兴产业发展，产业才会在创新中不断向前推进。”[②]

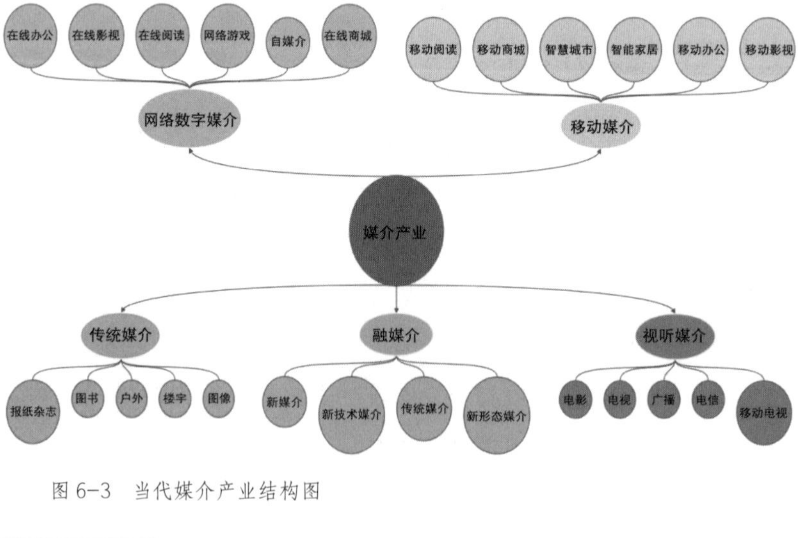

图6-3　当代媒介产业结构图

① 黄升民，刘庆振，文化产业的驱动力与四维空间[J]，现代传播，2013年第6期，P3。

② 张国胜，技术变革范式转换与战略性新兴产业发展[J]，产业经济研究，2012年第6期，P26—32。

数字、网络技术与视听媒介产业的融合，基于网络的大数据、电子商务、网络社交、云计算、物联网等技术，网络与数字技术深深融入视听媒介产业发展的每个环节，并不断对整个产业结构进行渗透扩展，从而催生影像新的创作、发展、传播以及消费模式和新业态，进而深刻改变产业发展模式与创作方式。

▼ 媒介融合与技术助推

视听媒介产业新技术经济范式形成的关键在于，数字与网络技术成本迅速下降，并具有广泛的应用前景，推动视听媒介产业各层面发生变化。在网络环境下，数字、网络技术不仅对影像，而且对其他产业转型和升级也同样具有跨时代的影响。技术融合发展，实现了个性化服务，搜索引擎、App 作为网络的基础应用，在使用深度和用户体验上有了较大突破。视听影像创作形式，媒介交互技术、智能影像库与影像大数据等多种技术深度融合，推动了产业创新；产业方面，因网络普及，收藏与拍卖走向大众化；消费方面，大数据应用软件可根据用户需求，有针对性地分发定制，实现个性化、精准化推送，提升影像产品的用户体验。

▼ 视听媒介产品的观看与消费方式变革

视听媒介传播技术平台的多样化带来了视听媒介产品消费多样化，影像不再局限于传媒领域与影像自身，随科技发展而成为经济状态。长期以来，受技术局限，影像想要表达的内容被局限在一定范围内，当下已成为通用交流语言与沟通方式。高新技术改变了影像创作者、观看者、传播者的视听体验，5G 时代影像发展提速，并向纵深拓展。在传播与消费方面，网络与实物传播并存，基于 5G 网络开发的媒介平台也因视听媒介新特征而有了发展动力，表明影像拥有除了自身之外更多的传播平台。技术变革也带来影像消费者身份与意识的变化，视听媒介用户由“受众”变为“用户”，具备更强烈的主体意识与个性化，会根据相似的诉求形成共同关注，并衍生出众筹、UGC、PGC、OGC、MGC、AGC、IP 资源开发转化等创作形式，为视听媒介产业转型奠定了技术基础。

▼ 产业经济与注意力经济渗透融合

在影像产业化发展过程中，因共同兴趣爱好、价值取向形成了“网生代影像群体”①，其高度融合的创新能力，形成影像新的生态圈和产业链，其网络文化与价值认同感强，凝聚力大。大众或网民广泛参与到视听影像内容创作、传播、评论等环节中。有人将这种现象总结为“信息社会的注意力经济”理论②，认为信息社会中信息是过剩资源，稀缺资源是注意力，“注意力经济”主要通过大数据支撑下的点击率、会员注册、合作方和广告四种方式实现。网络时代，信息资源的数据处理成为产业经济核心。基于网络的视听媒介产业经济同样具有“注意力经济”因素。这种资源成为影像产业化发展的重要依据。移动网络时代，移动技术及网络平台可更加快捷有效地传播影像作品，并成为视听媒介产业创新的趋势与方向。

▼ 视听媒介与高新技术的渗透互动

影像与媒介融合拓展了巨大的产业发展空间，由于大众与网民过分依赖，媒介从传播工具转变为一种生存方式，视听媒介成为网络生态链中的分支环节，媒介消费者通过对媒介内容的积极参与成了媒介生产者。主要体现在以下几方面：一是视听媒介产业队伍结构发生变化，各种新生力量进入摄影圈，出现影像新现象，每个人都是“摄影师”，无论是艺术家抑或是普通大众都是影像创作人员，以其海量作品或产品获得传播话语权，不断制造网络热点，并且网络的发展还在不断加快影像的“去专业化”进程。尽管这些作品或产品在叙事与审美上有较多

① 孙宇龙，“网生代”摄影与摄影的网络化生存研究——网络的救赎与摄影的突围[J]，福建艺术，2015年第2期。

② [美]Michael H. Goldhaber. Michael God winsea. In 1997, an article entitled “Attention Shoppers” was published in Hot Wired. Put forward the concept of attention economy。文中强调，以网络为基础的“新经济”的本质从本质上讲就是“注意力经济”，在这种经济形态中，最重要的资源既不是传统意义上的货币资本，也不是信息本身，而是注意力。

"问题"，但是有市场与用户支持便已足够。二是文化产业资本的进入加剧这一现象的演变，文化资本与网络企业纷纷进军视听媒介产业，包括微软公司也以巨资垄断了欧美的重要影像资源，新产业体系正在形成。三是视听媒介技术壁垒消除，新设备、新技术和新软件，为视听媒介产业大众化发展提供了可能，媒介平台、门户网站及自媒体等，可全方位满足影像消费诉求，为视听媒介产业注入活力。四是5G网络环境下，影像在内容、创意、拍摄、制作、营销、消费等领域都发生了变化。在创意和消费领域，各媒介都以影像为工具寻求发展机遇，大数据下的传播出现分发定制功能，可具体到用户性格及个性需求上。多媒介与多环节互动，使影像各个环节都充满机遇与活力，5G的普及运用，视听媒介产业发展空间与竞争力充满了无限可能，将有更广袤的发展空间。

第三节　技术范式转换下的视听媒介产业发展趋向

▼ 视听媒介产业由网络化发展向创意发展转变

影像向网络产业经济转换实际上是图片由宣传品→作品→产品→商品→消费品转变，由行业思维向产业思维转变，从以作品为核心向以用户为核心转变，其转变缘于与"互联网+"伴生而来的系列核心技术。因此，视听影像由网络化发展开始向创意发展过渡。

表6-1　影像网络化发展与创意发展比较

	创作理念	创作模式	传播模式
影像网络化发展	基于网络大数据，进行众筹、AGC、PGC、UGC、OGC、MGC创作，并以网络形式传播消费	网络与传统创作并重，用户至上，注重数据运用及用户特性的定制创作	小众个性化传播，双向互动，以网络热点为主，以用户为主定向传播
影像创意发展	网络云平台，IP资源开发运用，创意创新，以网络形式传播消费	偏重创意及IP资源开发转化，以产业模式资本运营方式创作	大众文化传播，注重大众特性，而非精英特性，以大众为对象传播

任何产业的商业模式和产业形态都是以技术手段为基础。当下的视听媒介产业发展处于网络化发展阶段，在高新技术支撑下，趋向成熟与稳定。随着国家创意文化建设的推进，视听媒介产业将进入创意发展阶段，5G 网络、大数据、IP 资源开发等新技术手段改变了视听媒介产业的创作形态、资本运作和商业模式。影像创意发展是视听媒介产业网络化发展的延伸与拓展。接下来，支撑视听媒介产业发展的技术将往何处去，尚不可知，创意发展的商业模式和生态系统，会有更多的不确定性，但网络技术创新必将推动技术经济范式向创意发展和转变，视听媒介产业发展将会有一个全新的格局与态势。

▼ 高新技术背景下的视听媒介创意趋势与可能

技术经济范式对影像创意发展的影响表现在两方面：一是 5G 网络技术推动视听媒介产业向创意发展和转变；二是产业融合孕育影像创意发展新业态。这些新气象必将给视听媒介产业的大众创业、万众创新带来无限可能，并催生创意发展与资本运作新模式。

内容创意成为影像创意发展的关键

创作基于网络化发展阶段的用户至上理念与产业模式，以及产业链与网络生态环境，影像向创意发展过渡。在创意发展阶段，影像大数据得到充分的开发与运用，并成为创意发展的基础性技术支撑。影像的相关数据资源——无论是创作数据，还是用户数据或消费数据——体系完善健全，新的影像创作形态完全在大数据支撑下完成。大数据成为未来视听媒介产业必备的基础能力；挖掘和分析数据，提供有巨大市场价值的影像作品和服务。“大数据预测功能完全建立在海量数据之上。”① 数据成为影像创意发展重要的商业资本、企业资产和投资基础，成为从业者获得对视听媒介产业新认知、创造新价值的源泉，从而最终改变视听媒介产业网络化发展的产业结构和方法。

---

① [英]维克托·迈尔－舍恩伯格，肯尼斯·库克耶著，盛杨燕，周涛译，大数据时代：生活、工作与思维的大变革 [M]，浙江人民出版社，2013 年，P16。

产业体系进一步完善

视听媒介产业与其他产业融合产生的“鲇鱼效应”①，技术与信息在产业化发展过程中起到关键作用②，产业各环节探索新价值形式，加速了视听媒介产业转型及市场增长规模。影像创意发展初期，竞争不再是视听媒介产业内部的竞争与发展，而是跨界融合的竞争与发展。网络技术经济范式下的产业技术与模式完善健全，催生了新的技术经济范式，网络和视听媒介产业交叉融合一体化发展，形成新的产业形态，新的技术、产品和服务提升了视听媒介产品消费者的需求层次，改变了视听媒介产业的创作与传播消费方式。

出现视听媒介影像新形态

当下，已大量涌现“互联网＋影像”创新想法和创业项目。“互联网＋”技术要素与视听媒介产业、要素产生化学反应，延展出大量新作品（或产品）、服务、技术和职业。此外，可能形成如影像数据分析师、影像创意产品经理等新职业群体。

视听媒介产业正经历由新的技术经济范式所引发的产业革命，将视听媒介产业裹挟进这场革命中。学习与借鉴势在必行，探索方有出路。

---

① Catfish Effect，沙丁鱼在运输过程中成活率低，若在沙丁鱼中放一条鲇鱼，鲇鱼在陌生环境会四处乱游，搅动好静的沙丁鱼加速游动，沙丁鱼缺氧的问题就迎刃而解，成活率提高。“鲇鱼效应”是企业领导层激发员工活力的有效措施。一是企业补充富有朝气、思维敏捷的年轻人进管理层，给老员工竞争压力。二是引进新的技术、工艺设备和观念，增强企业生存和适应能力。

② 鄢显俊，从技术范式到信息技术经济范式——论科技产业革命在技术经济范式形成及转型中的作用[J]，数量经济技术经济研究，2004 年 12 月。

【实训与练习】

1. 尝试用“技术”与“创意”的众筹方式创作一部短视频作品，从媒体融合角度分析其产业运用与网络思维特征。

2. 以具体案例分析抖音、快手的视频内容性质与叙事策略及商业模式。

3. 分析当前电影由“某某导演”变为“某某作品”的视听产业意义。

4. 以案例说明视听产业从业人员在素养养成方面的“学院制”“学徒制”“明星制”“众筹制”的特征及历史缘由。

5. 分析媒体报道全国“两会”的视听设备变化及其视听语言的创意。

第七章

视听媒介语言的技术解码及言语叙事

7

叙事是人类文明传播与传承的创作手段。视听媒介语言的技术叙事是同传统文字语言与高新技术密切关联的一种艺术叙事形式。网络与数字技术的发展，影响了视听媒介语言的技术叙事的特质与表达，让影像的传播与表达发生深刻变革，为当代视听媒介语言的发展和技术叙事提供了进一步探索的实践经验。

视听媒介语言的技术叙事，主要指影像创意者创新运用影像硬件或软件高新技术，创造有别于传统影像的景别、视角、色彩及光影效果，以新的影像呈现方式进行的叙事表达。影像技术叙事为影像的阅读传播提供了新的认知视角和元素，既包括硬件方面，如镜头的新功能、新性能的开发运用，丰富了影像镜头的叙事能力，也包括软件方面，如数字特技、虚拟视觉场景的制作，拓展了影像画面表达的内涵。视听媒介语言的技术叙事是一种多层次、多元化的综合叙事方式，相互协同完善，提升影像的叙事能力。

第一节　视听媒介语言的技术支撑及多重解码

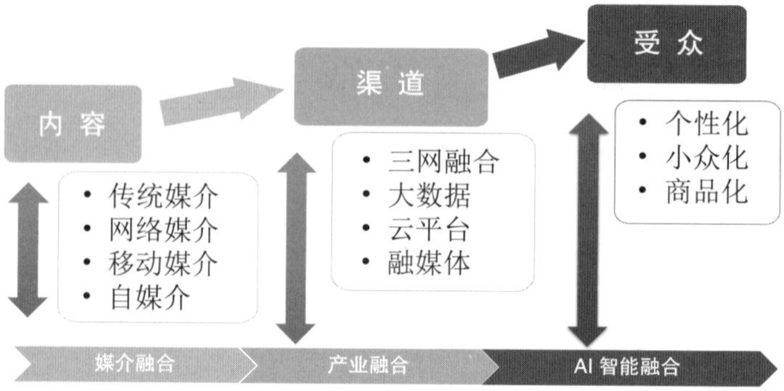

图 7-1　基于高新技术的视听媒介产业融合发展

屏幕重构视听媒介

高清技术重构传统视听媒介文化。“科技的发展不仅深刻改变了文化的内容，而且改变了文化的基础。”① 往深层次看，人类历史上每一次重大的科技进步的背后，都含有对当时文化的解构和重建。数字技术是影像技术发展的一次质的飞跃，数字技术给视听媒介语言带来的变化，无论是“虚拟真实”，还是“视觉奇

① [法]让·拉特利尔(Jean Ladriere)著，吕乃基，王卓君，林啸宇译，科学和技术对文化的挑战[M]，商务印书馆，1997 年 11 月，P3。

观”，对于视听媒介语言的叙事能力都是一个巨大的提升。1976年，乔治·卢卡斯（George Lucas）在《星球大战》中运用计算机控制飞船与摄影机的运动轨迹，开启了数字技术在视听媒介中运用的先河。此后，数字技术在视听媒介领域得到广泛的普及应用。

视听媒介语言是基于影像技术的屏幕语言

从动态角度看，视听媒介语言是艺术与技术高度融合的声画艺术，并随着技术进步而不断发展。从静态角度看，从模拟到数字的变化，主要依赖数字技术的应用。从技术角度看，视听媒介语言的发展变化是高科技与新技术的升级应用，既增强了视觉效果，又优化和丰富了视听媒介语言的象征意味以及表意内涵及艺术张力，为研究视听媒介语言提供了一个新的视角与维度。当代视听媒介语言，面临最大的冲击是网络与数字技术，视听媒介语言发生了断层式变化。

▼ 媒介技术推动视听媒介语言的编码与解码变化

视听媒介语言的个性化技术表达

这一内容体现在主创人员的艺术素养与语言风格方面。当代媒体技术的发展，让影像不再是以前单纯的导演或创意者的个人创作了。当下出现了“众筹”或“网络用户集体”创作影像艺术作品，让视听媒介作品的影像采集、编辑流程发生变化，传统的视听媒介语言编码方式被解构，影像的技术语言呈现独特的风格与韵味。

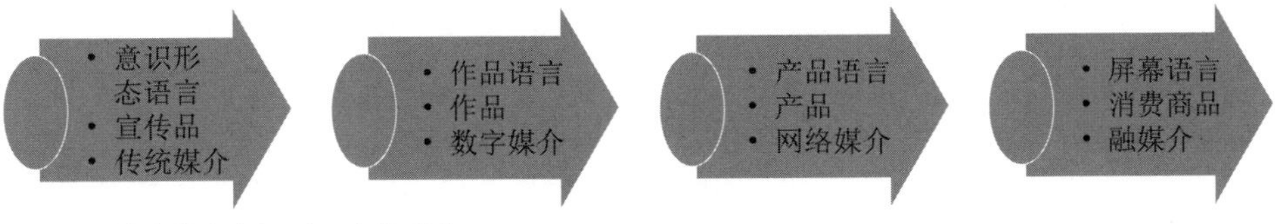

图7-2 媒介整合与视听语言的演化

适宜受众需求的语言运用与编码

视听媒介平台运用大数据进行视听节目语言与主题的分析和统计，发现受众对综艺内容视听产品的消费需求强烈，媒体应需求进行专项开发。如优酷的《这！就是街舞》通过西瓜视频进行短视频传播，有效播放量达到2.7亿次；《中国好声音》短视频，有效播放量高达4000万次。基于这些用户需求，西瓜视频看到了综艺视听节目的大市场，并因此进军长视频综艺领域，尝试制作更加移动化的综艺视听节目。而“互联网+娱乐”的模式还停留在加弹幕、网络宣发等浅层次阶段。移动网络中的视听产品已呈现碎片化等特点，在视听语言、交互性等方面显得更“智能”。

▼ 网络技术推动视听媒介语言从内容到“呈现”的变化

动态影像的画面和声音构成了视听媒介语言叙事视角的不同层次和维度，在叙事时间上，动态影像一般运用镜头、剪辑、蒙太奇、声画结合与分离以及摄影速度与放映速度的差异等多种表现手段，形成动态影像叙事频率的建构方式；网络技术让影像完全数字化或手段数字化，让动态影像完成了整个数字化流程。而网络的“内容为王”商品消费规则让影像语言的内容与传播有了改变和创新，呈

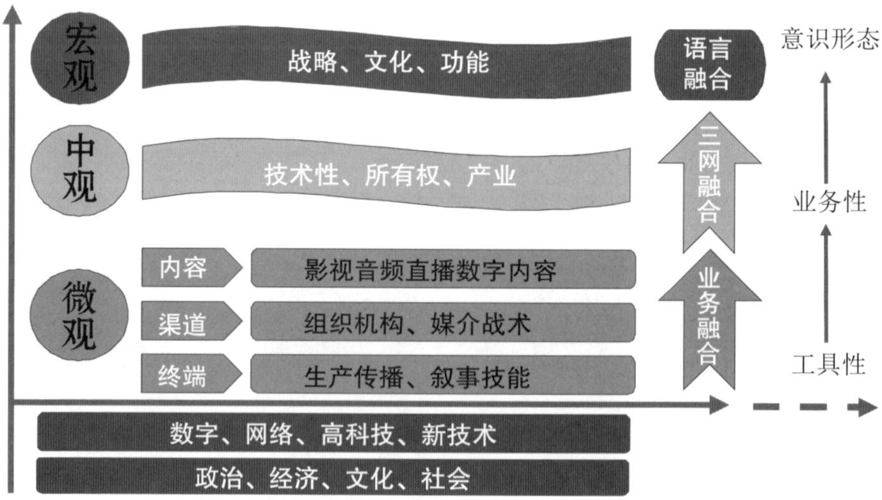

图7-3 视听媒介语言的演化

现播放的“弹幕技术”[①]，让影像语言的叙事与传播空间得到拓展。

视听媒介语言的网络传播

基于数字技术的网络推动影像发生了转变，开始了产业化、市场化发展，视听媒介由区域传播转向全球化传播；制作由素材制作转向大数据制作；运行资本投入由行业投入转向资本市场投入；发展生态由意识形态宣传转向泛娱乐化传播。“全球化”浪潮无处不在，使视听媒介有了更广阔的消费空间。视听媒介作品在网络上瞬间传播，影视剧可实现全球同步传播。国产影视作品《三生三世十里桃花》《白夜追凶》海外同步热播；《延禧攻略》甚至在谷歌发布的全球热搜榜上荣登榜首；《白夜追凶》首播年被奈飞公司[②]收购版权，在全球190多个国家和地区播放。

表 7-1　视听媒介内容链条演变（平台 + 内容 + 终端 + 用户）

	媒介性质	媒介产品	视听传输	消费形式
表现形式	传统、网络、融媒介	各类媒介产品形式	网络传播　移动传输	屏幕消费
产业链	内容生产（内容中心）	集成产品（制作中心）	产品传输（展示中心）	受众
转变形式	宣传喉舌向媒体思维转型	行业机制向市场机制转型	文化转型向传播转型	大众消费向泛众消费转型

① 弹幕（barrage）技术源自日本弹幕视频分享网站（Niconico 动画），指的是在网络上观看视频时弹出的评论性字幕。类似小说中行间彰显的夹批，视频中屏间飘过的评点叫作弹幕，原意指用大量或少量火炮提供密集炮击。而弹幕，顾名思义，是指子弹多而形成的幕布，大量吐槽评论从屏幕飘过时效果看上去像是飞行射击游戏里的弹幕。国内首先引进为 AcFun（内容大众多元）以及后来的 Bilibili（新生的二次元向弹幕网）。

② 奈飞公司（Netflix Inc. Nasdaq: NFLX）是一家美国在线影片租赁提供商。总部位于加利福尼亚州洛斯盖图，1997 年成立，联合创始人和首席执行官为里德·哈斯廷斯（Reed Hastings），公司总部设在加利福尼亚州洛斯加托斯（Los Gatos）的公司，以在线订阅模式开展的电影 DVD 租赁业务为主。公司采用费用包月制，消费者可以无限次租借影片，而且不收延期归还滞纳金，能够让顾客快速方便地挑选影片，同时免费递送。Netflix 通过 PC、TV 及 iPad、iPhone 收看电影、电视节目，可通过 Wii、Xbox360、PS3 等设备连接 TV。Netflix 大奖赛从 2006 年 10 月开始，Netflix 公开了大约 1 亿个 1-5 的匿名影片评级，数据集仅包含了影片名称、评价星级和评级日期，没有任何文本评价的内容。比赛要求参赛者预测 Netflix 的客户分别喜欢什么影片，预测效率提高 10% 以上。1999 年开始订阅服务。2009 年，该公司可提供多达 10 万部 DVD 电影，有千万订户。

网络视听媒介产品主导产业市场。传统影视公司在逐渐边缘化的同时，网络视听媒介用户正逐渐走向产业核心。网络视听媒体运用网络大数据、云平台、渠道和受众资源开始主导产业市场，涌现了腾讯影业、阿里影业、猫眼娱乐、爱奇艺影业等网络影视公司。猫眼影业从在线购票平台开始，向视听媒介产业上、下游扩张，打通全产业链，成为一家集出品、制作、发行、票务于一体的网络视听媒介公司。国外的网络媒体奈飞公司，在《纸牌屋》大获成功后，又借网络产品《罗马》拿下了威尼斯电影节金狮奖。这是网络视听媒体首次拿奖，显示出网络视听媒体的强大内劲。

▼ 成像技术推动视听语言的技术叙事变化

这一变化体现在动态影像文化市场上，随着 3D、4D 技术以及 VR、AR、MR 技术的出现，让影像语言有了新的叙事能力，影像语言技术能力也有了根本性变化，从而提升了技术叙事水平。超高清成像、高带宽传输存储、5G 等技术，推动视听媒介如超高清电视、VR（虚拟现实）等设备普及，4K 产业、8K 技术取得突破。2020 年的“两会”，央视与人民网推出 5G+8K+AI 超高清视听智能编辑直播，推动了视听技术在显示、采集、制作、传播等多项关联技术上的连锁反应。这一

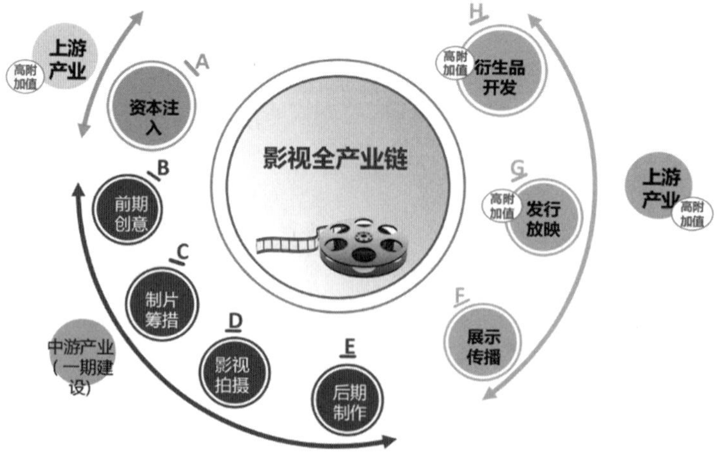

图 7-4　视听产业流程：资本→前期→制片→拍摄→后期→展播→发行→衍生开发

变化体现在动态影像文化市场上，则是3D、4D技术以及VR、AR、MR技术的出现。《人民日报》在2020年“两会”期间推出5G全景直播，并采用“智能云剪辑师”的iMedia、iMonitor、iNew的智能视听新闻传播平台，让视听媒介语言有了新的叙事能力，视听媒介语言技术能力发生了根本性变化，从而提升了技术叙事的水平。

第二节 视听媒介语言的技术言语叙事形态

影像技术，多指以成像表达的影像硬件设备技术与影像软件技术两方面。影像设备技术是影像创意者基于成像设备的新技术、新方法进行记录表述的手段，并影响视听媒介语言的叙事功能与方法的技术。影像软件技术是指运用软件优化，提升视听媒介语言的叙事水平。具体而言，视听媒介语言的技术叙事，是影像创意者为了满足其叙事需求，遵循视觉表意规则，运用硬件设备或软件的性能、技巧和手段进行传情表意叙事[①]。对当代视听媒介语言冲击最大的是数字技术。影像数字技术多指从制作工艺、成像方法及传播呈现过程全环节对于数字技术的应用与开发。数字技术的应用为视听媒介语言的叙事带来了极大便利。

数字技术对视听媒介语言的叙事影响主要体现在两方面：一是硬件设备的技术显性影响，主要体现在运用新技术、新设备提升与改善影像的视觉效果；二是软件设备技术的隐性影响，这是一种多功能、多手段的综合性技术影响，运用新技术、新软件间接优化和改善叙事功能。

▼ 视听技术言语叙事：场景、情景、意境、声景叙事

技术言语叙事的构成

视听媒介语言的技术言语叙事是以直观视觉画面叙事时空讲述影像故事，视觉元素是影像叙事的重要因素。视觉元素与画面效果则是由技术条件决定的，是

① 见360百科“技术”条，http://baike.so.com/doc/10043547-10549019.html2016/6/14。

人类科技创新的产物。传统影像完全是由技术支撑并创作出来的；视听媒介语言的叙事受制于多重因素，其中视听技术是重要的一个方面。当代数字技术与高新设备的出现，使传统影像创作中无法还原的“视觉奇观”或耗费巨大的“景观”开始由电脑生成的影像所替代，把现实中无法还原或难以创作拍摄的场景，用电脑形式制作出来。这在当代影像中已经屡见不鲜。在静态影像中，那些完全脱离相机或影像设备创作的画面也已呈泛滥态势，只有坚守真实状态的纪实与报道影像还未被攻陷。首先，体现在影像的镜头上，传统视听媒介语言的技术要求同人眼视觉观看状态一样，讲究画面的“景深”及其观看效果。而随着数字影像分辨率与像素的提升，一些当代影像，反其道而行之，追求全景深画面，让影像画面全清晰，从而在叙事上追求细节与隐藏的叙事由头。其次，是高速摄影的影像画面，以前受胶片成本与摄影设备的限制，影像的高速摄影总受到一定限制，当今数字设备的速度已高达每秒 300 帧甚至更高。该技术呈现的视觉效果与传统胶片影像设备呈现的视觉效果完全不可同日而语。再次，在影像制作中，一些宏观场景或特大型场面的拍摄制作，可采用数字技术模拟图像场景或制作，预先设计或审视视觉效果，从而降低影像的制作成本。或者完全用数字技术来制作影像而不用实际拍摄，让影像完全脱离了成像设备制作。最后，为了提高影像制作效率或实现更加完善的制作效果，数字技术可以更精准控制道具模型，灵活精准地完成影像中的各种高难度动作，使影像画面更具冲击力与表现力。当然，技术的发展，虽然让视听媒介语言的技术叙事有了巨大提升，但是问题也是显而易见的，即我们是否还需遵循传统的视觉规则与习惯？技术是为影像艺术的叙事特质与规律服务，还是完全寻求“视觉奇观”？

图 7–5 是摄影家安德烈亚斯·古斯基拍摄的作品《莱茵河 II》。

在感官直觉层面，人们通常认为，影像作品价值的空前提升，表明影像已被视为一种艺术形式。其实此前，影像也曾被确定为艺术；当下与过去的区别在于，任何形式的信息传播都以静态或动态影像为载体，数字化只是一种形式而已，正如 1839 年银版影像法的横空出世那样。

在技术技法层面，古斯基是当代最著名的影像师之一。这幅关于莱茵河的影像拍摄于 1999 年，使用的是中画幅相机。古斯基将图像扫描存入电脑，并在电脑上做了后期调整——主要是去掉原始图像中古斯基认为多余的元素，例如河岸远处的建筑。

图 7-5　安德烈亚斯·古斯基，《莱茵河 II》，1999

在对象主题层面，人们被莱茵河的美景深深吸引，很多人拍过莱茵河的优美照片。《莱茵河 II》是古斯基系列影像中最大的一张，这个系列的其余 5 张大小不一的照片现在分别陈列在纽约现代艺术博物馆、伦敦泰特现代美术馆、慕尼黑现代美术馆和美国格兰斯通艺术博物馆中。拍卖前，《莱茵河 II》的估价已高达 250 万至 350 万美元。这在普通人眼中是难以想象的。这只是一张非常平淡的、河岸比较平行的风景影像，当然也有人称其为“柏拉图式的水域”。

在文化人文层面，该影像之所以拍卖高至天价，同影像产业化因素有关，还同艺术家的艺术地位、作品的艺术地位、同类作品的价格标准、作品本身的稀缺性、作品尺幅、作品的保存性、人为炒作等因素相关。英国摄影师兼评论家格里·巴杰在《摄影的精神》中指出：“摄影师的影像产生实际问题，艺术家的影像产生伦理问题。”古斯基的影像作品应该是一幅能产生伦理问题的艺术家的影像作品。

场景、情景与意境的内涵与技术言语叙事区别

场景、情景与意境这三者内涵有所不同，但有交互。场景，指某一时空范围内的具体场面，一般实指具体对象，具有形真特点；情景多指某场合的具体情形与景象，具有形真、情切特点，重点在情；意境一般指的是某一时空范围的具体情形、情景的概括意境，多指文艺作品或自然景象中所表现出来的情调和境界，具有形真、情切、意远、理实的特点。三者之间，场景为实景，手法是写实的，重点在景；情景是虚实结合的，重点在情；意境是以虚为主，重点在意义与氛围。

意境最大，情景其次，场景最小。三者内涵不同，其技术支撑所表达的重点就有所不同。

▼ 场景技术叙事

"没有哪门艺术能够像电影那样精确和全面地描述物质世界，客观如实地呈现现实。"[①] 高清甚至超高清的技术迭代，让视听媒介语言的叙事更具魅力与冲击力。如 VR[②]、AR、MR[③]、CR[④] 等技术手段的运用以及光场相机、计算相机的出现等。

"技术叙事" 极大彰显出视听媒介语言的技术属性，却永远是没有边界与止

① 引自安德烈·巴赞《摄影影像的本体论》一文。巴赞（1918—1948），法国战后现代电影理论大师。1945 年，发表了电影现实主义理论体系的奠基性文章，该文与《完整的电影神话》《电影语言的演进》等文章一起，被收录进安德烈·巴赞的代表理论文集《电影是什么》中。

② VR，Virtual Reality（虚拟现实技术）的缩写，即利用电脑技术模拟出一个立体、高度模拟的 3D 空间，当使用者穿戴 VR 显示装置时，会产生好像处在现实中一般的错觉。在这个空间中，操作者可以使用控制器或键盘在这个虚拟的环境下穿梭或互动，所以，VR 十分强调存在感或临场感。AR 是 Augmented Reality（增强现实技术）的缩写，也被称为混合现实。它通过电脑技术，将虚拟的信息应用到真实世界，真实的环境和虚拟的物体实时地叠加到了同一个画面或空间存在。如果说 VR 给消费者的是一个 100% 的虚拟世界，那么 AR 就是以现实世界的实体为主体，借助于数字技术，帮助消费者更好地探索现实世界。AR 更强调真实与虚拟的融合。VR 和 AR 各自还没有走到极致，然而已经有了融合迹象，这就是 MR，它是 Mixed Reality（混合现实技术）的缩写。通过电脑技术，将现实世界与虚拟世界合并在一起，从而建立出一个新的环境，以及符合一般视觉上所认知的虚拟影像，在这之中，现实世界中的物件能够与虚拟世界中的物件共同存在并且即时地产生互动。简言之，VR 是将人放在虚拟的环境里，AR 是把虚拟物体放置在人的周围，MR 则是将两者进行融合。

③ MR 有三重内涵。一是 Mixed Reality：混合现实。结合真实和虚拟世界创造了新的环境和可视化效果，物理实体和数字对象共存并能实时相互作用，以用来模拟真实物体，如 Magic Leap。二是 Modulated Reality：调制现实。通过使用可穿戴计算机改变视觉信息，可看作真实世界和用户感知的内容之间的视觉过滤器。三是 Mediated Reality：介导现实。与调制现实类似，以其他方式操纵人们对现实的感知能力。

④ CR（Cinematic Reality，影像现实），Google 投资的 Magic Leap 提出，为强调与 VR、AR、MR 不同，核心在于通过光波传导棱镜设计，Magic Leap 从多角度将画面直接投射于用户视网膜，从而达到"欺骗"大脑的目的。有别于通过屏幕投射显示技术，通过该技术，实现更加真实的影像，直接与视网膜交互，解决了视野太窄或者眩晕等问题。

境的。只要技术不停滞，视听媒介语言的技术叙事就不会止步。虽然从技术层面可以很好地解决视听媒介语言的叙事问题，但叙事仍要遵从视听媒介语言的规律与特征。当代影像高新技术在一定程度上解决了影像叙事的“描绘”现实问题，甚至将真实描述推到了一个前所未有的高度，只要影像创意者能想象的真实或者能虚构的“真实”，技术都已经全部或“部分”地解决了。如 VR、AR、MR、CR 等技术带来的对物理时空的全新感觉与认知：一是从视觉层面消解了二维与三维空间的阻隔，影像技术解决了对象处于任何时间与空间的可行性；二是拓展了影像视觉的边界，任何超出人眼视觉的影像都具有了可能性；三是视知觉的融通，即影像的视觉、听觉与触觉及知觉的“通感”应用及交互性，使影像变得可触、可听、可视、可感；四是虚拟全景影像浸润，观看者完全处于虚拟环境中，影像主体与环境产生交流互动；五是影像创新性，影像在技术支撑下具备了任何呈现与传播的可能性。总之，技术颠覆与重造了我们的视听认知。视听媒介语言的技术叙事让人类进入一个全新的视听世界。

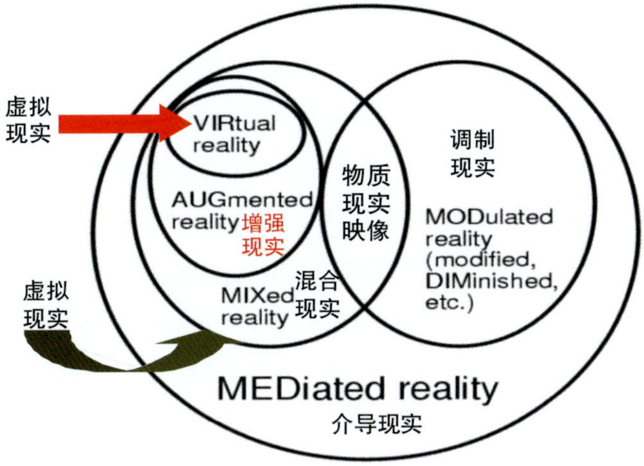

图 7-6　VR、AR、MR、CR 的关系图

▼“声景”技术叙事

最近形成的“声景”技术叙事已在视听媒介中广泛运用。

影像技术是叙事的手段与外在形式，既要呈现，又要阐释。技术叙事受其自身技术功能及语法所限，其叙事相对局限于某一范围之内。随着高新技术的涌现，技术叙事越来越成为视听媒介语言中一种重要的叙事方法与手段。这种技术叙事是对传统技术叙事方法与手段的超越，也是一种传承更替。当然，因为技术的升级换代，还会附带影响传统影像的叙事手法甚至叙事主体，有时甚至是颠覆性的影响。总而言之，影像的类型与本质决定了其技术叙事的手段与方法。5G+AI 等各种高新技术的融合，推出了系列影像技术的叙事方式。

听觉技术叙事

听觉具有情感塑造功能。贾克·阿达利（Jacques Attali）的《噪音——音乐的政治经济学》（*Bruits-essai sur l'économie politique de la musique*），对音乐、噪音性的听觉对象进行了经济、政治角度的探讨。作者认为，声音比视听影像更具渗透、爆破力量。声学趋势研究的奠基者雷蒙德·默里·谢弗（Raymond Murray Schafer）从 20 世纪六七十年代研究并提出“声音景观”（Sound Scape）、“声学生态”（Acoustic Ecology）的理论及实践。他认为，“声音景观”是声音、视觉、听觉、空间、生态的多重结合。

“声景”技术叙事

“声景”（Soundscape），是研究人、听觉、声环境与社会之间相互关系的一种影像叙事言语。从语言学角度，把声音当作一种塑造景物感知的表达方式，以积极和谐的声音将声音环境看成是一种叙事资源与方式，而不是“噪音”。“声景”最早由芬兰地理学家格拉诺（Granoe）于 1929 年用于实践，后来，美国城市规划师索思·沃斯（South Worth.M）使用声景描述城市使人与某个空间建立联系的声音属性[①]。声景理念的普及始于加拿大作曲家雷蒙德·默里·谢弗发起的声景工程，谢弗使用声信号描述特定的声景。谢弗与一些作曲家共同完成温哥华的声景录制，随后在 1976 年到欧洲开展相关活动。目前，国际上已有许多研究声景的国际联盟[②]，国际标准化组织对于声景的定义为：“个体、群体或社区所感知的，在给定场

① South Worth M.The Sonic Environment of Cities[J], Environment Behavior.1969,1，P149-170。

② 国际学术界已建立系列跨学科、跨行业的研究联盟，如 2006 年成立的英国噪声未来联盟（UK Noise Future Network），2009 年成立的欧洲声景联盟（Soundscape of European Cities and Landscapes），2012 年成立的全球可持续发展声景联盟（Global Sustainable Soundscape Network）等。国际标准化组织亦于 2008 年成立了声景标准委员会 ISO/TC43/SC1/WG54，旨在制定评价声景质量的标准方法。

景下的声环境[①]。”2004 年，声景理念才引入中国[②]。国家环境保护“十三五”科技发展规划纲要明确指出：“要以提高城市声环境舒适度为目的，基于声环境对人主观感受的影响，开展声景观设计研究。”

“声景”的叙事功能与作用

“声景”用于视听媒介也只是近几年的事，视听媒介语言叙事受限于视觉性的思维框架，是以声音媒介及其使用为议题的传播研究，倾向于关注社会情境中人对声音内容的接受过程，将具有空间性的声音压缩到平面世界来讨论，忽略了声音环境本身的形塑、声音的空间性以及它与人类感官的互动。而声音景观研究则从空间与听觉者的感官经验出发来考察声音环境，以及经由人的听觉方式（包括解读声音文化意义的能力和听觉的体验倾向）在内心形成的对此声音环境的印象[③]。其具体功能主要有：一是声景是一种声音景观，将声音视作一种直接跟身体感官互动的感知与叙事方式；二是声景是一种空间叙事，塑造声音景观环境，拓展与联系各个声音媒介传播的情境与场所，从而表达空间的位置安排与权力关系；三是声景是一种环境叙事。

▼“情景”技术叙事

该技术叙事在情景剧与舞台剧中表现极为明显，“情景”技术叙事即技术表达服务于情感表达的叙事，是一个相对区别的概念，但凡叙事就涉及情感判断与理性分析，但当情感表达停滞于技术“天花板”时，就需要技术创新来更好地服务于情景或意境叙事。1992 年被称为“中国情景喜剧元年”，英达携手梁左、王朔策划创作国内首部情景喜剧《我爱我家》[④]，创新了技术叙事的表达运用方式。

---

① ISO 12913-1:2014 Preview Acoustics-Soundscape-Part 1: Definition and conceptual framework. International Organization for Standardization。引用日期 2020 年 5 月 30 日。

② 李国棋，声景研究和声景设计 [D]，清华大学，2004。

③ 季凌霄，从“声景”思考传播：声音、空间与听觉感官文化 [J]，国际新闻界，2019，41（3）：24-41。

④ 魏南江，家有儿女，开辟了中国情景喜剧的新时代，中国电视，2007（11）。

而全景深镜头技术的面世也为视听媒介技术叙事开拓了新领域。在静态影像语言中，计算摄影与 PS 技术也为影像的技术叙事拓展了实践领域。美国的《生活大爆炸》《破产姐妹》等系列情景喜剧也让无数中国网友为之沉迷。

具体就情感叙事而言，《黑客帝国》中的“子弹时间”技术，改变了影片对危机瞬间的影像描述，增强了观看的紧张感与危机感。这种技术手段的情感叙事是影像技术的综合运用，要视场景与画面的具体情况进行设定。电影《阿甘正传》中用数字合成技术设计的羽毛的镜头引发了观看者对于命运的思考。这种技术叙事方法，在当代影视剧中已得到广泛运用。对于静态影像而言，戴翔的《新清明上河图》运用多底合成技术，用当代场景替换原绘画场景，既展现了当代社会的各种情态与繁华，也揭示了社会生存的本质。技术永远是为表达与叙事服务的，无论何种技术的运用，其手段永远在其次，目的是第一位，即用技术来增强情感视觉效果。《阿甘正传》的导演罗伯特·泽米吉斯（Robert Zemeckis）曾指出：“其实所有的电影元素都是特技，摄影机是，镜头是，麦克风也是，这一切都是科技的艺术。”

▼ 意境技术叙事

意境叙事是一个宏大的叙事主题，最早应用于古典诗词与文学领域，意境技术叙事与情景技术叙事有较多关联。这里重点指的是由技术叙事服务于意境营造的叙事方法，也是中国传统文学在视听媒介领域的创新应用，主要应用于影像的意象、情志、哲思等抽象表达。

中国早期电影《小城之春》是意境技术叙事应用得较好的一个案例。导演费穆在电影影像叙事中刻意追求意境的营造，秉承中国古典文学的抒情传统，弱化“故事”而转向“抒情”。画中画营造了独特的意境与氛围。当时的影片受制于技术叙事，也存在表达不通透的遗憾。在当代影视中则运用得比较到位，如电影《图雅的婚事》《黄金时代》等，就是运用技术叙事手法来进行意境营造、表达服务的好案例。体现在静态影像中，画意影像是早期影像的一种表现，到当代则完全运用数字与电脑技术或 VR 等技术营造一种只可能在想象中存在的画面，如静态影像《新清明上河图》《中国新景观》等。

第三节　技术言语叙事对视听媒介语言的影响

截至当下的前十年，“进口大片”对于中国电影的冲击有两个重要因素不可忽视：一个因素是高科技在电影中的运用，另一个因素是“视觉奇观”的仪式化呈现。高新技术，尤其是影像高新技术在影像艺术中起到了重要作用。技术叙事对于视听媒介语言的影响主要体现在镜头、光线、色彩、声音、环境、道具及后期制作等七个方面，其作用及效果因技术类型不同而各有特色。

▼ 促进影像文本创新

文学叙事通过字、词、句之间意义的线性、非线性逻辑建构传情达意，也影响着视听媒介语言的叙事，主要体现在以下几个方面：一是影像技术方面，如镜头、色彩、音效、光影及技术叙事，共同构成了视听媒介语言技术叙事的基本范畴及内涵。随着技术的进步，视听媒介语言已有独立发展，具备了单行叙事的能力，一些影像创意者已脱离文字脚本直接用影像进行创作。二是各类技术手法的广泛运用让影像文本不断创新，如剪辑和“蒙太奇”手法让影像画面语言的镜头景别、运动、角度、速度、节奏等技巧有了规律性的表达运用，并得到探索创新，从而让视听媒介语言本身的表达能力超越了影像主体，带给受众以崭新的影像观赏体验，从技术层面拥有独特的力量，推动影像主体的综合表现能力进一步提升。

▼ 拓展情感表达方式

技术叙事让视听媒介语言在表现时空、观念、理念等方面的功能日益强大，尤其是在影像主体的情感表达方面。传统视听媒介语言因其直观性，使其在情感表达方面，与文字语言表达相比略逊一筹。“子弹时间”[①]“全景摄影”[②]等技术手法让视听媒介语言在情感表达上增添了一种视觉叙事方式，使情感表达更加细致入微。而静态影像中的古典“印相”手法，以及数字“蒙太奇”手法和“光场”相机技术的运用，让视听媒介语言在情感等方面的表达更具活力。

▼ 缩短影像与现实的距离

影像来源于生活，又超越了现实的“真实”。“谷歌街景”拍摄、高空航拍、现场实景表演拍摄。传统影像将着力点放在演员表演（或真实记录）即“身体叙事”上，其本质仍是假定性表演与叙事。因此，有人认为影视艺术是继舞蹈之外的一种身体叙事艺术[③]，镜头对表演者身体的不同呈现以及“仿身性”与“近身性”[④]等都指向其身体叙事的特质。

5G时代，镜头叙事从传统的推、拉、摇、移等手法产生的物理空间变化，变为电脑模拟镜头的各种视觉可能，从而引发视听媒介语言技术层面的无限可能。在动态影像方面，当代有无数电影已经不使用镜头进行拍摄了，而是采用电脑制作，或用电子传感方式模仿传统视觉感官拍摄。现实与影像的差距几乎近于零。这种趋势导致了影像在表现理论、认知、情感等方面都有镜头的可视化感觉，新技术让镜头等传统技术消隐：一方面是镜头叙事语言被计算机合成的镜头感（模

① 子弹时间（Bullet time）是一种使用在视听媒介作品、广告或电脑游戏中，用计算机辅助的影像技术模拟变速特效，例如强化的慢镜头、时间静止等效果。“子弹时间”效果因在好莱坞华纳兄弟电影公司出品的电影《骇客帝国》中大量使用而名声大噪。其中男主角Neo仰身躲子弹的慢动作镜头堪称经典，“子弹时间”也因此得名。后来这一技术被广泛应用于影视、广告、创意活动等领域。

② 全景摄影（Panoramic Photograph，Panorama的中文）是在水平面上或竖直面上均匀转动设备进行摄影的创作方法。视觉效果像人眼或头部转动的观看效果，全景摄影适于表现较大空间或在被摄对象空间移动的情形下。全景摄影借助全景三脚架云台、蜗杆传动装置或摩擦式及惯性式机构转动拍摄。

③ 舞蹈艺术与视像艺术在“身体性”上的差别在于：前者主要是现实的身体行为，后者主要是现实身体行为的视像呈现。

④ “仿身性”可简单理解为影片中身体的在场及其对身体的模仿；“近身性”，即受众在影像认知中对身体的无限接近。

拟表演）、镜头性（模拟视觉）语言所代替，如《阿凡达》中，影像画面全部采用计算机设计制作；另一方面是技术不断突破了机械的或镜头的视觉局限，甚至突破了人眼的视觉局限，呈现全新的影像视觉效果，如电影《流浪地球》。

视听媒介语言的技术叙事已经部分或全部地改变了叙事的属性或形态，让影像从“记录还原物质世界”转化为“直接进入物质世界”，缩小或消除影像与现实的鸿沟。

▼ 推动影像叙事本文研究

技术叙事的影响还体现在理论研究领域，尤其是在技术理论与叙事理论研究方面，也即本文的研究方面。技术叙事总是从个体创新逐步推进到广泛运用，主要是依靠个人细微的感受力与丰富想象力进行推进实施，并借助技术进步与高新科技加以实现。而技术带来的虚实一体、时空互渗、感觉互通，不仅极大改变了我们的生活方式与行为方式，更改变了我们的审美方式和思维方式。由此，人类文明发展由匀速时代进入加速时代，其背后推手则是飞速发展的技术。这其中的理论因素与美学根源都是全新领域，需做进一步的探索研究，以理论研究推动实践创新。

本文研究的重点是超越技术表象探究语言现象背后的社会、文化、政治、经济因素。视听媒介语言的技术叙事，归根到底还是一种基于影像技术的叙事方式与手段，只是从技术层面提供了一种未知或可控的叙事方法可能性，并不是一门独立的物质性叙事手法，其最终目的是为视听媒介语言服务，为影像艺术服务，只有与影像艺术紧密结合起来，才能综合发挥作用。技术不仅改变了时代，也改变了当代艺术及其叙事、呈现和传播形态[①]。因此，在技术叙事的推动下，本文研究也是迫在眉睫，这也是本书的出发点与落脚点。

① 曲倩倩，数字技术在电影叙事中的意义——以阿甘正传为例[J]，四川职业技术学院学报，2014年第2期，P42。

【实训与练习】

1. 分析屏幕语言与视听影像“呈现”的关系。
2. 以具体案例分析美国奈飞公司的大数据电影制作模式与网络传播策略。
3. 尝试用场景、情景、意境、声景叙事手法拍摄一部 90 秒的短视频。
4. 分析“子弹时间”“全景影像”创作手法在当代电影中的运用和作用。
5. 以影视案例说明 VR、AR、MR、CR 手法的运用和作用。

第八章

静态影像的叙事工具性及媒介应用

8

静态影像作为当代艺术的形式与手段，经过了从记录工具到艺术表达语言的一个转变演化过程。静态影像方式因人而异，工具还是语言，纪实还是观念，传统还是当代，皆因静态影像随着社会意识形态的发展有了完全不同的内涵与特质，并且由此产生的权利与权益上的差异也越来越大。摄影作为记录工具与摄影作为艺术语言的差异表现为：摄影作为记录工具对世界进行真实、客观的记录；静态影像作为艺术语言可表达个体的情感与理念。两者之间不仅是方式问题，而且是影像语言的问题。

第一节　静态影像作为记录工具与媒介语言的差异

▼ 静态影像语言作为叙事工具的确立

从记录工具到媒介符号再到影像语言的演变

摄影出现之初，影像的艺术地位是不被认可的，身份尴尬暧昧，即便是“决定性瞬间”理论的提出者布勒松，也只承认自己是画家，而不是摄影师。影像虽以真实为尊严，以时间为力量，但一直被当作记录的工具，后来在与其他媒介和艺术形式融合的实践中，逐渐定位为艺术门类。数字化之后的网络时代，影像演变进化为视听媒介的表意符号代码，由记录工具转变为媒介语言符号。影像语言从影像创意者所遵循的规则与标准，到作为视听媒介的符号，再到作为语言的突破，是一个较为漫长的过程。变化一直在进行，从量的积累到质的变化不是一日之功，艺术家相继把静态影像作为素材用于行为艺术品或被拼贴到装置、波普等艺术作品中。

图 8-1 为“北京东村”艺术家王世华、苍鑫、高炀、左小祖咒、马宗垠、张洹、马六明、张彬彬、朱冥、段英梅、吕楠于 1995 年在京郊妙峰山上集体实施的行为艺术表演，影像作品名为《为无名山增高一米》。

在感官直觉层面，这是国内较早运用静态影像作为语言记录艺术表达的行为。重点是行为艺术而不是影像。

在技术技法层面，该作品由行为艺术转变为静态影像作品，是静态影像作为行为艺术的载体与语言工具的表现之一，此后许多艺术行为开始以静态影像作为语言工具进行表达，开始运用产品与商品语言的路子。

在对象主题层面，作品将行为艺术、大地艺术与影像结合起来，并体现一种中国本土独特的自然观念和艺术理念，整个行为艺术是在没有公开的情况下进行的创作表演。

图 8-1 《为无名山增高一米》，1995

在文化人文层面，该作品最初创意是行为艺术表演。当时，为记录这一表演行为，艺术家们邀请了已经是玛格南图片社成员的吕楠参与拍摄。由于是集体创作，吕楠又自动放弃版权，将胶片底片均分给每位行为艺术的参与者。此后不久，张洹在 1997 年实施了《为鱼塘增高水位》，苍鑫也延续了这一方式，开始实施《交流计划》(1996—2005)。1999 年，《为无名山增高一米》参加了第 48 届威尼斯国际双年展，获得轰动，从而使这件作品的传播非常广泛，进而成为中国当代摄影中的经典作品，并成为摄影市场的宠儿，由此拉开影像艺术产业化与商品化的大幕，以至当年参与其中的很多艺术家都因此挖到各自艺术资本原始积累的“第一桶金”。

从意识形态宣传品到观念艺术作品再到视听商品

在以静态影像作为语言的行为艺术品或艺术表达中，对影像作品的语言功能转换起作用的不是影像创意者而是艺术家。此时的影像从记录工具和官方意识形态宣传品的角色功能转变为观念艺术或行为艺术的表达语言，影像语言转变成为艺术语言的一种表达方式。来自影像之外的艺术家率先用影像语言进行表达，从而把静态影像从一个狭小的圈子带到了影像语言或艺术表现的大范围。

中国早期的静态影像作品，是以国家意识形态宣传品的身份出现的，影像语言以纯记录为主，间或也有类似郎静山的集锦式影像作品。后来，静态影像逐渐由艺术门类转换成语言工具，尤其是艺术家在静态影像语言表达上的探索与开拓，让静态影像摆脱了传统的桎梏，静态影像作为表达工具的艺术实践不可避免地出现，观念影像就在这个节点应运而生，未来或许还有更多变数。

静态影像作为一种语言工具为艺术表达服务时，其工具性业已定型，在 20 世纪八九十年代之前，大量的实践创作及应用得到广泛认可。不仅如此，由于当代艺术形式渐次赢得国内外多项大奖，对影像或摄影的认可使国内许多院校都组建了视听媒体专业和摄影系，使传统的胶片冲印业戏剧化地发展了一段时间。不到十年时间，摄影就在中国不仅本土化，且很快地被开发运用影像的功用价值，并很快成为当代艺术的工具性语言。

以静态影像为工具表达的中国当代艺术影像作品，在西方艺术作品与影像作品体系中，其价值体系与衡量标准是双重的。因此，一些艺术装置、行为艺术的静态影像，直接就被西方价值观与意识形态标记为“当代艺术”，并获得了很高的市场地位。

影像的纪实性和观念性这两种方式并非截然对立，却涉及了一个影像话语权、创作理念及评价体系的问题，也揭示了静态影像的一些“疑问”：即静态影像究竟是以纪实为主还是以观念表达为主？

功能定位的不同

从事传统纪实、媒介类影像的创意者把影像设备作为身体的一部分，以真实为尊严，以时间长度和空间跨度来记录时代或社会的发展。而影像作为表达交流的工具，已注定静态影像的纪实功能已无法适应5G时代，在受众的影像需求与网络的表达要求下，静态影像的实践创作（包括从事绘画、雕刻的艺术家用影像进行表达或创作）已远远超出媒介影像的原有范围。随着静态影像的门槛降低，相机不再是摄影人的专利，而成为一种大众的表达交流工具，影像成了交流语言。同时，数字技术推动了影像技术的大众化，手机相机成为日常交流的标配。当然，针孔与Lomo，胶片与数字，融合仍在延续。

▼ 思维与观察方式的差异

具象与抽象的差异

静态影像作为记录工具与作为艺术交流语言这两种不同方式，体现最明显的是思维与观察方式的不同。影像作为一种记录工具时，其思维与观察方式是纪实的，影像真实而客观，反映出事件的本来面目与真相。而当作为交流语言时，其思维与观察方式是抽象的，影像是观念的，也可能是真实的。

翁奋的影像作品《我的奥运》(图8-2)当归于当代艺术范畴或观念影像之列。

图 8-2　翁奋,《我的奥运》

在文化人文层面，强调了文化人文的历史环境。当我们无法用一种语言表述明白一件事时，可以换一个维度去审视我们的环境。该影像创作有着深层的社会与历史背景。2008 年，国际环境对于中国举办奥运有一种不正常的隐性抑制情绪。营造奥运精神环境与氛围迫在眉睫。最初的奥运本身就是一种平等、和平、友谊的象征，比赛是没有任何政治附加条件的，就像人自身一样，在没有外在条件的依附下，人与人都是平等的，奥运最初的那种美与健康及活力就能得到充分的发挥。而现代奥运在政治、宗教、民族等因素影响下已变得面目全非了。

在技术技法层面，《我的奥运》是用影像语言方式表达了创意者对北京办奥运的看法与评价。在当时国内的奥运官方影像推介与宣传中，一般是不可能有这种影像表现方式的。但在当时中国办奥运不被西方理解的初期，用西方的方式推介北京奥运是一种值得借鉴的方式方法。而 2008 年北京奥运的记录影像，在当代已显得弥足珍贵，其价值在于其现场见证性与真实性，历久弥新，更具历史文献价值。

在对象本体层面，该影像其实不是国人眼中的奥运，即便在北京举办，也要遵循奥林匹克精神与文化传承。源自古希腊奥林匹克的五环精神，是奥运的永恒精神，北京奥运也不例外。因此，关于奥运也要有一个中国的适应性，《我的奥运》就是基于奥运最核心的理念——力量与美——来表述的，影像创意者就是从受众，也即当时西方人的视角来阐释北京奥运，把北京奥运放在西方的人文环境来展现与描绘，并且裸体美在西方就是一种常见的形体展现，在中国却有伤风化，因此影像的观看对象选择也很重要。此图的轰动效应在西方并不亚于其宣传效应。

在对象主题层面，该影像表达的北京奥运的宗旨与奥林匹克精神是一致的，并没有政治化，面对各种污名化的看法与评价，最好的办法就是用事实证明，2008 北京奥运是整个奥运史上最成功的一次盛会，事实也是如此。

工具性应用差异

影像作为交流语言，也是一种思维工具，通过对主体心理意识反映，遵循人类认知规律与认知方式的语言交流，是人类认知世界的一种方法；影像作为记录工具，只是一种认知与观察世界的方式，随科技进步，其工具性以及功用与效率不断得到提升与改进。

意识流与视角视点的转换差异

在影像语言转换文学语言中的意识流叙事的手法、特点和效果上，动态影像主要是利用“闪回”“跳接”“蒙太奇”手法，而静态影像则采用组照的传统手段来展现意识流的叙事，以及无逻辑性、非理性叙事。而作为记录工具则无法体现这一点。影像作为语言叙事时，其视角与视点皆可进行随意转换，将影像的视点与人物视点统一起来的“主观镜头”早已融入受众的影像认知结构的叙事语言中，当代受众已经可以熟练地从主观镜头中分辨出“看”和“被看”的关系，动态影像一直探索“一镜到底”叙事，把“人物在说”与“叙事人在说”融为一体，经典的尝试如希区柯克的《夺魂索》。但作为记录工具时，只能以记录者的视角视点来进行拍摄，无法更改变换。当然，差异还体现在影像语言的蒙太奇与叙事逻辑上的不同，这里不做详述。

▼ 作为视听媒介语言的理念差异

语言的“镜像”功能差异

理念的不同体现在两种方式所创作的静态影像作用不同。静态影像作为记录工具时，其作用偏重于创意者的主观选择以及主观控制下较为客观的复制、揭示的“镜像”作用。影像以真实为尊严，以时间为力量；而作为语言表达时，其功用就成为一种“艺术手法”或“表达方式”。

语言的叙事功能差异

静态影像作为一种语言时，其作用偏重于表现和讲故事，表达创意者的看法与观点。理念不同，主要体现在创意者不同的视觉素养与表达需求，以及不同作品的评判标准。其背后隐藏的是不同的意识形态和哲学、美学、艺术理念等，而作为语言就成为内容表述的手段方式。

语言交流的“呈现”差异

理念的差异致使创意者在运用影像语言两种不同的方式时，会有完全不同的选择。影像作为语言交流一定具备“呈现”功能，文字语言交流依据的是交流者的文化素养与表达能力，但凡能说话即可交流，但影像语言的交流必须要有呈现方式与工具，即呈现的媒介。英国哲学家维特根斯坦①曾提出语言图像论和逻辑描绘论，认为可以把逻辑理论用影像（图像）形式描绘出来。5G 时代，影像语言已成网络交流的通用语言，“一图胜千言”，甚至深奥的理论也可用形形色色的影像来展现或交流。目前网络流行的“面部表情反应”影像也说明了这点。在洪磊的《紫禁城的秋天，太和殿西回廊》中，各种符号的象征与暗喻让我们似乎读出了什么，又好像有点意犹未尽。

▼ 静态影像作品的价值与市场差异

从影像作品看来，观念与纪实影像的本质后面体现的既是把影像作为一种记录工具，也是把影像作为表达自己主观意愿或情感的语言。

理念先行的观念影像

影像发展到今天，已出现多极化和多元化特征，尤其是观念影像。观念影像作品的创意观念可先入为主，以观念先行确定影像类型。无论以影像作为艺术表达语言的观念影像或装置等综合艺术作品如何火爆，影像作为记录工具的纪实性仍将存在，并在摄影或艺术领域起到不可忽视的作用。我们不可偏废任何一方。如今，摄影的记录方式已被更多的个体、更为个性化的观察方式及表达方式所淹没。人们注意影像本体的同时，更注重自己主观意愿的表达，影像不再是一种单纯的记录现实的工具了。

---

① 路德维希·约瑟夫·约翰·维特根斯坦（Ludwig Josef Johann Wittgenstein，1889 年 4 月 26 日—1951 年 4 月 29 日），犹太人，哲学家。维特根斯坦是 20 世纪最有影响力的哲学家之一，其研究领域主要在数学哲学、精神哲学和语言哲学方面，曾师从英国著名作家、哲学家罗素。1939—1947 年，维特根斯坦在剑桥大学教书。他著作不多，有 1 篇书评，1 本儿童辞典和 1 本 75 页的《逻辑哲学论》（1921）。

受众消费与屏幕呈现助推产业化

影像产业化已成大趋势，主要表现在创作、制作与传播上。一是数字化和网络技术是静态影像创新的工具，为静态影像的语言化提供了实现的手段。同时，静态影像的高品质、高技术含量、应用的便捷性和低成本为全球影像产业一体化的市场提供了便利。二是虚拟性为受众的表达提供了实践可能，任何人都可以借影像语言进行交流、传播、讲故事。三是表达话语权的公众化。网络作为一个开放的交流平台，影像语言提供原生态现场场景为信息的交流带来了极大方便。四是影像的市场化、产业化与科技化推动静态影像语言的发展与提升。商业影像、媒体影像、艺术影像库的蓬勃发展，以及影像拍卖与收藏的再度繁荣，为影像语言的推广提供了广阔的空间。

第二节　静态影像作为艺术语言的理论与实践探索

静态影像的记录功能与语言表达功能在当代影像中都有不同程度的理论与实践探索，并取得了显著成就。由于数字与网络的介入融合，受众与阅读者观看世界的方式有了诸多不同。静态影像不再是纯粹的媒介工具，用于记录现实与人生，它更注重以影像方式弘扬个性、张扬自我来进行表达。当数字门槛不断降低以至于消失时，就形成人人皆以影像为语言进行交流的网络环境，人们开始以影像设备或手机为工具，以影像方式沟通交流，漫无边界且不拘形式。画家出身的艺术家如洪磊、庄辉、赵半狄、郑国谷

图 8-3　软件图片

先后以静态影像作为艺术表达语言进行创作与表达，大众也开始以日常影像方式进行记录和表达。静态影像从摄影圈一跃进入艺术圈，成为大众网络交流的“常用语言”。

图 8-3 来源于 3D 打印产品交易网站 CGTrader，该网站集中展示了部分完全用电脑制作的人物“软件图片”。“软件图片”是完全用软件制作的图片，其逼真程度甚至让受众感到难以置信，是摄影由“造相”到“虚相”衍生的新类型，全部采用电脑制作而非传统的摄影创作，没有拍摄因素。目前此类图片广泛用于各行业。

▼ 后现代语境中的静态影像语言

静态影像语言的文本及本文争议

该争议出现较早，在工业化网络数字时代，人际交流不再仅限于语言文字。静态影像的功能转换，引起理论上的争议就是，静态影像语言文本的实践与本文的理论探讨。多年来影像理论的起点从“摄影是不是一门艺术”转而进入“摄影是不是一种语言”，静态影像理论探讨研究发生了“从艺术门类向语言工具的重心转移”。并且当代影像作品与理论关注的重点更深入，从关注客观事实到关注个体与人的内心。

观念影像的后现代之争

摄影自诞生之日起，其影像理论、影像批评和影像史就已同步发展并形成了一套完整的体系。对于真实记录之外的影像的创作与探索一直没有停止。之前，人们极其注重影像记录的客观性与真实性，当静态影像运用于网络并进入艺术表达领域时，其天地豁然开朗，尤其是观念影像的出现。观念影像从严格意义上说并不属于影像范畴，而应从属于当代艺术范畴，而纪实影像与观念影像在影像理论与批评方面是两个完全不同的体系。基于表达理念的不同，两者的影像理论体系即影像批评、影像史（阶段史）是完全不同的。不可能把纪实影像的技术、品质标准用于观念影像，因为观念影像重在表达一种认识与看法。

▼ 静态影像语言的当代实践探索

影像语言实践总是伴随着技术的变革

体现在实践探索上，影像的每一次技术革新都会带来新的影像形式与创作环节的更替。计算摄影、软件摄影、VR、一次性成像、手机相机、Lomo 等技术与形式让创意者更为自由地表达自己。摄影从诞生之日就拥有媒介特性，其主要功能是把事物的表象记录下来，而今这种媒介伴随着网络与媒介的融合，在高科技新技术的推动下更是网络时代不可或缺的一部分。其传递信息、整合信息的速度与规模更是前所未有。如今，影像作为人们交流的语言，同其他任何一种艺术形式一样，不仅能记录，还能讲述。创意者个人独特的内在情感以及对这个世界的看法，转换成视觉形色结构，就成为 5G 时代的"影像语言"。

作为语言的影像，其形式与功能渐次多样化

静态影像的语言功能独特又光怪陆离，影像语言讲述的方式，无论是摆拍或把拍摄对象作为玩偶一样的道具，抑或是导演、表演方式，还是用装置等手法，语言形式变得丰富多彩。如今，这种语言方式还包括后期的拼贴、采样、蒙太奇、扫描、涂绘、电脑数字雕塑等。无论采用哪种语言方式，重点皆在于讲述的内容。这种方式还体现在人们已经习惯于影像记录，懒得思索考虑了，通过不停地记录拍摄，把整理好的影像照片"挪用"过来，稍做改动或干脆用影像做行为艺术，抑或用行为艺术来做影像。总之，一定要表达自己想说的事，可以不顾对象是否真实、客观。当静态影像作为一种艺术表达的语言时，不仅可以表述具象的物体与事件，还能把抽象的理论及并不存在的幻境与未来的想象表现出来。

静态影像语言的符号性表达

永远不能否定静态影像当初从绘画中剥离出来时的那种纯真童稚。而在影像前贯以"观念"的实践创作行为或以静态影像语言为表达载体的艺术行为、行为艺术等，与静态影像自诞生以来的初衷，即客观真实的记录似乎南辕北辙了。实践检验真理，但又从另一个角度说明了一点：影像创意者的静态影像不仅是记录的工具、媒介的表达形式，进而更注重创意者理念与观点的表达。静态影像已不再是简单的"现实记录"工具，而是同绘画一样的"创作语言手段"。曾经一段

时间，作为表达语言的静态影像，其类型归属引起争议，当观念影像从当代艺术中划入摄影类别时，诸如“装置影像”“行为影像”“形体影像”“声音影像”“舞台影像”等在摄影类里就特别不被传统影像创意者待见，虽然它们的承载体依然是“影像”，但与摄影术的基本表现语言相去甚远，以至于毫无关系。但作为艺术语言，这些类型的语汇及语法已相当成熟了。

▼ 静态影像语言的构成元素

构成元素的多元化

作为交流表达语言的影像，在某种意义上已不是单纯的影像作品，作为视听媒介融合的产物与网络交流的语言工具，影像可能与绘画、雕塑、装置、行为等各种艺术媒介深度融合，在高科技与新技术的渗透介入中，不断推陈出新。“计算摄影”“软件图片”已成网络常态，4D、VR 影像已不再是概念，而传统的相纸、印相或银盐概念已成经典。作为视听媒介的静态影像符号语言，已不再是曾经的静态影像，这些影像已同传统的静态影像作品的文化根基、美学观念和表现形式不相适应。

以静态影像为语言工具的创作全面泛化

这里的创意者包括艺术家，但不限于艺术家，也不仅指摄影艺术家，而是大众，即广大网络用户。传统的权威话语消隐，在大众话语时代，静态影像从宣传品、作品到商品、消费品华丽转身，人人皆以影像为语言工具的话语时代已经到来。每位个体都可以用影像参与当代艺术思潮和社会生活实践，深入探究个体感知世界的方式。影像语言与其他各种艺术门类广泛融合渗透，并不断深入探索影像语言的极限表现力与表现方法。数字技术的借用、科技手段的融合，以及不断迭代的数字影像软件，使影像语言的表现范围不断拓展，表现能力不断提升。影像语言在 5G 时代已无处不在。当然，传统影像技术的经典呈现，仍在延续与拓展。那么，问题随之而来，我们该如何评价这些作品？

以影像语言为主要讲述方式的作品，其作品类型很难清楚准确地界定。对于权五祥的作品，既不能以影像作品的标准来衡量，也不能以雕塑作品的标准来衡量。以此类推，基于静态影像之上的观念影像或当代艺术也同样如此。

图 8–4 是艺术家权五祥的作品，题为《陌生的真实感：韩国艺术家的照片雕塑》。

在感官直觉层面，权五祥（Gwon Osang）的作品就是照片雕塑《A Statement of 360 pieces on the field of multiple vision》，这种多重视角产生了超越现实形象本身的另一种力量和陌生的真实感，照片雕塑在灯光下散发出陶瓷般的色泽。

在技术技法层面，照片雕塑类似数字影像的“像素”，方法有点笨。权五祥用影像方式把模特从各个角度拍摄记录下来，然后把影像用相纸打印出来，再把这些记录下模特各个角度的细节和形态的照片，粘贴在用聚苯乙烯泡沫制作的人体支撑部位上，像拼接碎片一样把彩色照片粘贴在聚苯乙烯泡沫的人体表面，手工必须非常精细，要将各个单面重新组合起来成为立体形象，摆脱了雕塑以往沉重、笨拙的形象。

图 8–4　权五祥，《陌生的真实感：韩国艺术家的照片雕塑》。右边雕塑为 187×32×55（cm）彩色印刷混合媒介，2007；左边雕塑为 186×61×47（cm）彩色印刷混合媒介，2007

在对象主题层面，影像语言的表现力在雕塑作品的表述中起到了重要作用。影像在作品中不再仅仅是记录的工具，更是一种人物性格、情节、时代环境等细节表述的语言符号载体。拼凑而成的纸质模特在灯光下散发出陶瓷娃娃般的色泽。

在文化人文层面，需要特别说明的是，原本的艺术雕塑，受到载体的传播限制，而以影像形式传播的雕塑形式并不是艺术品本身，而是一种转换表达形式。这种多重视角产生超越现实形象本身的另一种力量和陌生的真实感，用这种具有强烈内部冲突的表现形式隐喻当今貌似繁荣的消费社会里人们内心世界的巨大空虚。

静态影像的评价标准与体系

观念影像出现之前，静态影像作品有独立的影像标准与评价体系，中国摄影家协会还有一整套媒介影像评价的标准与流程，但当基于静态影像的观念影像作品或当代艺术在影像市场或当代艺术中占据主流话语时，原来的影像评价体系与标准已不再适用了。静态影像从传统的创作→呈现→收藏环节，转而变成创作→呈现→市场→收藏环节，一个细微环节的变化暗示一个新时代的到来，即5G时代的到来。市场的无形推手，让影像再次变身，以市场与产业的双重身份介入当代语言话语体系。受众的付费消费决定了静态影像的未来与发展，受众的认可度与市场标准成了评价影像价值的重要参照系。

静态影像多维功能中的问题

影像作为交流语言也有许多不容忽视的问题。为什么摄影家的作品难以融入当代艺术展场？为什么专业摄影杂志和摄影评论家没有掌握当代艺术的话语权？为什么主流摄影比赛的得奖作品却不被市场所接受？胶片时代，影像评价标准与体系稳定周详；数字时代，用传统胶片的标准来评价数字影像已经力不从心了。网络时代，网络静态影像技术评判标准与艺术评价体系在逐步融合，影像（包括数字）评价标准已无法适应市场需求与受众的影像消费，尤其是观念影像作品或基于影像的综合艺术类作品，其评价标准就更难以适从了。各种技术与工具相继融合的5G时代，完全无法“炮制”出一套兼具市场标准和艺术理念的评价标准与体系。

标准只是参照不是绝对的统一

影像无论是作为记录的工具还是作为交流的语言，保持影像创作的独创性是最重要的，即便是语言也应是独具个性特色的语言，而不是人云亦云。影像在交流与传播中，无须经翻译转换，就能解码阅读。当代静态影像的国际化与语言工具化已在国际交流中发挥了巨大的作用。中国当代的静态影像，相对略滞后于西方，既可以坚持“拿来主义”引进参照，又可以自主创新发展。

文化交流不同于科技交流，文化交流是为增强差异，而科技交流是为了取消差异。静态影像的评价标准与语言体系不必完全模仿西方，而是要因地因时制宜构建通畅的交流机制。此前在中西方共同的话语权体系中，中国当代艺术有一种奇怪的现象：以模仿西方为发展方向，以回归传统胶片影像迎合西化。模仿与回归在本质上都是反差异性与反现代性的。总之，静态影像与影像语言在蹒跚的步履中已逐渐形成自己的标准与特色，不一定有严谨的体系，但且行且实践。

图 8-5 《玩具总动员》(皮克斯公司制作)

《玩具总动员》是历史上第一部完全用计算机制作的三维动画片，作为首部全电脑制作动画，根据镜头繁简，每一帧制作时间都耗时 4 至 13 小时不等。整个工作系统由 87 台双 CPU 和 30 台 4CPU 的 Sparc 工作站组成，还有一台 Sparc1000 服务器。这里有一个容易让人误会之处，即软件照片与“计算摄影”的差别。“计算摄影”认为，所有图像都必须经过处理才可能存在，将相机等硬件设备理解为收集数据的工具，其作用是将场景中的数据尽可能收集起来，通过先进的计算技术将数据处理成照片。这使得“原始影像”的定义变得模糊，在按下快门的瞬间得到的影像并不是成型的照片，摄影变成了“计算摄影”(Computational Photography)的“数据收集”过程。“计算摄影”中“原始数据”是 RAW 文件，RAW 既非显像，也非潜影，而是传感器记录的数据。其实，“计算摄影”或其他形式的“摄影”都只是表象，说明摄影在艺术门类中已明确工具化了。“荷赛”比赛评价标准把艺术观念引入媒介类影像作品中并成为将来的潜在标准，有无争议及探讨结果留待实践证明。

▼ 静态影像语言的创新应用

记录工具与交流语言的选择应用

两者之间的选择应用并非必然，也不是非此即彼的。既有过渡与转变，也有各执一端的守护者，还有两者兼具的发展。无论作何种选择应用，关键是要明确方向。从工具方式到语言方式，其实是影像隐性潜能的发挥与应用，而作为创意者或语言应用者，最重要的是找到适合自己的路径与最好的方式。静态影像既可以作为记录工具，又可以同时作为交流语言，这也是当代受众基本的视觉素养所决定的。当今时代的“文盲”不再是不识字的人，而是不会使用影像语言的人。网络让世界变成了“地球村”，让社会即时在线，受众有种族、地域以及文化、环境的差异，应用影像语言形成畅通的交流，从而突破时空的约束与限制，求得新的发展。

影像语言的选择、应用重点在于表达者。在文字符号传承交流的时代，文字符号固然重要，但最重要的是交流的内容。在影像符号的5G时代，内容仍然重要。艺术表达也好，生活沟通也罢，都要明确自己的主观评价与价值判断。影像作为语言可以主观表达，作为记录工具的必须真实客观，有时为了达到特殊的目的，可以两者兼有。需求决定市场，市场影响受众，受众决定点击率。重要的是，影像是用来为谁服务，去做什么的。静态影像功能性的转向与变化，已不再仅仅是语言界与摄影界的事，还会有以下几个方面受到相关影响。一是影响受众个体语言素养甚至文化素养。作为语言，素养的养成很重要，影像语言作为综合素养需要内外兼修。二是影像作为表达语言要有个性特色，要走自己的路。既不能套用西方标准，成为西方文化的“精神仆役”，也不能自说自话，“闭关自守”。既要走产业化发展之路，还要走创新发展之路。三是弘扬民族文化。面临西方强势的影像文化，不能有意无意地自我边缘化，轻视自己的影像作品。在探索的路上，总有践行者。在中国当代影像创作实践中，有一些艺术家早期以影像的记录工具进行实践创作，后来逐步以影像的艺术性语言功能向观念或行为或装置影像转变，如刘铮、徐勇、姜健、王宁德、黑明、莫毅、张海儿、高波等艺术家或实践者。也有经典的静态影像的坚守者，变与不变都处于且行且痛苦之中。

影像设备已然数字化，影像语言已然媒介化，交流已然网络工具化。要讲述的故事却没有变，传播者与受众还是人。基于影像语言的视觉素养是必须改变了，因为我们多了一种工具——视听媒介语言。

【实训与练习】

1. 分析静态影像从“宣传品”到“作品”再到“商品”的演变历程中其叙事与表意的变化。

2. 以当代艺术具体现象为例，说明观念影像与雕塑、音乐、行为等艺术类别在艺术呈现与传播呈现上的差别。

3. 从电影《阿甘正传》《飘》《激情 1995》《太极旗飘扬》中截取 6—8 幅照片，分别有远景、全景、中景、近景、特写图片，还有人物关系、情节过程、故事结尾的照片，用图片故事的方式把电影介绍给大家。

4. 尝试把非影像的艺术行为或活动用视听影像的方式记录下来，思考如何规避创作权属问题，让影像成为你的创作作品。

5. 以具体案例分析静态影像与当代艺术表达的关系。

第九章

IP 影像叙事策略与表意模式

9

IP影像的表意方式与叙事策略探讨旨在发现IP影像在发展过程中遇到的一些问题，并总结IP影像作品的故事性、戏剧性、现实性及艺术创意形态，从而获得对IP影像作品的技术和创意元素的叙事价值再认识，进一步把握IP影像的内在特性。

第一节　摄影IP资源与IP影像作品的出现

▼ 摄影IP资源的创作实践

摄影IP资源是受大数据与“互联网+”影响，继谷歌街景、众筹创作和PGC（专业生成内容）、UGC（用户生成内容）、OGC（职业生成内容）、MGC（机械生成内容）、MCN（Multi Content Network，多频道网络产品）、AGC（算法生成内容）影像创作实践之后，影像领域里涌现的一种新的影像资源。运用影像设备的人（不限于摄影师）对IP资源进行开发和应用。IP（Intellectual Property）原意是“知识产权”的英文缩写，摄影IP是指一切借用已有的IP资源进行影像创作的资源，包括无版权与著作权的古籍以及有版权的新闻资源和影视、文艺IP资源。本书统指创意资源之意。

表9-1　视听媒介的不同类型影像比较

	OGC（职业创作）	UGC（用户创作）	PGC（专业创作）	MGC（机器创作）	AGC（算法创作）
主体动机	工作目的	个体欲望	利益目的	取证与记录	大数据服务
创作原则	职业	观念	艺术与真实	真实	机械学习
影像立场	中立	主观	主客观结合	客观	客观
影像伦理	职业伦理	道德人伦	艺术伦理	无	无
在场性	在场性差	在场性好	随意	随意	无
视觉表现	最佳瞬间、重视觉修辞与内涵展现	随机瞬间、重现场感与内涵展现	精细精良、重视觉艺术与审美呈现	单方位、独视角记录呈现	价值主导技术和人工
影像处理	有文字，可剪裁、筛选审查	有文字，可编辑，重个体感受	多手段多方式处理，多无文字	使用者根据目的与用途选取	机器自动处理提高用户黏性
传播发布	媒体发布	社交发布或收藏	商业交易	由管理者确定	资讯有效到达
视听呈现	品质优良	品质不稳定	品质优异	由设备品质确定	由设备品质确定

IP 影像作品的资源转化性

从目前的 IP 影像作品分析，IP 影像作品具有转化特性，即作品在创意之初，是创意者从现成的摄影 IP 资源中转化而来。这种转化不是随意与信手拈来的，而是创意者根据自身创作经验与创作水平，对现有的 IP 资源进行评判、筛选之后的再创作。这种筛选涉及主题的可视觉化、题材的法律可行性、转化创作的可操作性、影像作品的可观赏性等诸多问题。这一系列环节中，每个环节都必须经过转化处理与协调。目前，我们所能看到的 IP 影像作品都是经过这些环节的提炼转化后形成的。不同的创意者在不同环节的着力点不一样，但环节的程序必不可少。

IP 影像作品主题的已呈现性

这也是 IP 影像作品与传统影像作品不同的根本特性。因为 IP 影像作品有其来源的特殊性，不是创意者的主观构思，也不是从现实生活中直接记录形成的作品。IP 影像作品必须在已有题材的基础上进行创作，也即其题材是整体或局部来源于现有的题材，或形式或内容。我们可以从目前 IP 影像作品中看到其源头，宋朝的作品《留守》，其题材源于新闻报道，也就是关于留守儿童的题材。宋朝经过大量综合选择以及文字分析后，觉得该题材具有影像呈现性。他根据个人生活经验对题材进行了再加工，最后形成其影像作品。IP 影像作品主题的已呈现性，其取材与转化的源头不受任何局限，可以是古典名著，也可以是电影题材，更可以是网络话题，甚至可以是现有影像作品的再加工。没有这个前提，就不是 IP 影像作品。

IP 影像作品的视觉呈现性

从摄影 IP 资源转化过来的题材有很多，一些抽象的，无法用影像或影像语言呈现的题材，或转化为视觉作品时有困难的题材，就不具备转化特性。即 IP 影像作品一定要具有能够把 IP 资源变成视觉作品的特性。目前，不少摄影师或艺术家有许多创意构思，但他们总在构思中，无法把创作主题转换成影像作品，原因就在于其创意无法用视觉语言或影像语言进行展现。当代也有不少影像作品呈现在观众面前，观众不知所云，这就是其影像作品不具备影像的再现性。或许这些作品可以用文字或绘画呈现，但不具备视听媒介语言的特性。

第二节　IP 影像的叙事特征与叙事结构

IP 影像作品基于摄影 IP 资源的转化进行创作，影像叙事方式较传统纸质介质的影像文本叙事、多媒体介质的音视频复合叙事，以及限定时空的电影复合结构叙事有了许多变化，共同之处是有传统影像作品的叙事特性与表意方式，不同之处是有了复杂多样的叙事方式，形成了 IP 影像作品独特的叙事特征。

▼ 断崖式叙事结构

网络时代应运而生的 IP 影像作品，其叙事结构也同 5G 网络及大数据有关，在透明的网络面前，IP 影像作品的叙事结构与表意方式有一定的潜在前提，如戴翔的《新清明上河图》，观看时须具有中国传统文化的知识底蕴，了解《清明上河图》的历史缘由。IP 影像作品的跨时空穿越式结构以及网络定向传播、碎片式消费阅读等传播特性，让受众能够方便快速地融入影像所建构的叙事话语语境中。因此，近几年 IP 影像作品传播不仅有传统的纸质介质的载体、网络格式载体，还有网络平台 App 传播载体。IP 影像作品在叙事过程中，往往具有较大的断层空间，叙事篇章较为宏大，其潜在的摄影 IP 资源需观赏者用自身的知识结构与阅读经验去解读；当创意者把 IP 影像作品用当代艺术的各种形式手段转换表现为影像形式，并融合拼贴在一起时，整个 IP 影像作品表面上看起来就是各种意义片段的简单组接，影像叙事的逻辑结构跳跃而不流畅，这是 IP 影像作品不同于传统影像作品的重要特质。另外，IP 影像作品叙事结构上的时间跨越，又完全不是无序与杂乱的，IP 影像作品创意者把作品一部分创作权交给了观看者，观看者通过自身知识结构、人生历练和叙事逻辑的架构能力，将 IP 影像作品看似零乱分散的叙事片段连接成一个具有完整思想与逻辑表达的影像故事，并与影像的创意者产生共鸣。摄影师黑明的《抗战老兵》系列作品就具有典型的非线性叙事和碎片化表意特征。影像的叙事主线是众多的抗战老兵不同的人生经历以及现实生存状态，以此表达我们当下日子来之不易这一道理。这一题材在党建文献资料与抗战影片及现代文学作品中呈现较多。但最后呈现在观赏者面前的影像，表面上看起来就是人物肖像与特定场景的老人生活照。摄影师黑明在作品创作初期，就将抗日战争这个大前提潜藏在作品背后，没有对中国抗战历史背景的了解，观赏者就很难看懂这组作品。这种跳跃性在 IP 影像作品中表现得较为突出。中国的抗战历史看似与黑明的《抗战老兵》无直接联系，但是《抗战老兵》作品在另一个层面丰富了人们对抗战背景及历史这一主线的理解，以个体表现历史的“春秋笔法”让抗日战争这一主线所要表达的理想与现实环境间的剧烈反差更大，影像叙事就显得更加立体而生动了。

▼ 创作过程的多向互动性

IP 影像作品同大数据与“互联网 +”有密切关联，从一开始就体现了其影像作品的主观性，与传统的纪实作品和报道影像作品比较，其特点极为鲜明，就是影像作品可以人为设计与主观表演，并且，作品处处体现出互动的色彩。在 IP 影像作品草创初期，创意者都会通过网络及“三微一端”（微信、微博、微视频及客户端）等交流形式，和艺术同行们或作品的网络观赏者进行有目的性的双向或多向交流，通过几轮反复的交流反馈后，创意者可以进一步完善拟创作的影像作品中的人物设定、性格、形象、情节发展或主题节奏与走向，甚至完全变更创意者最初影像的主题乃至画面结构布局等。综观当下现有的 IP 影像作品，作品中的人物，有很多就是创意者通过“三微一端”交流最终产生的。这就决定作品在进入传播消费环节时，已经具备了视觉观赏性。一些 IP 影像作品在实际拍摄环节，为确保作品的关注度不断提升，避免被观赏者遗忘，创意者会采取开设论坛、微博或 App 等，激发网民的关注热度。在传统媒体时代，影像作品创作完成即意味着创作流程结束，不一定要进入传播环节，但 IP 影像作品的创作环节结束，一定要经传播过程中的呈现环节才能完成创作，网民可随时根据自身知识结构与人生历练进行探讨与争论，甚至基于传统文化根基对作品进行阐释与提升。在自媒体流行的后网络时代，非官方个人表达以及受众阅读的个体化，以及 IP 影像作品这种互动制作过程，让其在传播领域占有独特的优势与先机。

▼ 影像生态链:“IP 影像 + 平台 + 终端 + 应用 + 服务”一体化[①]

大数据支撑的网络时代，影像行业已习惯于有一个中心或者权威，传统互联网以 PC 连接为终端，网络结构有很强的“中心”操控力。门户网站是网络的中心节点，影像门户平台网站成为影像消费的重要平台。在移动互联网时代则有了颠覆性变革，影像消费与传播聚合变得无处不在。视听媒介用户不再需要特定的中心与门户网站或平台来实现自身需求，通过微博、微信朋友圈及公众号即可满足资讯需求。影像的“去中心化”并不意味着影像行业协会或影像权威的消亡，而只是削弱其过去一统天下的权威。IP 影像的一体化生态链，为影像发展提供了新方法。“大数据”概念于 1989 年在美国底特律举行的第 11 届国际人工智能联合会议的专题讨论会上,由数据科学家法耶德（Usama M. Fayyad）[②] 提出并得到普遍认可，主要研究方法是数据挖掘，其最终目标定位为描述（Descriptive）与预测（Predictive）两种方式[③]。通过描述以刻画海量数据中的潜在模式,并根据数据中潜在的模式来进行预测，从而发现数据中有价值的模型和规律。“一体化生态链”只是其应用模式中的一种，未来还会有更多新的模式。

影像“去中介化”已成常态。在传统影像时期，影像的传播、呈现与消费，大多通过策展与影像市场推介，影像消费者或图片观看者对于影像的欣赏与消费需要专业指导。在“互联网 +”时代，影像的获取与解读不再仅依赖于专家学者的“建议或引导”，仅需网络交流即可完成。当下的影像交流与呈现大多通过几乎人人拥有、零成本的移动网络来实现。传统的策展与传播方式，已远不如门户影像网站与网络社区。移动互联网的本质是去中心化和去中介化。所谓去中介化，即对于传统互联网的门户网站（“中介”）不再依赖，而是依靠自身网络平台与用

① 孙宇龙，“互联网 +”时代摄影的纠结与抉择 [N]，中国摄影报，2015 年 7 月 29 日。

② 尤萨马·M.法耶德(Usama M. Fayyad),1965年7月出生,美国数据科学家,美国人工智能促进会(AAAI)和知识发现和数据挖掘协会联合创始人。1995 年联合举办了第一次数据知识发现国际会议(KDD-95),他是商业分析、数据挖掘、数据科学和大数据方面的专家。曾任巴克莱银行(Barclays Bank)首席数据官。人工智能促进会是一个国际性的、非营利性的科学协会，致力于促进人工智能的研究和负责任的使用。

③ 张晓强等，大数据方法：科学方法的变革和哲学思考 [J]，哲学动态，2014 年 8 月。

户（即自媒体平台或分众平台）[①]。

在 IP 影像作品创作与传播过程中，“去中心化”和“去中介化”两股力量同时作用、彼此影响并导致一系列变化。“去中心化”让影像话语权不再是某些“影像精英”的特权，实现了大众化与世俗化[②]；“去中介化”让影像传播环节与消费方式更简洁方便，二者交互作用，驱动影像产业化商业形态的变化发展，并形成新的商业规则，在影像消费行为和具体创作行为层面，展现出多方面影响。

▼ IP 影像作品的叙事结构

IP 影像作品“双线发展”叙事悬念设置

传统影像作品为使观赏者快速融入叙事情节，叙事多为“单线发展”模式，即“开端—发展—高潮—结局”。但 IP 影像作品叙事在结构上却是“双线发展”模式，IP 影像作品以大篇幅展现叙事高潮，展现的语境与受众的期待视野是相似的。

所谓“双线发展”模式，如《新清明上河图》，一条线是暗线（潜在线），即摄影 IP 资源原本的叙事发展模式，是原有作品的叙事结构与方式，另一条线是明线，即现实生活影像的折射线，是摄影 IP 资源转化为 IP 影像作品的叙事性发展。两条线共同作用，共同表意。

IP 影像作品叙事悬念的设置

一般通过调整影像作品的明线叙事结构和调度画面现场布局实现，激发影像观看者的阅读兴趣，满足观看期待欲望，并呼应影像的暗线叙事。明线叙事悬念设置某些常规信息与一些重要信息，彰显与突出画面内容，这同传统影像作品在时空上的限制是一致的。而传统影像作品缺失了暗线的叙事结构，只能通过影像作品画面本身的冲击力与张力来表意叙事。传统影像作品叙事无论多么巧妙，多么精致，与 IP 影像作品相比，总是缺少一部分，那就是暗线的叙事结构。观看

① 孙宇龙，互联网+：摄影的下一个机遇[M]，中国摄影出版社，2017 年 8 月 1 日。

② 孙宇龙，探析“互联网 +”模式下的影像产业化思路[J]，现代电影技术，2015 年 7 月，P6-12。

者观看时总有一种“一览无余”的感觉。目前，IP影像作品的信息以及画面的忽略与选择主要体现在故事和人物的背景上，失败的地方也在于此。因不当取舍导致了结构失衡，最终影响了叙事表达，这主要是由创意者的人文素质与叙事基本功所决定的。IP影像作品一定要有可以与受众及时呼应的叙事悬念“核心”。这个“核心”可以是历史的，也可以是现实的，无论是真实还是虚构。影像叙事悬念“核心”一定要关注作品中人的状态以及和环境的关系，融入创意者的主观创新因素和公众的共同认知，通过影像创意者的个性化表达方式和富有创造性的结构创意，使IP影像作品叙事特点介于纪实摄影与艺术摄影之间。创意者总是借助现实生活中的事物去外化其主观的思绪，用放大、比喻、象征等手段去处理。IP影像作品在叙事结构上有更大的选择空间，围绕叙事悬念“核心”，从多种角度和多视点去审视，用多种方法讲述，激发受众的视觉欲望。在IP影像作品的悬念设置中，要用简化的双线性发展“悬念—满足”模式，潜在地交代人物性格，释放作品结构张力所营造的思想内核[①]。

IP影像作品的跨媒介叙事结构

IP影像作品的跨媒介叙事结构一般体现在非线性叙事和跨媒介的视听媒体叙事两方面。这一结构特征其实是同视听媒体相伴而生的。我们无须赘述视听媒介的新特征以及IP影像作品的诞生与演变，视听媒介作品的传播特质决定了IP影像作品叙事结构的异质，并形成其独特形式。IP影像作品传播与传统影像作品传播方式略有区别，在“5W”传播模式中，传播开始从“广域”转向“窄域”，从以传播者为中心转向以受众为中心，突出非线性叙事结构[②]，特别注重影像的阅读反馈效应，这体现在观看之后“三微一端”的评论转发，及时互动：简略几字略做评述，将观看体验与生活感受融入其中，又起到了再传播的作用。IP影像作品因其传播途径与传播载体不同，不局限于传统影像作品的传播流程与方式，需要通过摄影IP资源的原创性与创意者主观融入完成，并且再现过程需要观赏者已有认知经验的积淀与影像表层叙事的“两阶段双向交流”方可完成。

① 孙宇龙，微电影：生存的尴尬与发展的迷惑[J]，福建艺术，2014年5月。

② 孙宇龙，微电影：生存的尴尬与发展的迷惑[J]，福建艺术，2014年5月。

在当下多渠道、多终端、多样式永远在线呈现的5G时代，IP影像作品的资源跨界和跨媒介叙事利用的是音视频、图形图文、门户网站、在线游戏和“三微一端”等多种跨媒介视听媒体、跨平台、跨渠道叙事方式。影像作品的消费者或网络受众从上述诸多方式中选择一种或几种，或者运用全部方式、手段，更好地领略故事的全部内容。IP影像作品的叙事特征体现在，情节的任一片段都要有影像资源，画面要比纪实影像、新闻影像作品更有张力，因为IP影像作品依靠主观导演或摆拍，其视觉语言的表述要与观看者密切契合。观看者可以在任何一个时间片段任意撷取IP影像作品进行阅读和欣赏，而不一定要去展览馆与影像展场，仅这一点就比传统影像作品更具阅读魅力。从情感表述角度看，IP影像作品无须悲情的书写和悲悯的反思，传播模式决定了受众的阅读，因观看者大多采用碎片时间去观看，当然也可以去影像展场这类场所观看。

目前，IP影像作品的传播效应不利于其艺术价值的提高，但随着网络技术的发展，以及手机电影、5G网络和终端等技术的突破，IP影像作品（当然也包括传统影像作品）的传播媒介和技术手段的专业化会逐步改善。对于IP影像作品的定位也更为独特，即在不同的时间与空间范围内观看，一定要充分吻合后现代传播特性与受众的视觉心理特征，才能将视觉“压缩饼干”及时展销出去，与IP影像作品链接的广告与视觉宣传片才能在这一传播途径中获得利润空间。

叙事结构的受众本位论

当下的IP影像作品大多标以“艺术作品”，其创意者也以艺术家标称而不以摄影师定位。从其叙事结构上，还是以创作影像的导演本位论出发的，以其个性化的叙事方式和个人魅力来吸引观看者。IP影像作品要求在叙事结构上必须立足于受众本位的角度。传统影像作品在形式上追求讲述一个“相对完整”的影像故事，或人生哲理，或社会现象。IP影像作品叙事则必须靠影像本身的要素讲故事，观看者关注的是影像话题本身有深度，还要有回味品鉴的空间，而不是简单直白。观赏者并不关注是不是大师作品，也不在乎是何种类型及风格。IP影像作品只能靠作品本身的叙事结构与张力抓住观赏者，否则观赏者快速阅读的目光很快就会转移他处，无法聚焦到作品上。观赏者认同IP影像作品的资源，并且有对此类素材表达的欲望与冲动，而IP影像作品从某一方面把观赏者内心深处没有表达或无法准确表达的东西呈现出来。受众本位论对创意者的创新有较高要求，需从受众的角度出发，将形式与内容完美融合。IP 影像作品必须最大限度地运用独特的艺术元素与时代背景，将摄影 IP 资源的经典性与社会话题紧密结合，借鉴隐形结构，将生活和人性内涵融入其中，通过商业化手段，以视觉窥探欲为途径，增强 IP 影像作品的创新性和观赏性，使 IP 影像作品叙事完整，情节紧凑，悬念迭出。

第三节　IP 影像作品的表意方式

IP 影像作品的意义表述，无论是客观纪实，还是主观表达，都有创意者自己的认知、感悟和理解，都是从摄影 IP 资源转化、撷取素材，并通过导演加以呈现，用影像构建观念的表达。IP 影像作品的表意动机，也使作品成为创意者与受众的交流媒介——因视听媒介克服了交流的单向和互动问题。但影像“表意”时，其物质载体和表达形式与人类的普通语言存在很大的差别。IP 影像作品是一种直接呈现的视听媒介语言表达，与文字语言不同，是没有固定“词语”的特殊的影像表意形态。因此，建构在网络、数字化与高新技术基础上的影像表意手段，构成了 IP 影像作品内在的、不同于传统影像语言的表意方式。

▼ IP 影像作品的微言大意与象征指向

IP 影像作品表意更具后现代特征。观赏者因现实生存环境中的种种问题，如高压力、快节奏、强竞争，很少拥有整段的阅读时间，影像观赏与阅读日益碎片化，而 IP 影像作品情节紧凑、结构简单，将摄影 IP 资源与传统影像作品载体有效结合，符合后现代社会人的接受心理、生存意识与生活节奏。因为符合碎片化阅读的个体特性，IP 影像作品叙事较传统的文字表述和传统的影像作品显得更有活力与生命力，并可以迅速传播。

从商业角度看，IP 影像作品的微言大意就是从受众的心理角度出发，通过观赏者看完后的品尝与回味，实现其外围文化层面的表达，在受众思考的间隙，其商业目的已经实现。IP 影像作品通过表达对当下社会政治和文化的关注，承载了多层次的文化内涵和精神诉求。IP 影像作品对影像的表意方式有了变革：一方面，IP 影像作品突破了现代主义影像的表达惯例和传统影像语言的逻辑，采用个性化方式，找到了影像的新鲜感和震撼的视觉效果；另一方面，运用影像的暗示、比喻、象征功能，让影像与意义表述之间建立随机性关系。IP 影像作品的创意者试图通过个体的个性化表达，将个人情感与思想的表达以纯粹化的方式直接地表现出来。IP 影像作品的表意诉求是通过传统影像作品的载体，超越画面的实际内容，向观看者传达自己的思想、感情与意识。

▼ IP 影像的图思维叙事组合拼贴

因受传统影像作品的载体限制，IP 影像作品采取一切可能的表意方式，将画面叙事功能尽可能放大，极致地运用某些符号元素反映时代与背景，以及人物关系与性格特征，甚至是故事情节的发展变化。如《新清明上河图》的叙事功能之一，就是将影像的表意模式与受众的兴趣点无限放大，以期让影像与受众达到情感上的共鸣，图中的每个点都是现实社会的真实再现，无论是“我爸是李刚”，还是“求包养”，都能在日常生活中找到对应原型。欧阳友权在《数字传媒时代的图像表意与文字审美》[①]一文中指出，汉语创作的执笔书写使用的是“字思维”，即点、横、撇、捺连字成篇的体验式思维和意象积淀的感悟式思维；电脑写作使用的是“词思维”和基于机器程序操控的技术逻辑思维；“图思维”是以图像方式感知和把握世界的思维方式。欧阳友权道明了当下视听媒介兴起的内在缘由，数字化视听媒介最大的特征是影像表意，当下受众早已习惯了“图思维”，弱化了“词思维”，丢失甚至格式化了“字思维”[②]。

《重森弘淹：从复制技术到复制》（图 9-3）是由安德烈－阿道夫－欧仁·迪斯德里（André-Adolphe-Eugène Disdéri，1819-1889）于 1858 年拍摄的，图中的洛布科维茨亲

① 欧阳友权，数字传媒时代的图像表意与文字审美 [J]，学术月刊，2009 年 6 月 20 日。

② 欧阳友权，网络时代的文学形式 [J]，文艺理论研究，2011 年 5 月 25 日。

王（Prince Lobkowitz）在当时拍摄时，按摄影师要求摆出不同的姿势，从而抓拍出一张最能代表他性格特征的照片，也就是现代所谓的“造型照片”。每一张照片都力求体现亲王的性格特征的外观，从而表现出人物的特点与性格，当时只是想创作出最具特色的“决定性瞬间”，这与当代数字创作时的“饱和摄影”一样。其中一张的装束并不是当时的常规打扮，或许是摄影师别出心裁的一种偶尔为之的行为。创作时，影像创意者并未想到创作之后的照片陈列，从当代视听语言的角度揣测，当时主要是拍摄全身人物证件照。从当代视听新媒体角度来看，将这些照片陈列在一起，尤其是将最后一张放在陈列的影像之中，使视听语言发生了语境变化，使影像产生了与创作时完全不同的语境。其实质是视听语言从“字思维”到“图思维”的一种转换。

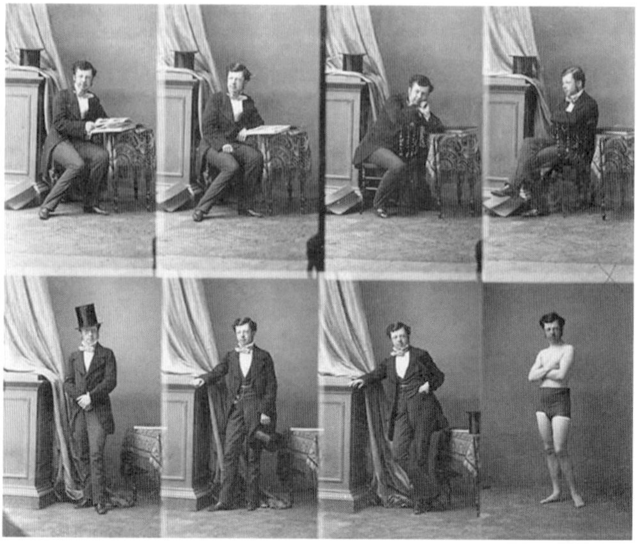

图 9-3　欧仁·迪斯德里，《重森弘淹：从复制技术到复制》

早已有人用图像学的方式来直观表达抽象的逻辑与理念，从而消解了语言类艺术作品晦涩难懂的阐释与发掘，用视听直观的影像强势遏制了文字表意的审美空间，用影像符号或画面语言来表达，给人一种轻松表达的愉悦。然而“图思维”也有不足与缺陷，就是表意的不准确性。根据罗兰·巴特在《明室》[①] 一书中提出的“知点与刺点”理论，即摄影师对于影像主题的可控性和对于细节的不可控性，他认为，对于影像细节的表意的理解，不同的观看主体会有不同的理解接受方

① [法]罗兰·巴特著，赵克非译，明室[M]，文化艺术出版社，2003 年 1 月。该书分上、下篇，有照片的特性、难于归类的摄影、以感动为出发点、摄影师、幻象和看照片的人、被拍照的人、看照片的人：趣味混乱、摄影如奇遇、不受拘束的现象学、二元性、“暗实验室”和“刺点”、传递信息、绘画、出其不意地拆除照等内容。

式，其实也即图像的多义性[①]。正因为这些点，却也更好地迎合了前后断崖式结构的表意方式，创意者对于 IP 影像作品主题的隐藏，满足了观看主体多元化的窥探欲望。观赏者必须有两层理解：一是对影像 IP 资源的深层认同；二是对 IP 影像作品的表层理解。当下 IP 影像作品的“图思维”模式用影像的方式简化了人与环境的美学关系，调整了人与世界的审美意韵与境界，用另一种方式改变并优化了人对环境的观察、感知领悟及叙事表达的方式，最终间接地影响了人类的艺术思维模式。

▼ IP 影像作品的格式塔视觉表意

相比传统影像作品，IP 影像作品无论形式还是内容都有创新，IP 影像作品的传播形式将传统影像的信息传递的单向性变为 IP 影像作品的双向性，而视觉主题在更大程度上决定着 IP 影像作品能否成功。格式塔（Gestalt）视觉认知理论，即完形心理视觉规则[②]对此做了极为透彻的阐释。即 IP 影像用整体与简化、张力、同构式画面形式对现实对象或创意对象进行整体符号性，也即完形式样的把握。强调影像表意的完形式样，将创意者观察到的特征纳入一定的视觉形式结构之中，以尽可能少的影像叙事结构把复杂的表意材料组织成一个有机整体，通过创意者的主体心理需求与记忆图式来对现实对象的表意形式进行改造，忽略影像中不重要的特征，突出一些重要的表意特征，最终达到“貌似神合”的表述效果。通俗地说，就是用最简洁的主观导演或摆拍的画面，概括最丰富的主题，使影像精确而富有张力。这类似于我们的古诗词“古道西风瘦马”的画面表意所追求的意境，让受众在画面中寻找潜藏的信息与线索，创意者除了节约成本与时间外，还给 IP 影像作品埋下深长的韵味。IP 影像作品的表意，在关注世界的视角、视听传递的手段、表达意义的方式等方面呈现出自己的独特性。创意者对社会认知、对生命

① 孙宇龙，微电影：生存的尴尬与发展的迷惑 [J]，福建艺术，2014 年 5 月。

② 20 世纪初，奥地利及德国的心理学家创立了格式塔认知理论（Gestalt），该认知理论强调经验和行为的整体性，反对当时流行的构造主义元素学说和行为主义“刺激——反应”公式，认为整体不等于部分之和，意识不等于感觉元素的集合，行为不等于反射弧的循环。

理念、对内心情绪的主观表达，即使是主体个人观点的呈现，其中也包含着主观性重构——如材料来源的客观性、拍摄角度的主观性、画面构图的格式化等，但这个宏观的、宽泛的概念，含蓄地、内隐地存在于IP影像作品的创作表达之中，成为传统影像表达和呈现手段的补充与完善，弥合了感性与理性、知觉与思维、艺术与科学的鸿沟[①]。

任何新的艺术现象及创意形式，都有其必然的技术支撑与理论沉淀，当下“互联网+”、大数据技术的快速融合发展，以及艺术资本的介入，让视听媒介语言本身的叙事结构在创意实践中渐行渐远，表意方式融合了各种新的技术语言，推动了传统影像作品的叙事结构与表意方式的变革创新，不断衍生出新的影像作品，形成一种基于新的技术经济范式的新的影像产业模式与影像市场。有必要对这些现象进行理论梳理与实践总结，在影像创意实践中厘清传统影像艺术转型发展的脉络，正确看待与解读IP影像及后续的创意实践。当代社会，无论是文化艺术还是实体产业，创新已是必然趋势。在未来的发展过程中，IP影像作品的叙事手段及方式还将对当代影像、当代艺术与文化创作产生深远的影响。对于新的创意实践与新的影像类型，不必期盼一定要有定性定量的实践结论，让影像用自己的叙事结构与表意方式讲述这个时代鲜活的故事。明天，我们期待影像的新发展与新变革。

① 孙宇龙，微电影：生存的尴尬与发展的迷惑[J]，福建艺术，2014年5月。

【实训与练习】

1. 选择一幅中国古典绘画，用 IP 转换方式拍摄制作成一段短视频。

2. 把一部经典电影用 IP 转换方式，制作成 6—8 幅一组的图片故事。

3. 把当前一个新闻热点或现象用 IP 转换方式，拍摄制作成 90 秒的视频故事。

4. 用视听片段方式记录你身边的“小问题”，尝试利用网络平台或门户网站提出并解决这个“小问题”。

5. 用影像的“春秋笔法”拍摄一段短视频，阐释“小农意识”这个抽象概念，要求有故事情节和人物，而不是用字幕与解说方式来阐释。

第十章 观念影像叙事策略与表意模式

10

观念影像作为视听媒介影像的一种类型，同诸多类型影像相互补充，构成良好的影像生态环境，从而满足差异化和多样化的社会需求。其“质”的特征以及其实践和理论值得探索和思考，主要体现在叙事策略与影像表意方式上的不同。

第一节　观念影像的叙事策略

▼ 都市化叙事策略

虽然城乡二元对立在中国已逐渐中和缓冲，但以都市为核心的都市文化仍在当代文化中占有较大比重。同时，以都市为核心的各种社会现象和观念意识也成为社会文化的内核，不可避免地成为观念影像的主题。影像创意者对传统文化与现代文化杂糅的矛盾文化心态，观念影像对西方文化元素的模拟、复制或改编，以及在理论与实践中多以都市主题为影像叙事文本，其叙事策略的抵抗和文化体系间的穿越体现了浓郁的都市特色。都市叙事策略的观念影像，是异于传统影像的首要特质，其特征体现为以下几点。

都市化主观表达，创作群体年轻化

观念影像创作群体年轻化趋势由来已久，从早期的观念影像探索到《New Photo》，再到当前的观念影像艺术展，都市青年影像群体一直处于摸索与创新的不安分状态。摸着石头过河也罢，模仿西式文本也罢，都市影像群体和类型同传统影像明显分化，观念影像气候渐成。20 世纪 80 年代末，中国社会进入多期多层混杂的快速转型期，各种思想、文化观念的侵袭，传统价值观颠覆，传统审美构架崩塌，在商品经济、享乐主义、拜金主义潮流的冲击下，各种焦虑和困惑等充盈在当代社会的方方面面。许多摄影社团的青年群体影像创意者，对摄影现状感到迷惘，用不同的方式探索，并涌现出一批类似于“观念影像”的作品。如今，影像展场的观念影像，其青年创作群体与 20 多年前的刘铮、荣荣、映里等年轻摄影师一样，也遭遇了同样的迷惑与困境。只不过，当代都市新生代的观念影像群体更敢于直面现实，呈现问题，并敢以自己的看法与感受，用有限的表现手段进行表达与述说。虽然有些创作者不会使用影像设备器材，但并不影响他们用观念影像去表达、去反思。据统计，当前观念影像群体年龄多在25至35岁之间，然而年龄并不重要，重要的是受都市文化浸淫的青年创作群体，对影像有着独特的另类观点与创作实践。

西方文本的模仿和本土的自主叙事探索

观念影像拓展了影像领域，丰富了影像类型，开拓了艺术家视野。青年摄影群体在艺术领域一路猛打猛冲，圈定了“自己的地盘”，划定了“势力范围”。纵观国内早期的观念影像，自美国MoMA摄影部第四任主任彼得·格拉西（Peter Glassi）“确立”了观念影像的类型后，国人开始向西方的观念影像文本看齐，以西方文本为参照物进行试验与创作，他们大多有与西方当代艺术接轨的内在需求，但并没有得到国内摄影主流的认同，处于一种迎合西方却不受待见的尴尬境地。其问题在于：过分依赖西方，脱离中国本土大众。为融入西方当代艺术，他们走的捷径便是用西方文化的话语方式和语境来表达中国当下的观念；之后，再加入本土化的影像符号与元素，寻找现实的表现对象与话语空间。观念影像与其说是西方当代艺术在中国找到的一个落脚点，还不如说是中国艺术家在对西方当代艺术的模仿、复制中找到了出路。王庆松、缪晓春等艺术家从早期作品对西方绘画的模仿，到当下走上完全本土化的创作模式，大多如此。当前的新生代影像群体克服了这些不足，探索出中西融合的新路子，将观念影像的创作植根于本土，用本土化方式表达出自己的态度与看法。观念影像作为切入当代艺术、文化的有效载体、媒介，已融入当代文化的叙事场域与语境了。

观念影像把艺术内部学术问题转化为外部的社会学问题

观念影像不仅是影像的创作表达，更注重对当前社会问题和现象提出自己的观点和解决方案。影像因此从单纯的艺术学转向了社会学。在社会问题的思索与探讨上，不同于传统影像用纪实、报道的手法记录和关注当下，观念影像既注重当下，更注重对未来的表达与观测。徐勇的《解决方案》，把一个社会问题展现出来，完全不同于解海龙的《希望工程》，徐勇以自己的方式进行影像探索并呈现探索、解决的结果，让人思索现象背后更深层次的东西，用自己的方式解决社会问题。翁奋的《我的奥运》，有一种对奥运精神更深层次的看法与理解。当2008北京奥运会遭遇政治、宗教、民族等因素的影响时，影像作品《我的奥运》

既提出了问题，也以自己的方式解决了问题。中央美术学院教授姚璐的《新山水》借用北京奥运施工期间的大众影像，从自己的视角出发，以独特的方式呈现当时社会发展的现状，“敏锐地捕捉到了当代中国的新符号：防尘布。绿色防尘布以及由它所披挂而成的座座土堆，成为当代中国快速度发展的新符号”。

▼ 商业性文化消费叙事策略

影像“观念”的商业性消费

观念影像创作伊始就给自己的影像找到了出路，其作品超越了传统影像的观看模式与使用方法，进入市场产品与社会消费品行业。这种消费不仅是视觉消费，更重要的是“观念”消费。影像创意者生产的不仅是单纯的影像产品，而且是一种可以多次且可反复使用的消费品。观念影像可以不进入呈现展示行列，但一定要进入商品或消费品行列，因为观念影像的初衷就是生产商品，让使用者在观赏中消费并赏识其“观念”，重要的是观念，影像形式只是一种吸引眼球的载体。同时，观念影像也因影像的可复制性与二次传播特性得以广泛传播与消费。

当代社会生态和女性主题消费权重

观念影像没有停留在对当代社会生态关注记录等重大社会问题上，更注重对于当代社会生态的评价及其走向，尤其是对女性影像的偏好，成为观念影像的叙事策略之一。20 世纪 50 年代，澳大利亚摄影师赫尔穆特・牛顿的名作《她们来了》，一反时尚女性的温情典雅，以视觉倒戈冲击社会道德伦理，让“性”意味的女性身体影像消费公开化、合法化，进入观赏者情欲的深处，引起人们对于视听影像观赏之外的服装品牌的关注。观念摄影师主动以自己的方式混杂传统与现代的意念元素，从男权视角创作多元的女性影像，并让这些冲击视觉的“女性”身体影像来阐释他们对社会的看法与评价，从而传递出他们对未来的评判和当下的态度。观念影像者用数字手法、导演方式，时尚地把“性”和“情色”带入影像，以影像隐喻，通过反传统文化和伦理政治，使观念影像叙事充满了张力。这种张力的构成主要通过画面矛盾的营造、场景的布置、影调气氛的设置、情节的建构，勾起观赏者的欲望和想象，释放潜在的本能欲望和冲动。推而广之，观念摄影师还把这种思路用于其他主题与观念的创作之中。当观念影像消费成为一种时尚而自发的消费行为时，影像的表述从社会生态和女性性别影像消费拓展开去，楔入其他领域与行业。观念影像如同影视等视听媒介一样，其内容可以兼容并包含诸多艺术领域与行业，全然不顾传统的规范与伦理约束，无所顾忌地追求自我的表达与书写。

▼ 后现代语境下的文化商品叙事策略

传统影像的叙事危机

当下的影像标准日渐与西方趋同，引入西方的文化与艺术标准已成为并不时尚的潮流和无法拒绝的诱惑，而西方国家依靠经济与科技实力将不同国家、民族的文化、风俗习惯整合到大众媒介中，把自己的意识形态与价值观念编码到商业娱乐消费文化产品中，输出到第三世界并起到主导作用，导致第三世界的文化受到威胁，母语流失，价值沦丧。这实质上是文化本土化（冲突论）与全球化（融合论）的矛盾。在后现代语境下，影像得以幸免。摄影人不再局限于小圈子，他们从文化的角度关注自身，关注社会；摄影人仔细研究全球化语境下影像本土与他者的关系。同时，传播的变革为传统影像叙事带来了诸多负面影响，导致了传统影像叙事的双重危机，即权威叙事与常规叙事的危机、叙事语言与叙事规范的危机。它表现为摄影师与观赏者之间权威位置的置换，常规叙事向个人化风格叙事、完整叙事向碎片化叙事以及分段叙事、情节性叙事向反情节性叙事的滑移。取代传统影像叙事语言，成为观念叙事语言的重要手段之一。传统叙事规范也从“自律”走向平面化、游戏化。其基本叙事策略，表现出对于时空主体的隐藏趋势；“技法”的“强调”，影像时空的模糊、碎裂甚至缺失；视点杂糅、反客观，无固定视点；全知视角与限制视角无逻辑关联，影像的视点主要聚焦于影像创意者观点的呈现。叙事结构偏重于运用行为、装置、采样、拼贴、重复、混用、导演、表演等手法，杂糅成影像的结构方式。最终让影像表现出影像创意者的“精神”与观念。如果说传统影像是文学性陈述，那么观念影像就是隐晦、嘲讽的反问句。总之，在后现代语境中，观念影像叙事修辞是游戏式含混多义的。

后现代场域中的观念影像

“后现代”的艺术总趋向是致力于消融与解构一切，否定艺术之间的鸿沟，消融了精英文化与大众文化、高雅文化与通俗文化的差别，导致文化的大众性与随意性，使大众文化趋于平面化与游戏化。观念影像也不例外，追求平面化，反对一切深度模式，达到一种轻松享受的目的，影像用表层和现象取代了深层和本质，企求人物、时空、观念的平面化，使影像向世俗文化、商品文化、消费文化发展。由于观念影像的可复制性，摄影在艺术门类中被一些人斥为低俗艺术，因为这一特性，观念影像的消费性彰显得尤为突出。而实用影像，如人像、商品、汽车也因可复制性，快捷地达到了其商业目的。随着社会发展与科技进步，当代人的困惑和困境变得更加现实和琐碎，对于现实无奈的幻觉与迷惑越发浓郁，使观念影像的后现代特征更为突出。观念影像除了传达出都市人的漂浮感和不确定性外，还对我们过去习以为常的价值、伦理、社会和历史观念做了调侃式的嘲讽。一些影像甚至故意让人物在庄严神圣的地方开着世俗的玩笑，采用反讽、戏谑、类型混杂、滑稽模仿和“元叙事”解构等后现代主义手法。

观念影像作品的平民化、去中心化和反精英主义等颠覆性意义，虽然并不带有多少对精神生活的关注和个体复杂感受的人文关怀，有时仅仅是为了嘲弄和戏谑，或急于表达创意者自身对于现实的不切实际的结论，但在20世纪90年代后后现代语境下的观念影像作品中，呈现的是更为复杂多元、多维的现实“生态”。

市场化文化叙事策略

观念影像市场化叙事策略意味着观念影像将失去更多影像创意者的个性特征，更多地从市场规律下的消费需求出发，顺应市场需求，文化的非差异化则体现在经济全球化的利益驱使下的文化认同，尤其是在审美方式、态度和趣味等方面的认同。后现代语境下，观赏者不再满足于现实主义的审美趣味和现代主义给人们带来的震惊与思考，更渴望新的文化产品形式——平面化的，无须思考，不再客观的观念影像，人们的审美趣味由实用性完全走向了消费性、娱乐性，因而需要有人创作出适合差异化，打破地域的观念影像。

观念影像所展现的文化内涵的非差异化策略

即市场化的形式在文化、艺术及意识形态领域几乎无所不在。为获得全球市场，观念影像的叙事用东方情调和故事包装西方的文化内涵已成为观念影像走向“全球化”的策略。当下的观念影像，与其说是趋同，还不如说是东方观念向西方的主动求同，是在市场与利益驱使下的主动求同。观念影像的市场化导致了观念影像叙事、商业性消费与市场化运作趋同，表明其在影像市场上迈出了重要一步。

观念影像的商业消费特性则意味着其叙事一定会走向市场，当传统影像仍着迷于过去时与现在时的记录时，观念影像则不再看重纯粹记录，而是强调现在与将来的表达。这种表达的商品消费特性，让观念影像创意者不得不放下架子，揣摩受众的“胃口”，找准市场切入点。有意识地取悦观赏者的娱乐心态和商业消费个性，利用一切表现手段与方法加强作品的表现力，丰富观念影像的叙事技巧。如果没有观赏者心甘情愿的“凝视”，观念影像的观念“询唤”就不过是一种无对象的“自言自语”，一种没有结果的“独自等待”。而没有市场回报的生产创作也等同于一种花钱买自杀的疯狂行为。此时，传统影像则仍在经典叙事策略与规范的束缚下，刻板地进行着“记录”与“再现”。

影像—观念—权力

影像设备的观看也是一种权力，影像的观看也时常集中体现出当代话语中知识与权力的争斗。于观念影像而言，“观看”不再是一种纯记录方式，而是被作为一种权力释放，而“被看”意味着无力的一方和被动攫取的景观。这种权力已日渐为大众所拥有。纯技术性的“匠人”式摄影已不再权威。观念影像常突破常规叙事方式，通过破坏传统的叙事方式来达到个人化风格的目的，主要基于观念影像不再专注于传统的记录，而是加强了自己“观念”的讲述，方法与手段的创新与突破，更多倾向于让观赏者去思考与判断。另一方面，观念影像更注重影像创意者“观念”的叙述。

第二节　观念影像的表意方式与视听叙事创新

▼ 观念影像表意的数字化

观念影像的“观念”必须由影像来表达，借助于常规的影像手法是最基本的，此外，它要使观赏者从视听觉上认同影像文本和故事，创新和突破传统影像的人称、视角和结构，于是，观念影像就不得不借助现有手法之外的其他的表现手法。

基于数字与高科技的影像叙事方式

传统影像的经典叙事语言成为观念影像首要的改进对象，数字技术、高科技、电脑特技的运用，使影像的创作、传播和观赏方式都发生了很大变化。数字技术的介入无疑为观念影像的想象与表达插上了梦想的翅膀。尤其是进入大数据的“云时代”，电脑及其存储所显示出的近乎无所不能的威力，使得影像不但能够复制、揭示和记录，而且可以呈现人类梦想中的另类世界。想象力为观念影像创作提供了前所未有的天地，同时也不断地改变受众的视觉标准与视觉习惯。

数字影像重在表达，已成为观念影像创意者的共识并得到广泛应用。目前，这一趋势越演越烈，甚至成为观念影像与传统影像区分的标志。但是数字技术也是一柄双刃剑，在为影像带来变革时，也为影像美学、影像创作和影像理论带来了危机。对于观念摄影师而言，缺乏的绝不仅仅是数字技术、金钱，而是缺乏艺术的想象力与创造力，缺乏对本土生活的热爱、体验、思考和真诚，更重要的是缺乏观念影像评价的体系和标准。

观念影像对影像思维与影像美学的拓展

以数字为基础的观念影像重在对当下影像创意者的“观念”、边缘人物、当下精神状态的评判表达。在摄影思维上需要拓展的是，观念影像先有“观念”，再去寻找记录与表达的方式，与传统影像最大的区别便在于此。数字技术可创作出当代生活中难以看到的视觉奇观，用PS或其他图像软件“创作”的图像去表达对现实或未来的看法与评价。观念影像用影像想象力去表达一种思想或观念，把复杂或简单的主题用影像的方式表现出来，数字手段与高新技术成为观念影像最重要的创作手法。

由于影像的创作、传播和接受方式的变革，导致观念影像的美学评判先于影像的创作而存在，而不是在摄影之中形成。我们生活在一个信息越来越多而意义越来越少的世界。观念影像的美学评价在创作之前就已形成，创作时只是用表现手段表达“观念”即可，精确与否，取决于观念影像创意者的文化结构、艺术思维能力、审美态度、科技素养以及数字整合能力。

被“强化”的摄影技法

法国思想家鲍德里亚在《消失的技法》一书中说：“消失的技法”可理解为主题、对象、影像技法的消失，剩下的是纯粹的存在性，“把意义和语境从对象的周围全部剥离干净”，以此来表现“客体自己想要表达的面貌”，让影像有一个观赏者可以长时间凝视阅读的空间。影像中的“刺点”要有内在的逻辑性。鲍德里亚所说的“消失的技法”对于当时的影像创作来说略显激进，与罗兰·巴特的“零度写作”观点一致，可理解为传统对影像和对观赏者影响的消失。观念影像正好与此相反，技法不仅没有消失，反而得到了无限的强调，因为技法、技巧对于观念影像来说只是表达“观念”的手法，这种手法可以根据“观念”内容去选择，“观念”才是内容，技法只是形式。镜头、光线、色彩、构图、造型等都是为影像的观念表达而服务的。不仅如此，观念影像还会融合影视、雕塑、音乐、绘画等各种艺术的表现手法进行表达，技法可谓多多益善。

▼ 观念影像记录与传播“呈现”的转变

观念影像表意的三大转变

观念影像由社会化记录到思想观念表达的转变主要基于对传统影像“真实”的冲击与质疑。观念创意者的影像表意由“被动”记录到“主动”表现，由客观“发现”到主观“表达”，由对“过去”的评价到对“将来”的预测转变。这些转变主要体现在观念影像在5G时代的自主叙事策略——由社会记录到观念叙事转变，观念摄影师立足于文化的高度，关注人与社会的关系，关注人与环境的命运，在影像中通过客观记录或主观造型的布置，处理事实、人物、情景、故事等表意素材，通过对影像的材料做形象化、情节化、戏剧化的营造，以具体的形象来表达创意者内在的观念。

媒体传播与影像“呈现”的表意转变

摒弃社会、经济、文化与意识形态的变化，数字化导致的影像创作、消费、传播、内容与流程五个环节的革命也是观念影像表意变革的重要原因。目前，纸媒的囧态与视听媒介的兴起消解了传统媒介，新技术支撑下的数字媒体形态，是从生理与心理角度出发，融合视听触觉的互动无边界媒体，表现在消费者心理上有四种特性，即参与性、选择性、消费性和主动性。这就导致影像的“呈现”与观看方式发生变革，如巨型尺寸影像设备的芯片、4D 及全景影像等。影像继文字之后成为最通用的交流工具和世俗化的生活方式，传统影像已成定型的常态，观念影像则发挥其表达的特性，成为生活方式的主流。生活中很多用一段或长篇文章无法说明的事，一张照片就可以准确表达清楚。而过去拿着影像设备四处寻找影像的创作方式，也转化为人们用手机主动表达了，小到人的喜怒哀乐，大到社会剧变，影像都是表达的重要手段。这里传统的现在时与过去时影像记录已无法胜任社会主体的表达需求，对于现状与将来用“观念”影像去评价也就应运而生，表意的转变就不可遏制地到来了。

▼ 影像的电影化表意转变

观念影像的微电影化叙事手法

体现在观念影像的创作上，从编、导、摄、美、化妆、服装、道具等各方面都以电影的样式进行“类”模仿，具有几个明显特征：一是微观看，即呈现出零碎、片段式微观看状态，无须影院的仪式化观看；二是微长度，目前以标准电影长度的一半为极限；三是微周期制作、微投资；四是微屏幕，即以手机屏幕传播与 PC 屏幕网络传播为主；五是微情节，这也是观念影像动态化的显著特点，让影像的“观念”说得更具吸引力，更有视觉冲击力，尽可能采取一切可用的表意方式，让画面的叙事功能无限放大，影像极致地运用某些符号元素反映时代背景及人物关系、性格特征，甚至情节的发展变化。将受众最感兴趣的部分无限放大，以期与受众达到观念理解和情感共鸣上的一致。

【实训与练习】

1. 以具体案例分析、说明当下观念影像的创作应用与艺术表达。

2. 分析“图片电影”的概念与现象，并剖析其市场应用与创作之路越走越窄的原因。

3. 如何看待、怎么运用观念影像中“消失的技法”和“强调的技法”两种创作观念？

4. 尝试用观念影像的手法拍摄或制作一段短视频，表现“人的本质是社会关系的总和”这一概念。

5. 用观念影像或 30 秒的短视频表达你对未来视听媒体的判断。

第十一章
微电影语言叙事与表意模式

11

微电影是相对于标准电影而言的视听媒介，但叙事结构和影像表意及传播形态上与电影相比有六个差异性特质，本章着重从叙事结构与影像表意两方面对微电影的当代传播特性进行分析，甄别两者质与形的差别。

我们一直被叙事所包围，世界以一种叙事的形式展现在我们面前，叙事成为电影制作人和受众构成传播体系中的一部分，研究微电影叙事策略与表意方式不仅可以发现微电影在发展过程中存在的一些问题和不足，还可将微电影故事情节的戏剧性、现实性和艺术性提炼成一种现实可行的模式，从而获得对微电影的技术和符号元素的叙事价值再认识，进一步了解微电影的微观叙事方式。目前微电影的编、导、摄、美、录、化妆、服装、道具等各个方面都以电影样式进行类型仿制，因规模的“微”与传播的差异化而呈现出业余电影的叙事水准，具有五个鲜明特征：一是微观看，即零碎、片段的微观看状态，无须影院仪式化观看；二是微长度，约 5 至 10 分钟，最长以标准电影的一半为极限；三是微周期制作（3-5 天）和微投资（几千至数万元）；四是微传播，即以手机传播与网络传播为主；五是微情节，这也是微电影最显著的特点，有起、承、转、合的情节特点，不是纯粹的风光与广告宣传片。

第一节　微电影叙事结构

▼ 微结构情节冲突的夸张与铺垫的淡化

微电影在叙事方法上经历从所谓“大”叙事——“春秋笔法”到“小”叙事——开端与结局大幅度压缩的转变，过程几乎省略，而用几乎所有的时间集中地铺张和展现高潮。“小”叙事受叙事时间的限制。因此，对故事的背景、人物性格叙述略去不计，其结构呈现的是纯粹发展以及高潮和冲突，叙事虽有一定难度，但影片可用字幕和旁白来表达，画面、字幕及旁白或音乐起到集中叙事作用，其专业的结构叙事交代，略去了环境及背景，只呈现典型的场景。其主要笔墨花在对人物内心的刻画以及高潮情节的构造中。结构张力和节奏技巧是微电影叙事的首要手段。结构张力是为了吸引观看，节奏技巧是为了讲好故事。微电影的叙事要符合现代人的心理特征和网络、手机等媒介的传播特性。内容要通过故事情节的内在矛盾冲突或人物内心情绪的起伏产生；形式上可充分利用电影多样性的表现手段去创造。微电影要做到悬念迭出，险象丛生，除了增强镜头与画面的切换，加快节奏外，还要处处充满着张力，才能丰富情节，拓宽叙事空间和增强艺术表现力。

好莱坞经典叙事的浓缩与再构

微电影对于经典电影的叙事再造用尽各种方法，无论是冲突与高潮的布局，还是首尾的呼应以及后续悬念的设置，都将电影叙事结构做了优化浓缩。经典电影的光效及大场面，微电影无法企及，但叙事上的模仿与复制成为常规手段。受众在相对短暂的时空范围内，除了画面欣赏之外，就是在结构上要尽快吸引受众融入叙事情节之中。情节冲突必须在影片前一分钟全部呈现出来，无须过多的渲染与铺垫，否则就会失去影片吸引眼球的效果。

▼ 微叙事悬念设置

传统电影叙事，为使受众快速融入故事情节，多为线性发展模式，即“开端—发展—高潮—结局”。但微电影叙事因时间限制，在结构上让开端与结局尽可能压缩甚至省略，而以大篇幅展现高潮。微电影所展现的语境与受众期待的视野是相似的。微电影悬念的设置主要通过叙事结构的调整和画面的调度实现，从而刺激观影兴趣，满足受众观看的期待。在悬念设置上，将某些常规信息与画面忽略或适度缺失，将某些重要信息和画面进行彰显与突出，这是微电影对时空上所受限制的一种策略。信息选择是一种基本手段，否则过量的信息与画面会让微电影长度与信息发生膨胀，这在制作成本与叙事上会造成一种过度“浪费”，受众也没有耐心陪伴影片唠叨下去。画面或信息的缺失要合理巧妙地转化为悬念，成为影片叙事张力的一种调节剂。从画面语言看，类似于动画片的跳帧，应将无关紧要的过渡、转折略去，画面干净利落，又拉伸了结构张力。信息的忽略则在结构上巧合格式塔叙事方式与技巧，让叙事简洁连贯。目前，微电影信息和画面的忽略与选择主要体现在故事和人物的背景上，失败的地方也在于此，因取舍不当，导致结构失衡，最终影响到叙事表达。这其实是由导演的人文素质与视听媒介素养基本功所决定的，与影片本身叙事无关。也难怪目前不少微电影影片成型完成后，创意者又剪辑出好几种版本，因为他们无法选择他们想要表达的重点与焦点。微电影一定要有可以与受众及时呼应的“悬念核心”。这个“核心”可以是历史的，也可以是现实的，真实也可，虚构也罢。“悬念核心”一定要关注人及人的生存状态，融入创意者更多的主观评判与公众的共同认知，通过个性化表达和创造性结构营造，使微电影行走于纪实与艺术之间。现实生活是一种真实、客观的存在，公众与创作主体对生活的观照和认知，也是现实生活的组成部分，导演总是借助现实生活中的事物去外化其主观思绪，用放大、比喻、象征等手段去处理。微电影在叙事结构上有更大的选择空间，围绕一个“悬念核心”，多角度与多视点去审视，用多种方法讲述，激发受众的视觉欲望。在微叙事的悬念设置中，高潮是微电影着重渲染的部分，故事和人物内核成为影像推进情节的重要元素，在较短时限内用简化的“悬念—满足”模式，潜在地交代人物性格，释放结构张力所营造的思想内核。

图 11-1 影像截自大型数字高清纪录片《圆明园》中的一帧，内容为圆明园的蓬岛瑶台，该影像的实际景观目前已不复存在。

在感官直觉层面，任何一种新形式，都要借助于传统手段来表述自己。软件图片单幅为影像，多幅则为动画或影视，其仍以图片为载体，其超乎寻常的想象力以及极度敏锐的科技融合能力，将传统影像与数字影像远远地抛在后面，软件图片有非理性表达、非线性

图 11-1　影像截自大型数字高清纪录片《圆明园》中的一帧，内容为圆明园的蓬岛瑶台，该影像的实际景观目前已不复存在

逻辑、非常规呈现等特点。

在技术技法层面，静态影像一直以来存在视觉、平面、静态、感光材料（芯片与胶片）、肉眼、设备六大主要局限制约，如何更好地用新的形式与载体表达诉求，以及如何用电脑或其他形式的影像呈现展示人类社会极为复杂的问题，是影像创意者要考虑的重点。当下，各种影像软件不仅直接对图像进行处理，更是借助于各种方法、手段来更准确地表达思绪与情感。软件图片所用的新技术，尤其是电脑影像制作技术，可完全脱离现实影像而产生。

软件摄影将诸多摄影技术与艺术问题用编程方式，把原来分散的个体经验和技术集成为一个通俗的摄影软件，最终达到影像的目的与效果。软件开发商从编程角度解读摄影技术和艺术，使摄影成为一个有效的直接摸索、解决社会问题的程序与软件。其实质还是摄影的功能延伸。

在文化人文层面，从流程与成本角度看，软件图片目前并没有降低影像制作成本，但其可复制性，将迫使一些适应社会需求的作品呈爆炸性增长。在经历工业化后的社会转型期，社会结构会有基础性改变，软件设计者把整个社会当作编程平台，用软件格式的制作与流程来解决摄影师所面临的共同问题。从工具融合角度看，类型摄影其实就是把摄影实践中积累的经验带到电脑编程里，把原来个体摄影者的创作过程，用固定格式编入程序并给予格式化处理。从摄影本体看，类型摄影忽略了有个体色彩的东西，留下程式化的“可复制”的共性，对于后机械复制时代的摄影而言，这就是进步。

▼ 微电影的视听叙事结构

非线性和跨媒介叙事结构

这一结构特征其实是同视听媒介相伴而生的。我们无须赘述视听媒介的新特征以及微电影的诞生与演变，视听媒介传播特质决定了微电影的叙事结构异质，形成其独特形式。微电影传播与传统电影传播方式略有区别，在“5W”的传播模式中，交流传播开始从“广播”转向“窄播”，从以传者为中心转向以受众为中心，突出非线性叙事结构，更注重反馈效应，受众观看后既有互动又有反馈。这种互动体现在观看之后再传播：或评论，或微博，或转发，用点滴几字略作评述，不耗时，不费劲，既可将观看体验与生活感受融入其中，又成了微电影二次传播与消费的源头。微电影因其传播途径与传播载体的不同，不局限于影院或电视屏

图 11-3　影像来自美国 20 世纪福克斯公司（Twentieth Century Fox, USA）制作的动画片《冰河世纪》的截图

在文化人文层面，主要是影像创作理念的变化。摒除技术因素，曾有一段时间，较为流行的观点认为，摄影本身不是艺术，但能为艺术所用；摄影史就是观念的历史，所谓的摄影理论与摄影美学并非基于摄影而形成，而是人类思想遗产中可以为摄影所用或给予摄影深刻启示的部分。这一说法，并非空穴来风，而是当下摄影理论体系不健全与理论的严重贫乏造成的。在时代裹挟之下，科技进步导致摄影本体发生变化，摄影从“照相”（take）、“造相”（make）到“虚相”（fake），影像成像方式因科技的进步以完全不同的方式发生着改变。受其影响，当前不少摄影师放下相机，用其他方式进行创作，运用合适的材质与展示方式随心所欲地制作图像，表达自我。

在技术技法层面，影像的主观表达特性已远超其客观记录特性，实现了胶片、数字摄影手法无法完成的表达，摄影师不再被动用相机去发现，而是主动地把“软件”当作工具，对其改造升级，把胶片与数字技术融合起来，以明室方式表达过去与现在，讲述虚幻的虚拟现实与不可知的未来。当下也有人提出在“云媒体”的概念下建立“语言图片库”，将用高科技“拍摄”制作的“字图片、词图片、文本图片”融汇成全球通用的交流“语言”，日常的交流与表达，只需输入“字图片”或“词图片”即可。

在对象主题层面，软件照片对于影像而言，是一次基于高新技术的新机遇，让影像语言步入全新的发展之路。从摄影本体看，摄影已从记录工具转变为语言工具，任何媒介都可将摄影作为表达语言；影像由一种独立的艺术门类，转化为一种文化，并再度转化成一种生活方式，深深融入现实生活，并成为现实不可或缺的一部分。

在对象本体层面，影像不再囿于胶片摄影与数字摄影之内故步自封，使影像语言表意在由“被动”记录向“主动”表现转变，由客观“发现”向主观“表达”转变，由对“过去”的评价向对“将来”的表述转变。三大转变既是软件图片提出的要求，也是对胶片、数字摄影的要求。软件图片摆脱了摄影的记录特性，时间与真实性已不重要，重要的是表达。

▼ 商业元素的艺术性构架

微电影自诞生之日起就具有电影与广告的混血特质，微电影是网络视频、互联网和数字媒体技术发展到一定程度后出现的新媒介形式。它充分利用了传播变革带来的“红利”，以较低成本打造一种宣传效果极佳的宣传案例。目前，这已成为微电影的惯性思维定势，定位于广告角色的微电影，本身就具有浓重的消费推广意味，广告投资方从商业角度深度发掘其广告传播特性，将广告与视觉主题内容融合在一起，利用微电影为品牌服务。这种叙事策略与受众地位的变化有很大关系。因为传播重心已从传播者转移到受众那里，受众的接收效果才能检验传播的目的。当受众主动积极地寻求自己所需要的信息时，微电影正好迎合了这一需求。微电影既有意识形态宣传品特性，又有文化商品特性，要想被受众“消费”，就必须满足受众的需求。受众的满足程度越高，其传播效果越佳，市场也就越大。因此，优秀的微电影总是善于运用叙事技巧来获得受众的认可。

第二节　微电影影像表意方式

微电影作为一种视听形象[①]，创意者借以表达思想、宣泄感情，进而与受众进行视听交流，其表意方式既可以记录现实进行写真，也可以剥离现实进行虚构。微电影的完整意义表述，无论客观记录还是主观表达都有导演个人的认知、感悟和理解，都是从现实中撷取素材，经过选择、加工与组接，用视听影像构建观念进行表达。微电影的表意动机，也使作品成了创意者与受众的交流媒介——因视听媒介克服了交流的单向与互动问题。但影像“表意”时，它的物质载体和表达形式，与人类的普通语言存在很大的差别。微电影是一种直接呈现的视听媒介语言表达，与文学语言不同，是没有自己固定“词语”的特殊的影像表意形态。因

① 刘洁，纪录片的虚构[M]，中国传媒大学出版社，2007 年 1 月 1 日。

此，建构在数字与高科技基础上的“影像表意”手段，从本质上构成了微电影自身所具有的不同于日常普通语言的独特的表意方式。

▼ 微电影的“春秋笔法”与意境象征

“春秋笔法”

原指孔子首创的一种文章写法，语言表达不露山水却能微言大义，所谓“露其要处而藏其全”，将不宜明说或不愿直说的意义以含糊或闪烁其词的形式含蓄委婉地表现出来，却仍然起到明确表达的作用。主要表现为：一是欲说还休，以少引多；二是不著一字，以无胜有；三是烘云托月，以彼写此；四是设想幻化，以虚寓实；五是语近意遥，以浅藏深；六是背面敷粉，以表掩里；七是奔腾跳跃，以点代面。

微电影的“春秋笔法”

多采用影像的对比手法并列表现，把悲剧的场景用喜剧形式表现出来，以正话反说的戏谑手法进行表达；或是在滑稽与悲悯氛围中表达庄严与神圣；或用浅近通俗的声景迭设悬念，将读者引入彀中，从浅中悟深，在有限的画面之外创造出广阔的艺术天地，从而收到语近意遥、言短味长的效果。微电影中，有的表面影像是虚假的，而将内在情感隐于其后。微电影画面跳跃飞腾，引导受众思绪补充略去的空白，构成意境，组成完整的画面。即使省去开端，挖掉中腹，删除结尾，但事情的来龙去脉，感情发展的线索，依然隐约可见。这种“不露山水”的技法，似乎与数学上的两点定线、三点定圆等法有相通之处。微电影的“春秋笔法”以点代面地表现细微的视觉、听觉、嗅觉、意觉，不仅描摹现实，也反映主观评价，突破了时空界限，让思想和情绪奔腾起来。

微电影的意境象征

微电影视听影像的表意更具后现代社会特征，受众因工作节奏快、竞争激烈，原本完整的时间日益碎片化，而一切可利用的碎片时间，不断被网络视听影像所挤占。而微电影因情节紧凑、结构简单、时间短，符合后现代受众的接受心理、生存意识与生活节奏。继影视网络化、抖音、直播、微博之后，微电影影像叙事较传统的文字表述更具活力与生命力，并能迅速传播。微电影抛弃了电影的诸多功能，但仍具有电影特质，这种特质就是通过其影像语言微言大义来实现的。从商业角度上看，微电影的微言大义是从受众的心理角度诉诸实现的，受众观看后回味，实现其视听语言层面的表达，而当受众在思考的空隙，其商业目的已经实现。微电影可以直接表达对当下社会政治和文化的关注，承载了多层次的文化内涵和精神诉求。微电影对视听影像的表意方式发生变革：一方面，微电影突破了后现代主义影像表达惯例与艺术语言的逻辑，采用个性化方式，找到了视听影像的新鲜感和令人震撼的视觉效果；另一方面，运用视听影像的暗示、比喻、象征功能，让影像与其含义表述之间建立随机性联系，微电影导演试图通过随机性，将个人情感与思想的表达以纯粹化方式直接地表现出来。微电影的表意诉求是通过视听影像的画面形象，超越画面的实际内容向观看者传达自己的思想、感情与意识。

▼ 表意范式：字思维→词思维→图思维→影像思维的演变

受时长限制，微电影采取一切可能的表意方式，让影像画面的叙事功能尽可能放大，影片极致地运用某些符号元素反映时代与背景，以及人物关系与性格特征，甚至故事情节的发展变化。影像的叙事功能之一，就是将受众的兴趣点无限放大，以期与受众达到情感共鸣。欧阳友权在《数字传媒时代的图像表意与文字审美》[①]中指出："汉语创作的执笔书写使用的是'字思维'，即点、横、撇、捺连字成篇的体验式思维和意象积淀的感悟式思维；电脑写作使用的是'词思维'和基于机器程序操控的技术逻辑思维；'图思维'是以图像方式感知和把握世界的思维方式。"欧阳友权道明了当下视听媒介兴起的内在缘由，数字化视听媒介最大的特征是图像表意，当下受众早已习惯"图思维"，弱化"词思维"，丢失甚至格式化了"字思维"。

早已有人用图像学的方式来直观地表达抽象的逻辑与理念，从而消解了语言

① 欧阳友权，数字传媒时代的图像表意与文字审美[J]，学术月刊，2009年第6期。

类艺术作品晦涩难懂的阐释与发掘，用视听直观的图像强势遏制了文字表意的审美空间。我们必须用图像符号或画面语言来表达，给人一种轻松表达的愉悦。然而“图思维”也有不足与缺陷，就是表意的不准确性。罗兰·巴特的“知点”与“刺点”理论认为：影像创意者具有对主题的可控性和对细节的不可控性①。对于影像细节表意的理解，不同的观看主体会有不同的理解接受方式，其实也即图像的多义性。正因为此，却也更好地迎合了微电影导演对于影片主题的隐藏，以满足观看主体多元化的窥探欲望。当下微电影的图思维简化了人与世界之间的审美关系，调整了人对世界的审美聚焦，改变了人对外物的观察、体悟及表达方式，进而影响了人类的艺术思维模式。

▼ 影像的完形表意与视觉想象

相比于传统电影，微电影无论形式还是内容都是一次“解放”，其形式改变了信息传递的单向性，而主题在更大程度上决定着微电影能否成功。格式塔（Guestalt）视觉规则（即完形心理视觉规则），从生物与物理学的角度，用整体与简化、张力、同构式影像进行整体但不是机械地复制记录。对事物式样（即完形式样）的把握，强调事物的完形式样，将观察到的特征纳入一定的形式结构之中，而不是客观事物的外形，以尽可能少的结构特征把复杂的材料组织成一个有序的整体，通过主体的心理需要与记忆图式对现实画面图式进行改造，忽略其某些特征，突出其某些特征，从而达到貌似神合的效果。通俗地说，就是用最少、最简洁的画面，概括最丰富的内涵，达到少而精的表意效果。导演除了节约成本与时间外，还给微电影埋下深长的韵味。微电影影像的表意，在关注世界的视角、视听传递的手段、表达意义的方式等方面呈现出自身的独特性。创意者对社会认知、对生命理念、对内心情绪的主观表达，即使是“直接电影”似的呈现，其中也包含着主观性重构——如材料的选择、拍摄的角度、剪辑的重构等。这是一个宏观、宽泛的概念，它含蓄、内隐地存在于微电影的创作表达之中，成为视听影像的一

① 于贝尔·达弥施著，董强译，落差——经受摄影的考验[M]，广西师范大学出版社，2007年，第7页。

种辅助表达和呈现手段，弥合了感性与理性、知觉与思维、艺术与科学的鸿沟。

▼ 微电影的本土化表达和画幅的超电影特性

微电影受热捧的另一个方面是其表意的本土化表达与画面的超电影特性。从本土化表达上看，微电影以都市青年群体作为受众主体，选择并突出当下社会的某些内容，从而使这些内容引起受众的关注。大众传媒从社会现实中挑选一部分内容和主题加以广泛传播，从而影响受众对该主题的思考。大众传媒往往不能确定人们对某一事件的具体看法，却可以通过话题与传统主题来左右人们关注某些社会现象。视听媒介语言的本土化表述，对于微电影的主题选择有至关重要的作用。反映时代进步和真情实感的本土化影像无疑能够引起受众感情共鸣。传统的大众传播理论同样适用于新媒介下的网络传播，并影响着微电影的传播效果和点击率，从而影响着主题的选择。但有些微电影却独辟蹊径地绕道传统电影，刻意追求形式美等视觉享受，而忽略了对主题的精心选择，最终导致传播效果不佳，达不到预期目的。

微电影的超电影特性主要是由其自身特性决定的，其显著特点是近景和特写的运用。在传统电影画面语言语法中，叙事的任务往往由全景和中景来承担。微电影由于受时空所限，其播放平台与呈现方式主要是网络与各类小屏幕，受众主要通过各类屏幕甚至更小的手机屏幕来观看。远景画面在小屏幕上几乎无法读取有效的信息，远景画面信息几乎处于缺失的状态，全景和中景在小屏幕上的传播效果也会大打折扣，因此，近景和特写承担了叙事的主要任务，同时增加了画面的抒情作用。微电影的超电影特性还体现在其他方面，如近距离观看、短时间审美、无听觉震撼等。这既是微电影的短处，也是其长处。当下微电影大有可为，而并非“唯电影马首是瞻”，有着广阔的发展前景。

【实训与练习】

1. 把你看过的某部电影中的经典片段剪辑制作成30秒的微电影，再用口述方式作对比描述，由第三者分析判断微电影的意义表达是否准确。

2. 用影像的“春秋笔法”拍摄制作一部微电影，要求有故事情节和人物，且时长不超过90秒。

3. 把一部动画片剪辑制作成3分钟的微电影，对比原片，分析微电影的叙事策略。

4. 用影像的“视觉完形”叙事方式拍摄制作一部60秒的微电影，分析其表意特征。

5. 口述训练：把一部电影用3分钟时间口述出来，由第三者根据电影内容判断你的表达是否完整准确。

第十二章

视听媒介语言的叙事转换及创新

12

对视听媒介语言的符号研究较系统全面，但对其叙事技巧与特征方面却少有涉足，不少人或借用文学叙事技巧，或依靠技术叙事能力，多方突破视听媒介语言的叙事局限，但至今未能确定语言叙事的范式与模板。视听媒介语言的转化与困局突围，需要影像创意者做出更多的探索，也需要受众视听媒介素养上的培养与影像思维的训练。视听媒介语言是一种实用性极强的语言，但在实际运用中的表现却不能令人满意，未能准确表现视听媒介语言的四种言语综合形成的精准语意。

创意者完成影像创作后，创意者编码表达的语意应与受众影像解码阅读的语意做到基本吻合。精准表达是对视听媒介语言的一个基本要求，从文学作品改编的影视作品，影像语言所表达的语意与文学作品表达的语意完全不同，当然要排除编剧或导演的故意所为。只有能真正展现出原著或被摄对象的本体思想的语言，才能体现视听媒介语言叙事的魅力，这其中存在诸多的迷惑与困局。

视听媒介语言具有形象感官的直接性与具体性，其意义暧昧多义，缺乏从整体上、本质上把握世界的能力[①]，当代视听影像运用数字特效技术拓展了视听媒介语言的叙事能效与功用，新技术手段仍将关注重点置于"文字"与"影像"的符号层面，静态影像通过文字或动态呈现方式叙事；"电影则包含了影像符号的三个方面：指示性、肖似的和象征的"[②]。但很少有人对视听媒介语言的叙事功用进行深度剖析。

第一节　视听媒介语言的叙事转换及运用

▼ 高新技术场域中的视听媒介语言

高新技术拓展了视听媒介语言

视听媒介语言的传统表现方式一般多用镜头语言表达，高新技术让视听媒介由镜头语言向屏幕语言转变。视觉科技如 VR、AR、MR 等技术改变了传统的表现方式，转向以屏幕语言为主的表达与表现，而数字设备的超高清化及其迭代与制作手段的创新等，最终都以屏幕方式加以呈现和表达。基于视听媒介语言的镜

① 江逐浪，影像叙事语言对当代文学叙事语言的转换困顿[J]，现代传播（中国传媒大学学报），2015年第12期，P83。

② [法]克里斯丁·麦茨等著，李幼蒸译，电影与方法——符号学文选[M]，三联书店，2002年版，第108页。

头及构图、光效、明暗等同样构成屏幕语言的元素，仍是重要的造型、渲染、表情达意的屏幕语言。

声音元素的叙事创新

声音元素创新的最新成果是声景（Soundscape）[①] 的创新与实践。声景是指特定区域能为人感知的所有声音，包括自然之声与生命之声，又分为基准声、信号声、标志声三类。视听媒介语言的声音元素最能体现语言表达的现场感与氛围。当然，声音创新总是围绕影像表达而伴生的。一方面是音频 App 商业模式营造了全新的音频场景，如蜻蜓、喜马拉雅、苹果 iTunes 模式，这些跨网络、广播、手机媒介融合各种内容的“付费 + 广告 + 硬件”模式广为流行；另一方面，“互联网 + 声音”提升了用户体验的人声、音乐、音响、音调、音色、力度和节奏等，声音元素成为视听媒介，尤其是影视重要的语言元素。IMAX 银幕、4D、4K、8K 等技术快速应用于视听媒介中，从而让屏幕语言的表现力不断增强。传统视听媒介主要运用受众的视听觉感知进行叙事。而触觉、味觉、嗅觉等感知功能也在不知不觉中发展成一种屏幕语言元素，由此延伸的动感、空间感、时间感等也逐步演化成屏幕语言元素，在更多维度上拓展了视听媒介语言。

CG、VR、AR、MR、CR 技术丰富了影像叙事方法

镜头语言在 5G 时代的影像叙事中一直占据重要地位，但由于网络与数字技术的迭代更新，视听媒介的消费主体由创意者转向受众，受众消费的呈现方式（即屏幕语言）占据了视听媒介的主导，镜头语言或画面语言已触及语言表达的“天花板”，但传统镜头的剪辑、蒙太奇等技法，仍局限在创意者的专业技法的表现之中。随着 CG（Computer Graphics，电脑图形）、VR（Virtual Reality，虚拟现实）、AR（Augmented Reality，增强现实）、MR（Mixed Reality，混合现实）、CR（Cinematic Reality，影像现实）等技术的全景式呈现，不仅创新了传统镜头语言的影像表现力，而且新技术的感知多元性、生理沉浸性、即时互动性丰富了影像的叙事能力，又催生了媒介的新形态。同时，还催生了与其相关的立体显示技术、

---

① 因加拿大学者、作曲家莫里·谢弗（R. Murray Schafer）在《声景：我们的声音环境和世界的调谐（Soundscape: Our Sonic Environment and the Tuning of the World）》中的创新运用而流行。

三维虚拟声音、环境建模、虚拟影像、360° 全景视频、球面视频、VR 音频等技术同步发展。技术总与内容相关联，现实需求也总对技术创新提出新要求。如拾音技术改进提升后，出现了有声电影，数字技术的出现就有了数字电影，互联网的出现有了视听新媒介等，高新技术扩展了受众感知世界的方式以及媒介的表达、叙事和呈现，未来新技术的改变或许正在进行或即将推进，技术变革永远在路上①，而政府与企业也在全力推进该项工作②，未来包括 5G 技术在内的机遇正在推进中。

▼ 蒙太奇、抽象叙事及意识流叙事创新

影像意识流叙事创新

意识流叙事一直是视听媒介语言的叙事难点，并成为其语言叙事的瓶颈。意识流叙事原为 20 世纪文学叙事的基本手法，视听媒介语言在故事创意与语言叙事的探索中，开始借用试验，开创了视听媒介语言表达对象内心世界与内在意识活动的能力。动态影像的视听媒介语言在表现意识流方面，已经较为成熟。静态影像方面，一直以来就有不少的探索与试验，也有过不少标称“意识流”的静态影像试验，但这类影像大多是以自身丰富的人生阅历，以静态影像形式表现内心的感受与情绪，强调视觉上“单调与纯粹”以及影像所带来的感受或某种意识。

影像的抽象叙事创新

影像语言的特点就是形象直接，抽象叙事表达一直是视听媒介的“禁区”，早期也有对抽象影像现象进行探索实践，但成效不甚明显。后来，格列菲斯筹

---

① 2019 年 3 月 1 日，国家广播电视总局等三部门联合印发了《超高清视频产业发展行动计划（2019—2022）》，提出视听媒介中的国家发展需求。

② 2019 年 1 月 7 日，广东省广州市政府印发《广州市加快超高清视频产业发展的行动计划（2018—2020）》，目标是投资总额超过 1500 亿元，到 2020 年，实现超高清视频产业总规模超过 3000 亿元、工业产值超过 2500 亿元，推进超高清视频技术加快应用于电视网络等行业，建成“一都、一区、一基地”，即世界显示之都、国家超高清视频应用示范区、国家超高清视频产业内容制作基地。充分发挥广州市新数字家庭行动，推动 4K 电视网络应用与产业发展协调小组的组织协调作用，统筹推进超高清视频产业发展工作。

拍《资本论》，再到 20 世纪 20 年代的先锋派电影运动的各种实验，不停地探索视听媒介语言抽象叙事的理念、能力与技法。此后，瑞典的英格玛·伯格曼和法国的左岸派电影人都探索了视听媒介语言借鉴文学语言的意识流叙事，运用“闪回”“跳接”等传统剪辑手法展现文学中意识流叙事的动态性、无逻辑性与非理性特点，取得了较大的成功[①]。这为视听媒介语言的抽象叙事奠定了一个好的开端，从而突破了视听媒介语言的线性特征。后来，又经过数十年的发展和积累，视听媒介语言对文学语言抽象叙事的借用已极为成功，并将非线性叙事的叙事技巧不留痕迹地融入视听媒介语言的抽象叙事中。在动态影像方面，商业片如《夜宴》《低俗小说》等以非线性抽象叙事特征而为人称道。在静态影像方面，运用图片故事或图片说明的方式，将文学语言的意识流与抽象叙事引入创作中的现象也较多。在视听媒介语言的内部叙事言语中，从形式上解决了影像语言意识流与抽象叙事问题，主要还是从对象本体言语与创意者对象主题言语方面着手解决的，因受影像本体限制，仍是从根本上（即对象的内部叙事问题）着手探索。

影像的抽象叙事探索

一直以来，抽象叙事在视听媒介语言叙事中没有得到很好的解决。视听媒介语言的特点是感性直接，最不擅长的便是抽象叙事。那么视听媒介语言是如何解决这一问题呢？早期，德国的夏德和匈牙利的莫霍利－纳吉及曼·雷等人将物体置于感光材料上直接曝光，再按常规显影后得到抽象的物影影像，最初是平面物影，后来是立体材料的物影影像，再就是萨巴蒂效应[②]形成的中途曝光的抽象物影影像技法。莫霍利－纳吉认为：“摄影从来都被认为是一种毫无艺术创造感的事物，经抽象摄影之后，终于获得了自身力量，发现了自身的根本立场，并树立起客观性的视觉形态，应该作为一种理想的手段加以传播和应用。”他用其实验代表作《埃菲尔铁塔》《宇宙的结构》做了实践论证。

---

① 江逐浪，影像叙事语言对当代文学叙事语言的转换困顿 [J]，现代传播（中国传媒大学学报），2015 年第 12 期，P83。

② 即暗房负感效应，影像既含正影（色）调，又有负影（色）调，最早是法国科学家阿曼德·萨巴蒂（Armand Sabattier）于 1862 年发现的，后来很多摄影家都巧妙地运用这种效应。首次运用且最成功的是曼·雷。一般来说，用负片制作产生的萨巴蒂效果比用照片制作产生的效果更惹人注目。

视听媒介语言的抽象影像分类很特别，有“冷抽象、热抽象、动抽象、半抽象”的分类之说，在实践创作概念上把纯几何变化、没有情感色彩的影像称为“冷抽象”，代表人物为莫霍利－纳吉；将平面“物影照片”有情绪宣泄和热情冲动的影像称为“热抽象”，代表作如美国布鲁吉·耶尔的《刻纸抽象》；将记录暗背景中的光点、光线、光区在影像内移动的影像称为“动抽象”，代表作如美国费宁格的《直升机起飞》，后成为摄影的惯常手法；将20世纪五六十年代借助摄影器材与非标准镜头，以改变形态为主的抽象影像称为“半抽象”，也叫“不完全抽象”，代表作如伊文思的《墙与窗》、布兰特的《女人》、伯克·怀特的《管道结构》等。

抽象影像在视听媒介语言的探索中，经历了“脱离—独立—回归”的发展探索过程。由最初完全脱离物体固有的视觉形态，到“冷、热、动、半、纯”抽象影像形态，再到物体固有的视觉形态的回归，表明影像表现的抽象语法不断丰富；同时，影像的本质再次成为抽象影像创作的目标与归宿。

影像抽象表现手法还可分为慢门抽象、虚焦抽象、延时抽象、物影抽象等类型。5G时代，抽象影像在视听影像创作中运用越来越少，大多转移到后期制作上。

随着影像的数字化发展，相继出现一些新的抽象影像及表现手法，尤其是数字摄影的后期明室制作方法，让影像表现手法更具多样性，其手法可分为四类：一是拍摄之前的，如抠像摆拍、导演、全景抠像、人工置景等；二是拍摄之后的，如拼贴、蒙太奇、涂绘、扫描、装置等；三是拍摄中间的，如老照片合成、前后叠影等；四是纯数字抽象影像，如全部用软件合成制作、结合其他形式综合制作合成。因高新技术发展，还有更多采用后期制作与表现形成的抽象影像。

创新永远在线。2009年，在上海“光路抽象摄影艺术沙龙”上，创意者将抽象影像作为视听媒介语言，融合高新技术，强调抽象理念与观点的表达，将视听媒介语言的抽象表现提升到一个更高远的层次。当前，抽象影像创作实践仍在持续中①。

① 乔芳，抽象摄影在中国当代摄影中的探究[J]，大众文艺，2016（02），P180。

抽象理念在影像中的应用

抽象理念的表达手法在中国古诗词中运用较多，即将现实生活中鲜明的、戏剧性、符号化的影像组合在一起，形成一种抽象观念的表达。如“月落乌啼霜满天，江枫渔火对愁眠，姑苏城外寒山寺，夜半钟声到客船”。月落、乌啼、霜满天、江枫、渔火、姑苏城、寒山寺、钟声、客船，诗中将九幅连续的“文字”视听影像并置，虽无一字表达观念、评价与思想态度，却勾勒出游子晚秋浓稠的乡愁思绪。同样，元代马致远的《天净沙·秋思》，也以九幅“文字”视听影像的并置表达一种“断肠人在天涯”的浓浓思绪。视听媒介语言的选择与生成更能把抽象的思绪与观点表现出来，也即古典文学所谓的“意境”，这里的“境”用视听媒介语言转换即可，用不同的画面组合表达抽象、复杂的理念与观点。现代科技让影像的选择与拍摄更便利，在视听媒介语言中，可以将秦始皇兵马俑、万里长城、天安门华表、青铜器的铭纹、中国古建筑等影像组合在一起，呈现大气恢宏的氛围，从而表现中国文化的博大精深。影像的并置陈列发挥了这种功力和效果，不同类型的组合得到的不仅是两幅影像或多幅影像之和，而且是中国传统文化背景下抽象概念与观点的陈述。

图 12-1　朱塞佩·帕加诺，《破碎的景观》

艺术家朱塞佩·帕加诺把天空的影像和破裂的绳网组合在一起表达一种抽象的理念，即破裂的城市天空景观——“天网”，即使破裂、不完整，也是一种社会景观，从而超越了自然景观的概念，表达出具象之外的另一种意义。

抽象理论的“蒙太奇”的“呈现”

原指电影镜头之间的组合连接关系，最早运用该手法的是苏联摄影家亚历山大·罗德琴科（1891—1956），他创造了将照片拼贴的影像形式，被称为“照相

图 12-2　杰利·尤斯曼，《暗夜之旅》，2006

蒙太奇”。后来，又将彼此孤立的镜头连接为连续的历时线性经历的画面过场时[1]，“蒙太奇”方法才从静态影像拓展到动态影像中，使镜头从空间扩展为时间流动的一种影像组接手法。将蒙太奇镜头并列连接，影像可以像语言一样进行自由的表达。“爱森斯坦曾经试图用蒙太奇的电影语言拍摄《资本论》，把《资本论》中晦涩深奥的理论，通过视听媒介语言视觉转化为简单易懂的视听媒介影像。”[2] 这种想法虽是尝试，但也说明了用视听媒介语言进行抽象表达的可能性。一直以来，视听媒介语言并未放弃对于理论深度与广度的影像阐释。

杰利·尤斯曼把原本没有内在联系的手、鸟巢、树干和人行道等影像组合在一起，表达一种如梦如幻的暗夜象征，而人的思绪就在这暗夜影像组成的具象中畅想，表达了一种虚幻与意义融合的象征。

▼ 视听媒介语言的技术叙事与视觉转换

视听媒介语言的视觉转换

从视听媒介语言诞生之日起，人们就不停地探索试验并颇见成效。在视听媒介语言的四大言语系统中，以对象主题视觉、对象本体视觉、视听技术技法视觉和文化人文视觉这四个维度进行系统描述，如从语言叙事者的角度是创意者对象主题视觉，为第二人称叙事角度；如对象本体视觉为第一人称叙事角度；如纯技

① [美]路易斯·贾内梯著，焦雄屏译，认识电影[M]，世界图书出版社，2007，P423-425。

② [意]安东尼奥·梅内盖蒂（1936—2013）著，艾敏，刘儒庭译，电影本体心理学[M]，中国广播电视出版社，2007，P203。

术视角则为相对“中立客观”的视听技术技法视觉；如历史人文视觉为偏重于宏观叙事视觉。无论是从创意者语言编码还是从阅读者解码角度，视觉的转换都有主客观视觉转换的倾向。因此，其叙事重点也就有所偏转了。

对象本体言语的叙事转换

近年来的影像实践，多偏重对象本体叙事，以第一人称叙述，更有亲近感，也更具亲和力，注重挖掘本体内部叙事的作品较多，静态影像如《新清明上河图》《矿工》等作品，以对象本体第一人称，以影像自身品质细节讲故事。视听媒介语言编码时，对象本体内部叙事多偏重于单一对象元素，视角始终强调同一对象主体的叙事，从不同的状态与形象来表现本体的内在心理。对于多影像、多重对象元素时，一般采用多对象元素内部叙事视角来呈现某一对象的内在特性与本质，此类影像在静态影像中，多采用组图或图片故事来展现[①]。

视听媒介语言叙事对于那些复杂深奥、幽微繁复的抽象对象常常会心有余而力不足。无论如何转换叙事视角，都会面临天生不足与叙事“天花板”，无法像文字语言一样展开本体的内部叙事。影视作品的内部叙事多采用画面跳转、转切等方式，或以旁白或字幕的方式，虽广为受众接受，却仍显得不足与困顿。

技术叙事与视觉转换

这是一个值得长期探讨研究的话题。如在动态视听媒介语言中，以广角镜头从高处缓缓落下，一般表示故事的开始；而以广角镜头从低处缓缓升起，一般表示故事的结束；用特写镜头表现人物情感与性格，用中景镜头讲故事，用远景镜头表现环境与气氛等，还有画幅变化、机位调整等手法。此类视觉转换叙事还有很多例子，如动态视听媒介语言中，推的镜头言语表示“寻找者的视野突然收缩，视野越显有限，强化程度也就越高。观看者感到身临其境”[②]。视听媒介语言叙事需要多种手法与方式融合才能体现出文学或文字语言所不能表现的内在本质，视听媒介语言的内在叙事需要进行综合的探索与试验。

由小说《竹林中》改编的电影《罗生门》，原小说是七个人物叙述，电影影

---

① 参见［法］热拉尔·热奈特著，王文融译，叙事话语［M］，中国社会科学出版社，1990年版。

② ［法］马赛尔·马尔丹著，何振淦译，电影语言［M］，中国电影出版社，1980年版，第137页。

像则转换为四个叙事人物，该电影的影像语言采用更换镜头、机位调度、布光构图等手法进行叙事。视听媒介语言叙事时也有统一的影像视点和影像中的人物对象视点，是以“主观视觉”影像编码叙事语言的。电影中还有如“一镜到底”的叙事方式，如1948年希区柯克的《夺魂索》，技术上尝试运用长镜头进行视听媒介语言叙事的探索，实际上是视听媒介语言叙事转换的另一种角度与视觉。

法国文艺理论家兹维坦·托多罗夫（Todorov Tzvetan）曾指出：“叙事时间是线性的，而故事时间是立体的，故事中可以同时发生多个事件，但话语则必须把它们一件件地叙述出来；一个复杂的形象就被投射到一条直线上。”[①] 多重内聚焦叙事使线性——立体的矛盾增加了一个维度，更增加了影像叙事转化的难度。

客观镜头的叙事转换

视听媒介语言中的客观镜头事实上仍是影像创意者的“主观镜头”，其主观性在动态影像中的表现极为突出，“电影影像叙事中起决定作用的是艺术家的主观个性和客观现实的结合，而这种结合在电影影像中则表现在画面构图和镜头的选用上”[②]。影像创意者的主观性正是借“客观镜头”加以呈现展示的。影像创意者要将自己对于对象主题的言语隐藏起来，尽量让视听媒介语言显得客观中立，这需要在视听媒介语言的四种言语表述中做出选择与平衡，从而突破视听媒介语言叙事的局限，并且以“隐性”形式进行影像叙事的转换。

长镜头与组照的影像叙事转换

长镜头影像语言的运用偏重于历时性影像语汇[③]。长镜头是用景深镜头和场面调度拍摄的动态影像语言，突出影像的历时性所形成的语言的深厚感与真实感。巴赞说，长镜头给电影本体语言增加了厚重力量。他曾以《公民凯恩》《游戏规则》为例，强调用长镜头近焦距扩大景深，将不同焦点的场景或动作按时间线次序呈现出来，构造同一影像的时空，规避了影像语言的强制性主观选择。长镜头影像语言让叙事主体进入了内在深沉的立体空间，赋予影像叙事的和谐视觉。从

① 张寅德编选，叙述学研究[M]，中国社会科学出版社，1989年版，第294页。

② [法]亨·阿杰尔著，徐崇业译，电影美学概述[M]，中国电影出版社，1994年版，第58页。

③ 施冬蕾，媒体影像的语言学分析方法研究[D]，大连工业大学，2011。

语言学角度看，蒙太奇属语用学范畴，强调影像镜头言语的操作性，关注的是人与人互动；长镜头属语义学范畴，注重的是视听媒介语言的审美意义深度，关注的是人与环境的互联。静态影像的组照是用同一影像类型从不同角度表现一个主题，克服了单幅影像的叙事不足。从叙事层面看，组照故事性强，不仅有背景信息与社会环境，更有语意内在的关联与形式感，对单幅影像叙事言语的不足与缺陷给予弥补。

第二节　故事创意突破及叙事转换创新

与文字语言相比，视听媒介语言的叙事探索虽小有成效，但差距甚远。

▼ 拓展创意叙事能力

近现代文学语言叙事变化较大，与视听媒介语言，尤其是影像语言的冲击有关。视听媒介语言在形象化叙事方面独具特色，文学叙事不得不独辟蹊径，推陈出新，不断汲取视听媒介语言的叙事技巧与特点，形成了新的叙事风格。例如，擅长多重视角立体叙事的威廉·福克纳①多方探索，为米高梅、福克斯电影公司写过 20 多部电影剧本；张爱玲在《金锁记》中写道："镜子里的翠竹帘子和金绿山水屏条依旧在风中来回荡漾，望久了，便有一种晕船的感觉。再定睛看时，翠竹帘子已褪了色，金绿山水换了丈夫遗像，人已老了十年！"②这俨然是采用了视听影像的蒙太奇手法。

---

① 威廉·福克纳（William Faulkner，1897 年 9 月 25 日—1962 年 7 月 6 日），美国文学史上最具影响力的作家之一，意识流文学代表人物，1949 年诺贝尔文学奖得主，获奖词为"因为他对当代美国小说做出了强有力的和艺术上无与伦比的贡献"。他著有 19 部长篇小说和 120 多篇短篇小说，其中 15 部长篇与绝大多数短篇的故事都发生在约克纳帕塔法县，称为"约克纳帕塔法世系"。其主要脉络是这个县杰弗生镇及郊区属于不同社会阶层的若干个家族的几代人的故事，时间从 1800 年起到"二战"后。世系中共有 600 多个有名有姓的人物在小说中穿插交替出现。代表作是《喧哗与骚动》。

② 张爱玲，传奇 [M]，中国青年出版社，2000 年版，第 17-18 页。

视听媒介语言的叙事探索试验范围相对较窄，步子较慢。20 世纪 50 年代，左岸派电影人从文学叙事中学习借鉴，拓展了视听媒介语言的修辞手段，丰富了视听媒介语言的表现力。静态影像的“决定性瞬间”理论以及“F64 小组”所累积沉淀的经验成果，一直推动后继者持续探索视听媒介语言的叙事能力。当代仍有许多影像从业者仍旧沿着前辈们的路子默默地探索。视听媒介语言的叙事能力无论从哪一方面都需要进一步丰富、拓展与提升，进而全方面释放视听媒介语言的表现力。

▼ 持续探索视听媒介语言的叙事潜能

影视改编影像语言叙事探索

主要是将文学中的人物和故事转换为影像语言叙事，以获得文学作品的内涵。一般来说，其改编思路是使影像创作脱离文学语言的存在，有时甚至认为文学语言是改编的劣势。这种改编思路用于 20 世纪之前的传统经典文学尚可，但 20 世纪后的文学叙事方式，大多突破了主题深刻、人物形象复杂饱满等传统优点，如果剥离掉其原本的叙事方式，这些作品或主题无所依附，或情节显得简单松散，其艺术魅力将丧失殆尽。

影视改编影像语言的原作倾向

事实上，影视改编影像语言的原作倾向一直是受众视觉消费的隐性需求。如大众对《红楼梦》的影视改编的评论，很大程度上是探讨影视作品是否还原了原著故事情节之外的意境和情韵。20 世纪以来，由于影视叙事语言发展相对滞后，许多以叙事成就为特色的文学巨著至今未能被影像叙事成功转化。如果视听媒介语言能够发掘自身的叙事特点，做到成功转化，将会极大推动“文学改编”影像语言的普及程度。文学一直被视作经典艺术，而电影也被视为文化产业的重要一环，被列入大众艺术行列。大众艺术受产业与市场，尤其是“票房”影响较多，成功转换当代文学的叙事特点并为受众接受是一种较为复杂的实践探索。

受众的影像消费习惯与时俱进

视听媒介语言对受众的阅读习惯而言，既具有先在性，又具有生成性，“世界体验是通过语言体验实现的……现实就是我们的语言范畴”[①]。受众对视听媒介语言解读与接受的能力，是被长久以来所接受的影像语言塑造的，视听媒介语言及由此而来的叙事方式为受众塑造着现实世界，同时，以一种无形的力量支配和制约着用影像语言认知世界的受众。网络与数字新技术，推动影像作品不断为受众提供新的视听经验和新类型的影像故事，从而提高受众对影像叙事的接受与解读能力，并引入一些先锋的探索性的视听媒介语言进入受众的视觉认知领域。2013 年，影片《云图》[②]打破影像语言的线性叙事进行影像叙事创新，获得的高票房充分证明这种叙事实验已经被受众理解和认可，视听媒介语言的生成性于此可见一斑。因此，视听媒介语言的每一步尝试探索，也同时在培养着理解、接受、鉴赏其影像语言的受众。影像叙事语言对当代文学叙事语言的转换困顿，不仅是技术上的，更是观念上的，而后者，是急需突破的。

第三节　技术叙事的升级迭代推动屏幕语言的呈现创新

随着科技进步与社会发展，人际交流会更直接便利，在众多交流方式中，影像语言融合了声音、文本、字幕形式，无须书面或文字便可以直接交流。

影像语言需要新方式突破文字语言的约束

语言文字作为交流工具，拉开了与交流对象原始场景的距离，而阅读早期人类刻在洞穴的壁画，仍能读懂其意思，原始壁画让后人读懂了创意者的欲望与生存环境。影像语言的发明改变了人际交流方式，“影像语言能够唤醒过去、传递信息，比文字语言更好”[③]。

---

① [英]布莱恩·麦基著，周穗明等译，思想家[M]，三联书店，1987 年版，第 267 页。

② 安迪·沃卓斯基导演的《云图》（*Cloud Atlas*），改编自大卫·米切尔的同名小说，故事从六个人在不同时空的际遇入手，时间跨度从 1850 年始，一直延伸到末日时期的未来，看似毫不相干却又环环相扣，因而被誉为有史以来最能挑战阅读想象力的小说。

③ 见 2010 年德国导演沃纳·赫尔佐格（Werner Herzog）拍摄的纪录片《被遗忘的梦之洞穴（*Cave of Forgotten Dream*）》中导演与岩洞研究项目总监让 - 米切尔·热内斯特（Jean-Michel Geneste）的对话。

影像语言丰富了创意讲故事的形式

一图胜千言，影像的力量远不止于此。自人类发现“Camera obscura（暗箱）”及“小孔成像”的原理后，视听媒介语言与影像叙事就开始了跌跌撞撞的曲折探索，虽然摄影与电影的发明仅仅只有一百多年，但足以让文字语言相形见绌，已从根本上影响并改变传统的叙事方式。网络高新技术的发展与新媒体的涌现，让公众沉迷于用视听媒介语言讲故事的叙事氛围，影像遭遇数字网络后，再次获得了新生。视听媒介语言成为媒体的重要工具，虽然视听媒介语言尚无固定语法规则和表意模式，但技术的进步已无法阻挡视听媒介语言的发展。技术的进步，总会给视听媒介语言的“词典”中增加一些新词汇，同时，约定俗成的视听媒介语言的语法、句法也会随之变化。影像就是这一语言系统中的基本单词，用影像片段或“蒙太奇”组合手法编码来表达特定的意义。麦克卢汉曾指出，新媒介倾向于先使用然后最终取代旧媒介[①]。用视听媒介语言进行交流比用文字语言交流便捷得多，主要是受众阅读时对于视听影像具有直接识别的能力；从生理角度看，人脑识别接收视听影像要比文字快得多。同时，人脑对于视听影像的信任度也远远超过文字，也即俗语所说的“眼见为实”“一图胜千言”。

▼ 屏幕语言是一种无形的力量

“一图胜千言”的功能变迁

当下社会，屏幕无处不在，几乎没有任何东西是没有被屏幕呈现展示的。屏幕是基于镜头的影像语言呈现的功能概括，镜头记录与表述的是想法或经历体验，历经了数字化、网络化以及媒介融合之后，由镜头决定叙事的时代已一去不复返了，屏幕叙事已占据主流。“一图胜千言”已转化为“一屏胜千言”，我们的关注点正由镜头记录转向屏幕凝视，屏幕语言正在成为我们时代的主流语言。

---

① 何道宽，媒介革命与学习革命——麦克卢汉媒介理论批评 [J]，深圳大学学报，2000 年 5 月。麦克卢汉媒介四规律：媒介功能的提升，新媒介取代旧媒介并使之过时，旧媒介功能的再现，媒介形态的逆转；即提升—过时—再现—逆转。

屏幕是镜头语言的最终呈现

这种变化有其现实依据与技术支撑，但也不完全依赖于技术。媒体融合时代，媒介间清晰的界限日趋模糊，屏幕语言究竟有何魅力，对于受众来说，都是一种挑战。除了传统的大画幅影像，新的谷歌街景与网络影像、监控图像及电脑虚拟影像随处可见，屏幕语言实质就是视听媒介语言的一种具象化。不得不承认，我们正默认不断发展变化的高新技术，我们不必过分在意静态影像和动态影像之间的差别与效用，尽管目前掌握运用这些技术还需克服技术障碍，但掌握这些技术的目的很明显，用呈现在受众面前的屏幕来说事时，是否有受众愿意为你的视听产品或为商品买单付费更为重要，电影谓之“票房”，电视称之“收视率”，直播叫作“粉丝”，视频呼其为“点击率”，差异不重要，重要的是受众的接纳并消费。我们生活在一个机器“观看”和“观看”机器的世界，屏幕语言讲述的内容才是最为重要的，而不是讲述的形式与屏幕的大小。媒介融合已历经多时，其结果也不是零和博弈，“混战”之后一地鸡毛，只剩屏幕语言仍在火热中，其他语言已默然无语，或许是在蓄积再次爆发的力量。

受众的屏幕语言引发产业创新

错综复杂的影像生态系统与日新月异的产业链仍需探索，数字高手和网络工作者创造的屏幕语言文化也在急遽推进，并不是镜头实践的句法、语义和实践直接转成屏幕语言的句法、语义与实践就行的，“青春若知，不问出处”的探索者们引发的视听媒介素养培育与文化反思已迫在眉睫。如摄影、短视频、电影和数字录音等不同形式的媒介形成的视听媒介语言，并不是简单的相加；视听媒介形式的创造性使用者与接受者都已明白：内容为王，受众是上帝，屏幕语言决定一切，受众只认可结果，其他一切过程都与受众无关。受众只关心媒介屏幕语言的功能与作用，受众已不再愿意为幕屏之外的任何东西买单，因为受众可以说了算，再好的影像，再大的屏幕，买单者才是最有表决权的。

受众认知与信息接收依赖屏幕语言

软件能生产屏幕画面，也能产生屏幕语言意义，现代工具已经可以随心所欲地塑造和改变我们的屏幕语言。甚至有人提出，当代屏幕语言的创意者与运用者，要么编程，要么被编程[①]。而这些屏幕语言或画面的真实性并不重要，抽象的想象与复杂的理论呈现在屏幕上时，受众并不拒绝。同时，遍布身边的网络摄像头，也用屏幕语言阐释着一切，很多人努力用镜头之外的画面语言来选择、查看或获取表达权，而如蜘蛛网密布的镜头连成的屏幕语言网络，为屏幕语言增添了更多的理由。基于镜头或电脑的屏幕语言具有广阔多样性，其视听主导作用不言而喻，而用屏幕语言提问题的可能更多，语言方式的选择已退居其次，屏幕语言已居首位，所有呈现在屏幕上的一切事物，无论是何人、何种设备、何种方式已不重要，重要的是受众对于屏幕的凝视——屏幕语言想说什么或者说了什么。

▼ 屏幕语言的“取景”与“创意”编辑呈现

屏幕画面“取景”与设备越来越不相关

屏幕语言不问出身，不问来处，叙事最重要。虽然几百元的镜头与数十万元的镜头所记录的画面看起来有些不同，但“菜根”导演与国际知名导演用这两类设备创作的作品，可能会差别很大。在网络时代的受众眼里，屏幕的“取景”可能更重要。基于技术的屏幕“取景”远远落后于基于“想象力”的摄影“取景”，展现在受众面前的屏幕画面既需要技术支撑，也可能更依赖于人的想象力，从而呈现在受众面前的屏幕才更具冲击力与亲和力。精通设备并用技术创作一个好故事，是一种工作方式，而用想象力在屏幕上呈现一个好故事，却是一种广为受众接受的方式。受众并不需要知道技术的差别与镜头品质的好坏，屏幕画面的成本与受众也无关系，受众需要的是画面所讲的故事。至此，屏幕画面的“取景”就是一种综合能力的体现，创意者或生产者的屏幕“取景”方式可以是无数种方式，镜头也罢，虚拟也可，表演也行，重要的是“取景”的创意。

屏幕语言“取景”的视觉素养

屏幕语言的好坏或标准究竟是什么？其背后其实都涉及一个关键因素：视觉

---

① [美]道格拉斯·拉什科夫（Douglas Rushkoff），《编程或被编程（Program or Be Programmed）》[M]，OR Books，2010 年 11 月 2 日。

素养与文化涵养。屏幕画面可以用好的技术来打造，重要的是好的技术是用来为讲故事服务的，而好故事的基础是创意者的视觉素养，形式永远是服务于内容主题的。吸引受众的屏幕画面语言永远不会是技术，而是技术支撑下的创意与故事。这也就是“月落乌啼霜满天”的创意、意境与境界，仁者智者各有所见，无论是谁都不会创作出完全相同的画面。

屏幕语言的编辑“创意”

视听媒介语言不断地被高科技与新技术重新定义，屏幕语言的内容是由创意者的思想理念不断创新的。屏幕语言的创新在于探索想象力在新的空间位置所发挥的潜力及后果，屏幕语言不只是单纯地呈现现实，也是一个有效地表达虚拟与想象世界的工具与手段。屏幕语言可以是计算机语言，包括因特网、交互式多媒体以及其他新的数字形式和空间媒介语言，是以数字来定义的。因此，所有源自此并用于交流的元素，如声音、音乐、文字、文本、绘画、摄影、文献、文件、图标、符号、标志、影像，皆可作为屏幕语言的话语元素。屏幕语言正处于发展演变的初期，其创意只是表达的一种变换形式，是文化形式的一种，编辑“创意”的目的在于超越传统的、既定的界限，持续地探索未知的现实。屏幕语言在现实世界中的探索，是为了寻求在虚拟世界的存在。语言的编辑作用，旨在用科技意识编织未来的生活方式。屏幕语言的编辑是为了更好地促进人们的思想交流和信息沟通，当编辑用科技力量或假借其他形式跨越清规戒律时，表达就突破了边界限制，交流就真正成了一种自由。

▼ 屏幕语言以情感而非理性影响受众

曾有人说，“诗比历史更真实。”这话似乎不好理解，但若把这句话放在视听媒介的屏幕语言上，可能更好理解。视听媒介语言更多的是以现场情感的渲染来影响受众，而不是影响受众的理性思维。最明显的案例是网络“抖音”。“抖音”其实是微视频、微电影的一种通俗传播的新媒体形式，与欧美流行的“阅后即焚（Snapchat）”形式相近，以 15 秒或略长的手机视频（不限于手机）为主，其独特的影像、声音与语言吸引受众消费观看；不必细究特写、近景、中近景、全景等专业镜头手法，只需情感影响或效果传递即可。当然，也可借用影视专业技法，甚至好莱坞的大片手法来增加传播效果。屏幕语言注重即兴的创作记录，形式上不刻意追求品质，更看重情感影响；内容上追求娱乐消费性，并形成相对完整的产业范式与商业模式；表现上讲究视听并重、声画同步，达到通俗简洁的目的；方法上不拘一格，音乐、人声和音响，都可以使用，只要能渲染气氛，加深印象即可，不受任何约束，如《海草舞》《C哩C哩》，即便受众持续反复观看，也不会感到冗乏。其视听语言的网络互动性、草根性与简易性，在共同的文化背景下很容易形成“病毒”式传播。

视听新媒介语言的创新与非规范化视听媒介语言

“和文字语言一样，每一种媒介都为思考、表达思想和抒发情感的方式提供了新定位，从而创造出独特的话语符号。”[①] 创新是5G时代最重要的特点，以数字与网络为介质的视听新媒体继承了这一衣钵，视听新媒体语言的创新性、简洁性、灵活性，推动媒体不断迭代更替，其语言灵活、幽默、“接地气”的风格表达了强烈的情感色彩，也传达了一种不拘一格的创新勇气。其创新一是体现在视听媒介语言的表达灵活上，既不受视觉媒介的约束，也不受听觉媒介的束缚，对于文字语言包括形体语言、色彩等介质语言完全不循规蹈矩，一反传统媒体语言的固定化、模板化套路。二是视听新媒体的语言结构符合认知规律与反逻辑套路。讲述故事不按“总分总”结构叙述，而以吸引受众阅读的方式表达，各种手法百样翻新，旁白、抒情、议论甚至标题悬念的手法都不受限制，以表达的情感符合认知规律即可，其中图片、动画、图画等形式无所不包。三是视听媒介语言具有吸引力和亲和力。幽默风趣、生动活泼并不是视听新媒体的本质特点，其开放性，无拘无束，以思想表达与情感传递为目的，使其感染力和传播力显得更感性，富有“人情味”，也更具互动性和亲和力。

视听媒介作品的双重性与排他性

视听媒介产品或作品，兼具意识形态宣传品属性与商品的市场消费属性的双重属性。其意识形态宣传品的属性会随着国家的发展而呈现出不同的内容与状态，

① [美]尼尔·波兹曼，章艳译，娱乐至死[M]，广西师范大学出版社，2004年11月。

该属性会一直存在。同时，作为商品与公共产品，它又具有商业产品的市场属性，作为视觉消费品与日常用品为受众所喜爱。只要视听载体存在，无论是在网络还是媒体上，抑或其介质为纸质或数字形态，都成为商品，为受众的喜爱与消费能力所制约。并且商品不是一次性的，可多次或无数次消费。作为商品的视听媒介作品，其产品消费不存在排他性与竞争性。但从内容而言，视听产品属公共产品，又具有竞争性和排他性。因此，影像作品的双重属性决定了视听媒体或媒介产品语言的多重特性，它是既具有免费特性，也具有商品特性的一个矛盾结合体。更重要的是它的消费特性，即能否为受众接受以及接受的程度。

【实训与练习】

1. 找 3—5 部电影或电视剧，截取多个片段加以剪辑组合，用来阐释“马克思主义中国化”这一概念，要求意义完整且时长不超过 3 分钟。

2. 从网络上选取 6—8 张照片，把毛泽东的词《沁园春·长沙》表现出来，对比、分析文学语言与视听媒介语言的差别。

3. 在手机上用截屏方式剪辑制作一段 30 秒的短视频，讲述“我思故我在”的概念。

4. 找一部小说，从中选取一段对话，将它拍摄剪辑成短视频，请读过该小说的人判断你拍摄与表意是否准确。

5. 听一部电影的 10 分钟内容，然后口述电影可能呈现的画面，再对比原片，分析其叙事表达与画面表意的特点。

第十三章

视听媒介语言素养的养成与创新应用

13

“用影像讲故事”成为继文学之后又一重要的叙事通道[①]。5G时代，影像叙事对于影像创意者与阅读者的“视觉素养”有哪些要求？无论是视听媒介语言叙事的基本原理、机制、编码解码流程，还是叙事策略与表意方式，以及语言叙事方式等方面都呈现出急遽变化特色。语言的交流传播过程，媒介的视觉定位，创意者与阅读者的视觉素养，决定了视听媒介语言的品质。视听媒介语言在思想表达和人际交流方面的发展演化，视觉表达训练与影像技术语言的叙事方式，以及在前期准备、脚本创作、影像拍摄和后期制作中的作用都很重要，学习与运用都需要一个过程。乔治·卢卡斯曾指出：“如果我们没有掌握视听媒介语言，未来的处境将和文盲无二。”[②]

第一节　视听媒介语言交流运用的素养要求

人类总是试图站在科技制高点探索未来，事实证明，只有深入现实，才可能找到时代变革的原动力与轨迹。

表13-1　视听媒介总体发展演变趋势

视听特点	视听表象特征	表现及趋向
边界消融	网报台视频、影视边界模糊	电视、电影、网络视听媒介不分出身、不问来路，以屏幕观看为主导
主题多元	视听形式、题材、类型、现象丰富多元	影视、纪录片、视频、直播以网络为载体，以视听消费为主导，受众“观看”即可
屏幕呈现	以屏幕语言为主，低语态、亲民、小主题呈现	从意识形态的说教向信息娱乐的询唤转换，不限于影视、屏幕、技术语言，多语言呈现
传播渗透	刷屏与圈层传播	创作、传播、接受并重

视听媒介语言是当代社会的主流语言，运用这种语言的主体（创意者与受众）沉浸于数字与网络的视听世界，并以屏幕为呈现载体进行传播交流，其综合素养成为重要问题。而语言叙事的变革与创作应用，最关键的因素在于人的综合素养。

① [美]斯蒂芬·阿普康（Stephen Apkon）著，马瑞雪译，影像叙事的力量——在多屏世界上塑造“视觉素养”的启蒙书（The Age of The Image）[M]，浙江人民出版社，2017年6月。

② [美]斯蒂芬·阿普康（Stephen Apkon）著，马瑞雪译，影像叙事的力量——在多屏世界上塑造“视觉素养”的启蒙书（The Age of The Image）[M]，浙江人民出版社，2017年6月。见该书封面。

当下对视听从业者的要求，是既可拍影像视频，还会用全景、VR，更要懂得编辑与直播，最好还会运用大数据与云平台等技能，是综合型人才，而视听媒介的发展变化则汇聚于主体的综合素养中。

▼ 视听媒介语言的融合创新

以短视频为代表的视听产业迅猛发展[①]

2019 年，中国数字经济规模持续扩大，达到 31.3 万亿元[②]；网络视听产品，尤其是以“抖音”和“快手”为代表的短视频行业进入爆发期，截至 2020 年 3 月，中国短视频用户规模达 6.48 亿，用户使用率 78.2%。短视频平台带动相关产业迅速发展，并创新信息传播方式，如“抖音”平台带动屏幕语言成为大众流行语言。

屏幕阅读从文本语言向影像语言转型

网络时代，有人选择用文字写作，有人选择用影像阅读，文字与影像有着相辅相成不可或缺的关系。5G 时代，浩如烟海的网络阅读，文字已不如影像那么形象、便捷、明确，除了口头语言与文字语言外，视听媒介语言的阅读是一种全新的感觉体验方式，没有文字语言的限制与隔离，影像的阅读能直接感受到情感与真相。同时，视听新媒体如潮水般涌现，动态影像如微电影、微动漫、短视频、自拍秀、动态影像、抖音、“阅后即焚”（Snapchat）……影像变革与视听媒体的革命由此开始。

视听内容从 CP 向 MCN 转型

视听内容从 CP（Content Producer，内容生产产品）向 MCN（Multi Channel Network，多频道网络产品）转型，视听媒介内容持续在内容产业领域深耕细作。MCN 将 PGC 专业内容生产联合起来，在资本的助推下，保障内容的持续输出，从而最终实现商业资本的稳定变现。MCN 具有信息价值和效率价值，是目前最被

① 中国社会科学院新闻与传播研究所，新媒体蓝皮书：中国新媒体发展报告 No.10（2019）[M]，社会科学文献出版社，2019 年 6 月 25 日。

② 2019 年 4 月 19 日，中国信通院发布《中国数字经济发展与就业白皮书》，数据来自该白皮书。

资本市场认可的视听商业模式，传播者在垂直领域将视听资源做深，并把成功的经验扩展到更多的细分市场。MCN 是内容创业的一种新兴形式，成为自媒体热点，其平台化的内容策划、创作、品牌 IP 的培育与孵化，以及运作模式更加团队化、专业化，成功概率也更大。其优势还在于，通过垂直化的自媒体账号矩阵，可快速进行内容输出、网红品牌孵化。MCN 有较强的投资价值，较强的内容判断及制作能力；有受众认可的商业模板与工业化的生产机制；同时还有很强的流量采购能力，能够从内容生产和消费两端实现调控，形成匹配。

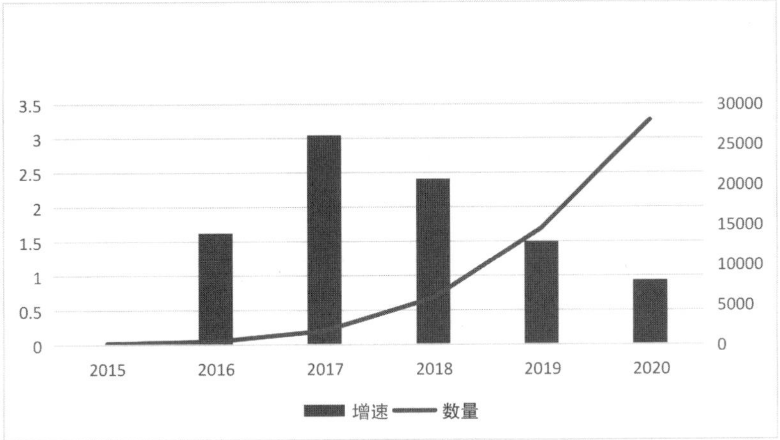

图 13-1　中国 2020-2021MCN 产业运行大数据监测及趋势研究报告(数据来自艾媒报告)

据艾媒网统计数据，2019 年，作为内容产业的新兴链路，中国 MCN 产业出现井喷，引发无数创业者关注与进入。个人自媒体选择签约 MCN 机构，似乎成了最好的归宿。艾媒网数据显示，MCN 机构数量从数百家量级猛涨到上万家量级，同比增速大于 100%。2020 年，中国 MCN 机构数量达 2.8 万家。短视频开始在垂直方向实现内容精致化突围，垂直内容还受到资本的青睐。2016 年 9 月，“头条”宣布 10 亿补贴内容生产者。2016 年，微博在短视频领域与超过 200 家视频 MCN 机构进行了接入合作，其中包括新片场、一条、Papitube 等机构。2017 年 4 月，新土豆宣布全面转型为 PGC 短视频平台，以 20 亿“大鱼计划”鼓励内容生产；微博、美拍、今日头条、快手等内容平台上的短视频内容迅速丰富，短视频内容创作进入组织化阶段。

视听新媒体丰富了信息认知形式

视听媒介的艺术化与智能化成为受众认知方式的延伸与生活方式。视听媒介因网络便利和其形象直接的特征为受众所接纳和喜欢，尤其是随身的手机影像创作，降低了影像记录与创作的技术门槛，再加之平板触屏电脑取代键盘式输入，微信取代书信，视听新媒介作为受众的认知方式，较传统方式更功能化和智能化。智能电视可以收听收看近千个音、视频道，也可使用各类视听 App；即便是同一个 App，既有新闻、电视剧、电影，也有游戏、搞笑、娱乐、惊悚、幽默等不同内容。

表 13-2　传统媒介素养与视听新媒介素养比较

	传统媒介素养	视听新媒介素养
交流方式	单向定向传播	多元互动分享
受众范围	区域化窄域传播	全球化宽域传播
受众主体	主体被动内向型“接受”	主体主动参与型“选择”
价值取向	传播环境与目的单一	多元渗透拓展认知与公共空间
参与模式	社会参与宣传模式	边界模糊反思互动模式
素养基础	基于报刊、影视手段方式	基于网络、数字等不特定方式
互动态式	大众化接纳小众个体反馈	小众个体接纳大众化互动
素养内容	接近、分析、评价、传播	接纳、参与、批评、渗透

媒介融合黏聚造成新型媒介化生态

一是高新技术创新引发视听技术的裂变与重组。如 VR（Virtual Reality，虚拟现实）、AR（Augmented Reality，增强现实）、MR（Mixed Reality，混合现实）技术、全息视频技术等，让受众视听消费越来越多样化，更具冲击力，未来的模式取向还会有更多的新技术满足受众的视听需求。二是媒介资源融合进一步降低媒体运营成本，并借助网络与高新技术打造强势媒体，吸纳更大范围的受众。三是引发了媒介内容生产方式的变革，如 PGC、MCN 内容生产方式的出现。四是推动媒介化社会的快速发展，大众对于视听媒介的依赖性越来越强，媒介对于社会的渗透是全方位的，并不断营造出“虚拟”的现实与社会。

媒介智能化拓展了受众的视听官能

一是智能化视听生态环境是未来的趋势。除了视听媒体、智能影视设备、声控家电等之外，新型视听终端会不断涌现许多高新技术，如重力、光线感应，手势、肢体输入，语音搜索与翻译、柔性屏、3D 游戏等会越来越多。二是越来越多的人工智能技术应用于视听媒体中，如智能穿戴设备、虚拟增强现实、机器人主编、机器人写稿手等。“新科技总是用一种我们熟悉的、跟过去时代相关联的形式出现。”[①] 三是视听媒体直播常态化也是较长期的发展趋势，这其实也是人类视听觉的延展。形形色色的媒介包括街拍、监控可随时呈现出事件或事物的立体化多维图景与影像，可随时全球直播，日常生活随时会被各种直播的视听信息缠绕。四是视听媒介内容的智能化管理，视频与音频数据的非结构化，导致对其分类与整理趋向智能化，人工智能应用于内容管理是一方面，其次是自然语言处理技术的发展，使视听媒体可从文字内容中提取元数据。如 IBM 公司针对媒体推出了 IBM Watson Media[②]，作为其人工智能的商业应用，IBM Watson Media 可从视频库内容中提取海量数据，包括可视化数据（人或物）、文字和音频提示、情感提示以及地点等其他特性。五是面部识别、语音翻译和情感元素分析软件。可分析传统视听内容数据，大数据还可挖掘 20 年前的视听信息。六是智能软件、云数据驱动智能新闻，算法重构分发渠道，智能创造新媒介的可能性进一步加剧。预测未来的视听媒介或媒体并不难，因为，“视听内容 = 视听信息 + 视听体验 + 视听场景”，可视化、体验化、场景化与个性化已成显著趋势。而媒介的泛化以及视听信息的无限扩张，最终可能会实现人机合一、人机相连，人与环境交互。随着高新技术的渗透，媒介人机互联越来越智能化，人的大脑就是信息收发与处理平台。谷歌、亚马逊、阿里、百度都先后推出了智能语音盒，对于天气预报、音乐、新闻事件，智能语音系统都能实施智能计算回答或呈现。未来视听媒介生态将被重新定义。

---

① [英]戴维·莫利（David Morley），郭大为等译，传媒、现代性和科技——“新”的地理学（Media, Modernity and Technology-The Geography of the New）[M]，中国传媒大学出版社，2000 年 1 月，P213。

② IBM 沃森媒体解决方案。可在整个媒体工作流程或视频库中注入人工智能——通过分析整理提高受众参与度、视频分发、传播与产品销售等。

图 13-2　个体人文素养逻辑关系图

▼ 视听新媒体语言素养的建构

视听媒体素养构成复杂，衡量维度较多。从中国传统文化看，常以“知、情、意、行”四个维度进行评价，西方学者则从认知、情感、审美、技能、道德五个维度给予评价，不同维度的意识、动机、信念、兴趣、态度等因素不同，评判维

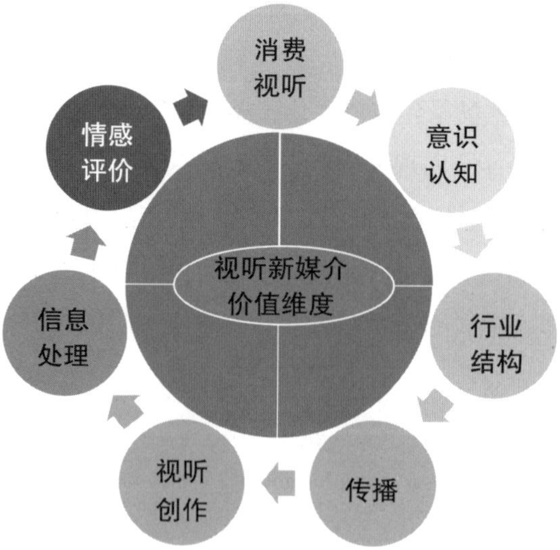

图 13-3　视听媒介价值评价维度

度也各不相同。

视听新媒介语言素养是公民个体的重要禀赋。视听媒介语言素养的培养，毫无疑问也是素质教育一个重要环节。近年来，教育部在中小学实施了“校校通”[①]工程并开设了“信息技术教育”课程，将视听媒介教育纳入素质教育范畴，并规范了视听媒介素养的教育内容与体系。英国早在1989年就实施了这一工程；加拿大更早，开展这一素质教育是在1966年[②]；此前，联合国教科文组织于1962年提出了“视听媒介素养教育”的观念。当前，世界各国因国体、民族、地域的差异，视听媒介素养教育发展参差不齐。但从人的发展角度看，视听媒介素养培育是一种全民性学习与终身教育，需多方的共同努力，并且需个体不断地自我修为。当然，提高视听媒介素养的方式有很多种：一是通过社会性媒体素养的熏陶与学习短训；二是生活环境，如“参与”社区素养教育；三是纳入国民终身教育体系；四是家庭的熏陶教化，通过家庭多向影响、引导以及环境的潜移默化，点滴积累、水到渠成地养成，但也受家庭整体综合素质的影响与制约。

视听素养是公民终身素养

视听媒介素养是数字媒体素养的重要部分，在当前日益媒介化的社会里，视听素养是公民工作与生活方式以及方方面面涉及的综合素养。需受众个体依据自身实际工作与生活需求，进行自我素养的实际建构并不断自我塑造，以自身需求为导向进行自我修为、约束、调整、管理，并最终实现其需求目标。这里面，既有视听媒介语言意识与观念的内化，也有支撑语言系统的技术接纳和应用。

视听新媒介素养的自我塑造，从个体实践角度看，又分为自我学习与自我修养两种方式及两个阶段。媒体素养的自我学习过程其实就是公民对媒体素养知识

① 2000年，教育部下发《关于在中小学实施“校校通”工程的通知》，在中小学实施“校校通”工程，目标是用5-10年时间，使全国90%左右独立建制的中小学校能够上网，使中小学师生都能共享网上教育资源，提高中小学教育教学质量。“校校通”目标不是要每所学校都建起庞大的校园网，而是让90%以上的中小学校采用多种手段和形式，用较低成本获得丰富而优质的教学资源和课程，最终实现资源共享。

② 1989年，英国教育部规定，媒体素养教育必须纳入小学和中学各级课程体系。1966年，加拿大国家电影局就发起创立了第一届电影电视研究夏季学院。数据来自：吴翠珍，《英美电视素养教育媒介研究》[J]，中国传媒大学学术内刊，2004M2-2（3），P71-76。

与技能的自我认同、自我选择和自我接受的过程[①]，也即超越传统“听、说、读、写”素养的培育，构造适合自身的媒介素养，这主要是通过个人的自我学习而获得的。而媒体素养的自我修养则是受众个体对待媒体的态度、意识和伦理道德等，从中国传统文化角度看，又可分为自省、克己和慎独等修养形式，当然这并不是绝对的形式。

媒介素养是公民基本素养

视听媒介素养的构建养成是一个庞大的系统工程，既涉及家庭环境，也涉及社会环境，如学校、媒体、机构等因素，个体的自我意识在其中起着主导作用。其影响程度以家庭渲染、学校教育、社会影响为顺序，相互作用，最终共同作用于个体。无论哪种方式都是多方式、多层面、多渠道、多角度与多维度齐头并进起作用，并最终实现自身分析、阐释、运用的目的，并使自身的视听素养不断地拓展、延伸。

▼ 视听新媒介语言素养的建构方式

视听媒介语言素养的养成

素养非天生，修成也非一日之功，要随媒介社会化的发展而改变，也要同社会经济文化发展与时俱进。从语言素养构成看，主要有四个方面的转变。一是从知识能力驱动向素养驱动转变，视听素养的目的在于运用，而不仅仅是了解和把握，要学以致用，解决实际问题。二是从文字素养向数字素养转变，守传统规矩固然好，墨守成规却不可取，充分运用数字与高新技术表达自己并传播交流。三是从专业学习过程向零星积累过程转变，很少有人有整块时间去专门学习某项专业视听技能，多用“碎片”时间充电学习，并及时应用于工作与生活中。四是从语言的“编辑素养”向“用户素养”转变，信息与视听媒介产品是一种消费性商品，要学会从消费者角度考虑受众的消费心理，不能“自说自话”。很多人以专

① 李廷军，从抵制到参与[D]，华中师范大学，2011，P151-161。

业的“编辑两体”或“编辑五体”[①]角度关注视听内容，并非不关注受众的接受程度与心理，而是视听媒介素养里的“接受素养”更重要，因为事关视听媒介产品的生命力与传播影响力。五是从“视听”到“被视听”的素养转变，强调了视听产业的影响力。六是视听媒介素养影响重点群体从城市转向乡村，“引发社会变革的力量逐渐在乡村呈现，新媒体强大的催化作用加快了乡村社会的新陈代谢”[②]。学者研究发现，国家的“送家电下乡”政策，深刻影响了乡村多元文化，尤其是视听文化的建构，进而影响到乡村振兴与社会发展的进程。在今后相当长时间内，视听媒介将成为影响乡村社会关系的重要因素。

随着信息传播技术的快速发展，视听媒介素养在弱势群体与不同地域之间的“数字鸿沟”仍然存在，并会持续加大。高新技术与互联网等新媒介相伴衍生的互动传播模式，以及媒介与受众关系发生了前所未有的变化，“沉浸式”“参与性”成为公众使用视听媒介的重要特征。媒介融合的大趋势又对媒介生态、公众自身的发展及包容性社会的发展提出了新挑战，将媒介素养的建构培育带入前所未有的活跃期。

“沉浸式”体验的渗透性应用

不断推陈出新的视听媒介，其内容与形式千变万化，既不能拒绝，也无法直接融入，最好的方法是“羡鱼”兼“授渔”。在数字媒介素养的基础上用新方法，与时俱进，主动参与，进行视听媒介的“自我表达”。一是要有自我表达的技术与方式方法，熟悉最基本的视听表达技能，掌握用视听媒介技术进行自我表达的技能和手法，获取和使用各类数字媒体应用软件及硬件所需的技能与知识，如运

① 靳青万，编辑五体研究[M]，东北师范大学出版社，2015年5月。作者将编辑学的研究对象与范围，由以往的“编辑两体”扩大为“编辑五体”，即在传统的编辑主体（编者）、编辑客体（稿件）的基础上，又增加了编辑源体（作者）、编辑用体（读者、听众、受众、网民等使用编辑产品的人）、编辑辅体（制作和传播编辑产品等对编辑活动起辅助作用的人），将其视为整体编辑活动来对待，研究它们之间内在的规律与关系，是为广义编辑学。

② 李卫华，新媒体发展与农村社会的新陈代谢[J]，河南大学学报（社会科学版），2011年第5期。

用文字、影像、图像、音频、视频、数字工具和技术来创建 H5[①] 呈现内容；既要具备文字处理能力，又要具备图形图像、音视频等技能的创建和编辑能力，还要有整合知识和内容的融通能力，最终达到视听语言表达的目的。视听新媒体之所以“新”，技术是一方面；另一方面是通过传播通道或渠道、平台，从传统的单向表达向多元多向、互动交流，突出受众视听消费的主体需求转变。二是应用性参与既要“行”，更要“思”，技术手段与设备设施要为表达内容服务。形式与内容要自然融为一体，不可为形式而形式，如网页、手机、DV 等方式要明确表达的内容与目的，实现交流初衷。

“本文法”研习

“本文法”研习是指对视听媒介产品的类型、叙事、结构、理念与价值等要素进行理论研究学习，并深入解读，获得视听媒介的方法与原理，从形式与内容上把握创意者的初衷与意图。一是初步分析媒介文本。二是从“受者”的地域、种族、文化、性别、年龄等角度出发，研究视听媒介作品；如对于微电影、影视作品、4D 广告等，了解其与传统的视听作品的区别。三是从本文角度，即从视听媒介语言的组织结构出发，研究其基础理论，挖掘作品文本的符码与表达规则、人文环境等方面的规律等。技术上还可采用研究分析定格、回放、慢速、重复等手段的内在规律的方法，细致深入解读，并在实际应用中，明确选择与决策的理由与依据。

专题表达选择法

受众个体根据日常某个专项表达需求，确定表达的主题与内容，再依据内容选择不同的视听媒介手段，围绕主题，突出人与环境的关系，强调表达的主体对象，从文化层面进行阐释，“实践才能检验真理”，应用才是目的。技术永远是为主题与内容服务的，视听新媒介无论怎么变换与转型，也只是一种传播呈现方式

---

① H5 是一系列制作网页互动效果的技术集合，即 H5 就是移动端的 web 页面。H5 是指第 5 代 HTML，也指用 H5 语言制作的一切数字产品。HTML 是“超文本标记语言”的英文缩写。网络上的网页多数都是用 HTML 写成的，“超文本”是指页面内可包含图片、链接，甚至音乐、程序等非文字元素，而“标记”指的是超文本须由包含属性的开头与结尾标志来标记。浏览器通过解码 HTML，把网页内容显示出来，从而构成互联网的基础。

与交流形式的变化，传播者可根据主题内容，选择是以抽象还是具象的、理论抑或实践性的呈现表达路径，选择合适的形式，将个人观念与认知转化为社会认知。从线下到线上，从私人空间到公共领域，从自媒体到专业媒体，创意传播者与消费者不再是孤立的社会个体或群体，而是社会化网络中的一部分，“善假于物”是视听主题表达的最佳选择。

视听新媒介素养既要注重媒介创作研究，又要注重观念分析、形式解读和理性批判等多方面的应用与解读。

第二节　创新型视听媒介语言素养的培育建构

国家的创新能力，在很大程度上反映在信息化应用水平上。视听媒介素养既事关国家创新力的运用与战略发展的实施，也事关大众创造力与个体综合素质的培育。从国家层面看，欧盟实施了“I2010 战略”，法国启动了“数字 2012 计划”，韩国开启了“IT 未来战略”，日本落实了“I-Japan 战略”，中国也有“培养合格的信息化人才的《2006—2020 年国家信息化发展战略》”。其中，信息化素养最重要的一个组成部分就是视听媒介语言素养。在国家层面，视听媒介产业发展的宏观规划是，一方面推动“公共服务”+“产业运营”双轨制，另一方面以高新技术推动视听产业快速发展。于个体层面而言，最核心的因素是视听媒介语言素养的养成。

▼ 视觉本体语言素养的观念创新与应用

用视听媒介语言创意讲好故事

提升中国话语权，讲好中国故事，是中国全球化进程的重要手段。在视听媒介众多言语与语言的表达中，仅从本体角度看，本体语言素养又占有重要地位。5G 时代，信息的传播交流更注重视听表达，国外专注于视听的媒体平台如照片墙（Instagram）、阅后即焚（Snapchat）、汤博乐（Tumblr）、拼趣（Pinterest）、雅虎网络相册（Flickr）迅速崛起，国内涌现的视听媒体更是数不胜数，视听媒体的资本市场估值也普遍高于传统资讯与综合性平台网站，尤其是影像在跨语言障碍交流与传播中具有特殊意义。截至2018年初，140个国家在Instagram上设有政府官方账户[①]。

屏幕画面专注故事创意

传统媒体注重视觉画面空间语言的运用与创新，通过摄影机的镜头语言发挥作用，之后再现现实空间，最终实施国家意识形态的宣传与询唤。屏幕画面语言则不同，屏幕语言表达避免“对牛弹琴”，运用大数据精准定位受众对象，即受众群体，让受众对传播者的视听信息感兴趣、能接受，尤其是关注受众的精神属性、社会属性和生活语境，要对受众的行为与心理了如指掌，实行差异化、精准化、有效化推送。其次是创意讲故事杜绝“自说自话”，针对受众用户，经常进行大数据分析定位，注重对受众用户的维护与互动。除了提供优质故事外，还要经常引导受众多向互动，并提供内容（UGC），引导受众参与，实现“沉浸式”互动体验的效果与效应。

“声景”创意讲故事

“声景”概念体现了声音在视听媒介中的重要作用，用声音营造时空场景，创意讲故事。声音一直以来就是会说话的视觉画面。“声景”创意表现在，一是氛围音乐以及采样、拼贴的运用。在视听新媒体艺术中，我们经常听到一种极具时空感的音乐与环境音响，这就是氛围音乐（Ambient）。氛围音乐极其细微的变化，让受众产生环境的深度空间感与层次感。二是声音在视听媒介中的创新，电子乐是视听新媒体艺术中的重要组成部分，运用电脑程式制作出来的电子音乐从形态到理念，都是对古典主义审美标准的一种颠覆。比如在当下的视听新媒体艺术中，我们经常听到一种类似于“噪音”的音乐，它把日常生活中可听到的噪音作为音乐作品基本的音响材料，经过分割、放大、拼贴出来，形成有节奏的声音，用创意讲故事。

① 邵延鹏，甘险峰，对外传播中的社交媒体运营[J]，对外传播，2018（09）：48-50。

▼ 视听技术语言素养的养成

基于 5G 技术、人工智能、融媒体的视听技术素养

2019 年，中央广播电视总台连连出手，运用“5G+4K/8K+AI”视听媒体技术，成立了央视融媒体公司[①]，推出了 5G 视听融媒体平台“央视频”与“央广云平台”，这是国内首个国家级 5G 视听新媒体平台。“央视频”客户端与 App 以高品质视听短视频为主，与央视传统的网络视听平台“央视影音”完全不同，定位为“泛文体、泛咨讯、泛知识”数字网络受众消费平台。此后，各大媒体也纷纷发力，新华社与安徽、贵州、上海等省级媒体相继启动该项工作[②]。2020 年“两会”期间，5G、8K、VR 技术全方位立体融合捆绑亮相，这一年是技术全方位应用的综合年，为广大受众与视听创意者提出了更具体、更精准的素养要求。

内容智能化与平台智慧化

2019 年，国际传媒集团频频推出视听媒介创意新举措，如数据处理、人机交互、算法编码、虚拟现实等技术；中国的国家级媒体也相继搭建起人工智能平台，推动视听内容的“智能化”呈现。人民日报社成立了智慧媒体研究院，与百度联合成立了人工智能媒体实验室，启用了“中央厨房”。新华社建成了智能化编辑部，实现了“一次采集、N 次加工、多元分发”的变革。央视推出了“I 学习”“智晓”“融媒智控云矩阵”产品，将当前最新的视听科技成果应用于视听媒介的最前沿。

区块链存储技术应用

运用区块链技术的不可篡改性，用于存储视听资料的元数据，解决资料的

---

① 中央广播电视总台 2019 年 5 月 30 日组建。旨在建设“央视频”5G 新媒体平台，以内容创作、账号合作、网络平台的方式运营，充分发挥央视视听资源优势，以矩阵逻辑聚合社会机构和专业及准专业创意者的优质视频内容，实施“5G+4K/8K+AI”战略布局的旗舰平台，是央媒转变思维、创新表达，打造以短视频为主的视频社交媒体的创新举措。内容上聚焦泛资讯、泛文体、泛知识三大品类，致力建设守正创新、真实权威、生动鲜活、轻松快乐、用户喜爱的视听新媒介。

② 详见 2019 年 6 月 28 日的新华社官网。见李静，央视总台国内首个 5G 智慧融媒体中心落户蜀山区，[EB/OL]。http://www.hf365.com/2019/0628/1239736.shtml。

“一次采集、多次运用、版权保护、资料安全”等问题。2019年9月推出的“人民日报+”短视频客户端，内容以OGC、PGC、UGC、MGC、AGC和自制为主，国家级纸质媒体全方位涉足视听媒介资源。2020年，国内的MCN机构生产运用视听新技术，推出了更多优质内容。视频内容广泛应用。Vlog①、VUE②、Bilibili③以视频为介质的社交平台大为火爆。视频博客Vlog是视听媒介资源综合运用的一种表现，广受用户欢迎。据艾媒网资料，2019年，中国Vlog用户规模数达到2.49亿人，未来Vlog行业市场规模仍将保持稳定增长态势④，2019年，中国“两会”报道中，央视主播康辉的Vlog引发关注，个性化视频表达方式让人耳目一新。

“视听媒介+”发展迅猛

2018年，“网络视听规模首超广播电视”，“传统视听媒体经营压力增大”⑤。视听媒介跨界融合形式多样，传播速度与广度进一步提升，扩大了视听媒体的影响力，创新了媒体服务方式，创造了新的经济增长点。“视听媒介+消费”，如人民日报社的“掌上金鹰”；“视听媒介+游戏”，如新华社的“飞跃看变化”；“视听媒介+航空”，如南方航空的《晶报》；“视听媒介+文创”，如人民日报社的“新非遗·新跨界”；“视听媒介+民生”，如看病就医的“楚天名医”App；还有“视听媒介+大学”等，此处不一一列举。

---

① 视频博客（video weblog或video blog，简称vlog），源于“blog”的变体，意思是“视频博客”，也称为“视频网络日志”，是博客的一类。Vlog作者以影像代替文字或图片，写个人网志，上载与网友分享。Vlog多为记录作者的个人生活日常，主题非常广泛，可以是参加大型活动的记录，也可以是日常生活琐事的集合。

② VUE是一款手机视频拍摄和美化工具，是iOS和Android平台上的一款Vlog社区与编辑工具，允许用户通过简单的操作实现Vlog的拍摄、剪辑、细调和发布，记录与分享生活，可在社区直接浏览他人发布的Vlog并互动。

③ 2009年6月创建的中国年轻人高度聚集的文化社区和视频网站。2018年，哔哩哔哩在美国纳斯达克上市。早期是一个动画、漫画、游戏内容视听资源网站，现在是围绕用户、创意者和优质内容的生态系统，涵盖7000多个兴趣圈层的多元文化社区。截至2019年9月，网站月均活跃用户达1.28亿，移动端月活用户达1.14亿；18至35岁用户占比达78%；2019年营收67.8亿元。

④ 2019年6月11日发布，见艾媒网网站。

⑤ 2019年8月23日，清华大学传媒经济与管理研究中心、央视市场研究（CTR）、中国广视索福瑞媒介研究（CSM）与社会科学文献出版社联合发布的《传媒蓝皮书：中国传媒产业发展报告（2019）》。

视听媒体广布 MCN 模式

MCN（Multi-Channel Network 的缩写）是一种多频道网络的产品形态，可协调 PGC、OGC、MGC、AGC 内容，以产业资本的支持保证内容的持续输出传播，以最终实现商业稳定变现为目的，从而与自媒体或网红的 UGC 竞争，实现更大范围的盈利。如黑龙江广播电视台打造的 MCN“龙视频”。

▼ 商业言语素养及运用

网络视听媒介的商业扩张

视听产业发展环境进一步优化，新技术、新应用持续催生新业态、新模式。以短视频为主的视听内容成为网络数字内容的核心，呈现规范化、精品化、生态化发展常态。目前，多数网络视听媒介运用资本运作方式，引入商业资本，采用“双向交互 + 海量内容 + 云平台 + 大数据分析 + 非线传输”模式，将现有视听资源，如影视资源与网络、通信介质融合，整合受众影像资源，占领一定的受众市场。“圈层时代”[①] 要求我们对内容分类管理更加垂直化、细分化，深入圈层文化中，从而引发圈层共鸣，同时也要注意与社会其他圈层的交流互动，有效规避“信息茧房”的负面效应，围绕内容构建良性生态环境与生态系统，打造视频媒介产业的核心架构。

优质内容付费化

视听内容付费化已渐次普及，成为受众认可并接纳的大众消费方式。如何借

---

① 圈层时代，内容释义源于 2020 年 5 月 9 日的人民网。指信息的接受、文娱产品的选择以及社交，在某一相对固定的群体范围内进行。大众文化圈层化是互联网技术和大数据应用的副产品。根据人生经历、教育背景、兴趣爱好等多方面的大数据，互联网使用者被划定为若干个群组。不同种类的信息和文娱产品，依此“精准”推送。在此过程中，个体构建起具有独特自我标识的信息世界，对信息和知识的获取，也在不知不觉中成为“从我认识或认可的人那里获取”。其原因是年轻人对“独特性”的追求也加固了圈层，并容易造成“信息茧房”效应，即圈层内部与文化整体相隔膜，缺乏对社会整体的理解和认知。对个体来说，需推动圈层文化与文化整体的互动互通，实现圈层文化的“破壁”“出圈”。人们看似可以掌握无穷信息和海量知识，但要达到这一点，首先要走出自己的舒适圈、小天地，这是网络带给人们的挑战，也是我们必须具备的媒介素养。大众文化的圈层化，是社会发展的必然现象。

用高新技术推出优质内容吸引受众进行消费，细化受众群体、深耕产品开发，这些已成视听媒介目前的紧要问题，也是打造核心竞争力的重要手段，让内容付费成为可持续发展的常态商业模式。目前，发展趋势主要有：一是将付费内容由原来的普通信息发送与提供升级为深度内容的发掘与提供，如第一财经 App 付费产品“大政解码”等；二是付费内容由大众资讯信息升级为提供专业性、垂直性的深度内容，让付费内容更专业化、产业化。

▼ 视听媒介语言的产业素养

视听媒介语言的产业素养构成

对于该构成的通识把握，其实是对视听媒介产业基本常识的系统了解与运用。当前，中国传媒产业主要分为传统、网络与移动三大类，近几年的迅猛发展，主要呈现以下特点：社交视听媒介持续活跃；电视媒体强力维持；报刊发展不断萎缩；资本运作加快进入；机制变革进入深水区。这些视听产业或传播行业的显性常识素养是这一行业最基本的素养，也是视听媒介语言运用与作品创作的“场域”。在中国，传媒产业是兼具意识形态的宣传职能与市场产品的商品职能的特殊产业，并且在以后很长一段时间，宣传职能仍将占据主导地位，而 5G 时代，信息消费将占据市场的主导地位。

表 13-3　视听媒介不同阶段的运作规制及模式

媒介性质	运行体制	运行方式	规制与模式	运营方式	生态模式
传统视听媒体	一元非营利体制（事业）	二元运作事业单位，企业管理	国营全民所有，行政事业双轨制	采编传管行政管理一体化	意识形态生态，宣传为主
网络视听媒体	多元营利体制（企业）	多元运作，企业单位，市场运作	全民与集体经营所有，企事业双轨制	三网融合企业管理，以渠道为主提供内容	宣传事业生态与信息行业生态，内容为王
移动视听媒体	混合体制营利（混合所有制）	混合交叉多元，企业管理，市场运作	混合者所有，企业与产业双轨制	大数据云平台一体运营平台为主提供内容商业管理	视听产业，媒介融合智能生态，消费至上
视听自媒体	私有营利（个体所有）	消费管理，销售运作	私营所有，单轨产业市场模式	个体采编传管融媒体一体化商业管理	媒介产业生态，产品为王

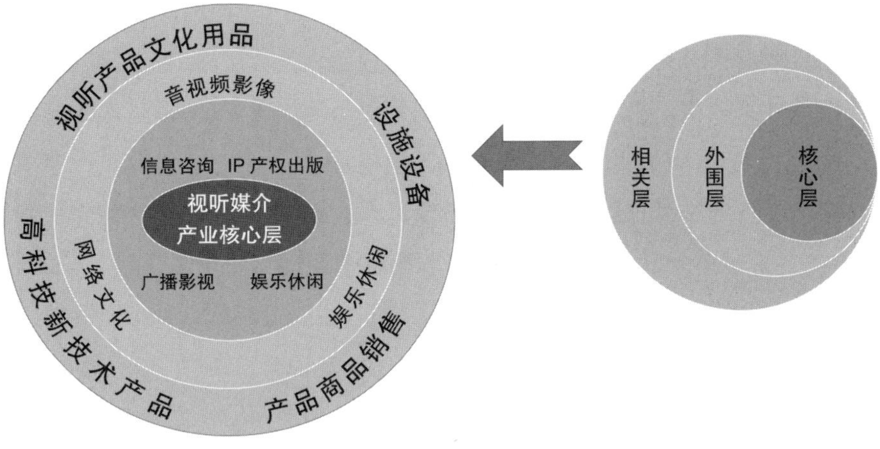

图 13-4 视听媒介产业构成示意图

5G 规模化商用与虚拟现实技术深度融入视听产业

视听产业格局重新布局，更多的资本进入视听产业。2019 年 10 月 29 日，中国第二大在线 UGC 音频平台荔枝正式在美国招股；11 月 8 日，科技新媒体 36 氪控股公司在纳斯达克上市，走出中国音频媒体国际化的第一步。2019 年，中国视听传媒产业资本达 22887.8 亿元[①]。5G 规模化商用，进一步推动了虚拟现实技术产业，市场应用更成熟，形成以受众为主导的商业消费模式，推动视听产业的持续发展。

内容为王让智能算法成为产业基础

智能算法是互联网发展的一个必然趋势，智能算法、信息分发具有特殊价值。视听媒介以内容为王、以受众为中心的产业服务模式不断成熟。视听信息分发传输一直是一个影响盈利的重要问题，而智能算法则有效地解决了传统信息处理的危机：一是提高了视听信息内容的分发效率；二是优化了视听信息的配置效率。

① 2019 年 8 月 23 日，清华大学传媒经济与管理研究中心、央视市场研究（CTR）、中国广视索福瑞媒介研究（CSM）与社会科学文献出版社联合发布的《传媒蓝皮书：中国传媒产业发展报告（2019）》。

新华社2018年推出媒体MAGIC短视频智能生产平台[①]。该平台基于人工智能等技术，能自动生产出文字、图片、视频等成品内容。其首次应用是在俄罗斯世界杯报道中，31天内生产出37581条短视频新闻，全网实现了超1.6亿次播放[②]。

形成以视听媒介为主的全媒体产业格局

基于网络与数字的全媒体云平台不断升级，由“相加”到“相融”再到“创新”，各传统媒体先后实现了“报、网、端、微、视”等一体联动，形成了“用户运营、广告运营、会员运营、应用运营”的产业运营模式，推出短视频、直播、H5/VR等视听媒介形式，构建全媒体传播格局。各传统媒体的“中央厨房”[③]充分发挥综合协调与平衡作用，以融媒体传播模式、多屏互动，整合电视、广播、网络等资源，实现了“一次采集、多次编辑、多平台分发”等模式布局，构建立体多样、融合发展的全媒体传播布局，提升媒体的传播力、引导力、影响力和公信力。2018年6月16日，国内首家县级融媒体中心，即“广电+报业+网站”的“中央厨房”在北京延庆诞生，此后，全国各地各级“中央厨房”相继诞生。

资本大量涌入视听媒介产业

商业资本是视听媒介产业投资的风向标，也是视听媒介全球化扩张的第一步。近几年，大量商业资本涌入视听媒介行业。2019年，中国电视用户超13.7亿，中

---

① MAGIC智能生产平台，是由新华社和阿里巴巴成立的媒体人工智能公司新华智云独立研发的平台，也是“媒体大脑”2.0升级版。2018年6月13日由新华社向全球发布。“Magic”平台上，流水线组装让新闻生产就像玩乐高。生产流水线背后包含了智能数据工坊、智能媒资平台、智能生产引擎、智能主题集市四大智能系统和50多个子系统。智能数据工坊和智能媒资平台运用AI算法将新闻素材自动拆解为颗粒化的零部件，智能生产引擎负责重新组装，自动剪辑渲染合成视频新闻。整个过程就像变化无穷的乐高积木。内容生产方式的创新还可能在传播领域带来新的变化，真正意义上的个性化定制将成为可能。

② 唐胜宏、燕帅、赵光霞，与党和人民同呼吸与时代发展共进步——全国新闻舆论战线新作为新气象[EB/OL].[2018-08-21]。见http://media.people.com.cn/n1/2018/0821/c120837-30240182.html。

③ “中央厨房”是视听媒体面向受众、面向国际、面向未来的新一代内容生产、传播和运营体系。以内容的生产传播为主线，不仅服务于媒体的各个媒介，更为整个媒体行业搭建了支撑优质内容生产的公共平台，聚拢各方资源，形成融合发展合力。“中央厨房”运行机制有以下特点：一是构建适应融媒体生产的策、采、编、发网络，再造策、采、编、发流程。主要是设立总编调度中心，建立采编联动平台。二是改革采编部门设置，强化各媒体总编室职能。为推进深度融合，对编制体制、机构职能、人员配置做出重大改革和调整。三是强化绩效考核，创新激励约束机制，依托“中央厨房”形成的新的采编体制机制，需要与之相适应的绩效考核体系来保证。

国家庭通过 OTT+IPTV（专网与公网资源融合）观看大屏幕视频节目的家庭达 5.5 亿户[①]。仅 2018 年，每月都有视听媒介的投融资案例：考拉 FM 获亿元投资、荔枝 FM 得到 4 亿元投资，新世相读书会获 1 亿元投资；爱奇艺、哔哩哔哩在纳斯达克上市等。二更[②]视频平台获得 1.2 亿元投资；虎牙游戏直播在纽约交易所上市；快手获得腾讯 4 亿美元投资；映客在香港交易所上市；脉脉完成 2 亿美元融资；趣头条在美国纳斯达克上市；二次元直播社区克拉克拉获 1.2 亿元融资；新潮传媒完成 21 亿元融资；腾讯音乐在纽约证券交易所上市。2018 年 1—6 月，就有 60 个视听媒体融资案例，数量明显提升[③]。

第三节　5G 场域中的语言表达创新

视听媒介语言的创新表达，事关传播与受众的视听媒介素养，媒介素养是社会“文化再生产”的重要环节，也是实现人的“现代化”的重要途径。视听媒介素养的创新，首先是养成，其次是应用。从宏观层面看，需整合当代多元媒介资源；在中观层面，要建立视听媒介的教育机制；在微观层面，要主动构建个体视听媒介环境。

▼ 媒介化生存环境下的视听媒介语言创新

“媒介化生存”的表达创新

融媒介在现实社会的迅猛发展，推动视听媒介快速融入日常生活的方方面面，

---

① 见 2020 年 2 月 20 日，奥维互娱发布的《2020 年中国 OTT 发展预测报告》。奥维互娱是一家做 OTT 产业大数据分析的公司，整合资源推动 OTT 行业快速发展并实现应有的价值，最终实现大屏、小屏两大数据体系的融合发展。

② 二更是国内知名的原创短视频内容平台，诞生于 2014 年 11 月，在每晚“二更”时分，推送一部原创视频。2015 年 4 月，杭州二更网络科技有限公司成立建立的网络视听平台。

③ 搜狐网自媒体榜，《半年超 100 亿，60 例，资金将砸向何处？ 2018 上半年内容创业融资盘点》[EB/OLJ. E2018-07-15]，见 https://www.sohu.com/a/239397000_1 14751。

并成为日常生活的“文化中心”。视听“工具性”媒介充斥于我们生活的每个角落，以其“价值性”商品为受众所接纳和消费。同时，高科技与新技术成为意识形态传播的支撑与组成部分，影响主体及其社会观念与理念方式，消费受众与网络主体成为媒介的延伸。而媒介化生存也为主体的生存与发展提供了一种新的范式与生活方式。另一方面，媒介语言素养又促使主体自身不断突破现代性的人性危机与科学危机，求得发展新机遇。视听媒介是一柄“双刃剑”，既推动了社会发展，又以“科学世界”屏蔽了“现实世界”，使主体沉溺于网络的视听媒介世界中难以自拔。主体同样要借助于视听媒介，突破“信息茧房”①，完善自我。

从文本语言到镜头语言再到屏幕语言的转化

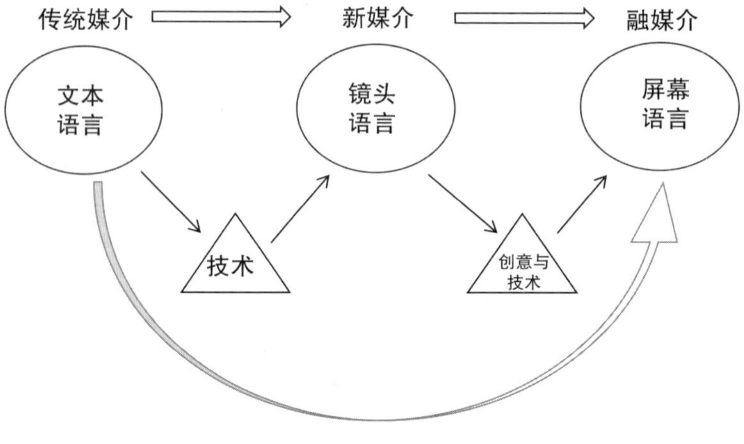

图 13-5　媒介语言的介质演变融合

① “信息茧房”是指人们的信息领域会习惯性地被自己的兴趣所引导，从而将自己的生活像蚕茧一般在“茧房”中的现象。通常是指网络的互联、共享、开放所带来的负面影响，从而导致网络群体的极化与社会黏性的丧失。由于信息技术提供了更自我的思想空间和任何领域的巨量知识，受众与个体可能逃避社会中的种种矛盾，成为与世隔绝的孤立者。在社群内交流更加高效的同时，社群之间的沟通并不见得一定会比信息匮乏的时代来得顺畅和有效。

从传播者本位到受众本位的转化

当代视听媒介重心从传播本位向受众本位转移，方法上从功能分析、文化研究、理论批判、心理认知、结构符号、系统论等综合感知等，向参与式、沉浸式视听媒体文化分析转变。多元化、多样化、多角度与多层面视觉素养应该是视听媒体素养构建的明智选择。作为媒体消费者的受众，应该是能够自由“发声”、广泛参与的“主动受众”，而不再是被动接纳的受众。从西方理论角度看，视听媒介素养主要分为文化、技术、艺术、民主素养四个方面[①]。这实际上反映了视听媒体素养多元化的发展趋势，但最重要的仍是视听媒介的语言、意识形态及影像“再现”问题[②]。复旦大学学者陆晔[③]提出了“多维媒介素养”[④]的观点，指的是一种跨媒体的媒介形式素养。对于受众而言，视听媒介素养超越了语境、科技上的控制能力。

屏幕语言是基于“屏幕媒体”的视听表达

“屏幕媒体”[⑤]概念虽脱胎于传统媒体，但不是新旧媒体的简单相加，而是基于网络与数字背景的裂变与融合。“屏幕语言”又颠覆并超越了文字与视听语言，使屏幕语言成为最具表达性的语言。屏幕语言具有 3C 特征，即内容（Content）+语境（Context）+场景（Current）特征，是视听、时空并置的视觉语言，聚合了现场视听信息，又锚定了背景环境与语境环节，是一种“比历史更真实的诗歌”。传统视听语言是“线性”的，注重时间性，因此常使用“蒙太奇”手法，并成为影视叙述的核心。但随着媒体技术的发展，屏幕媒体通过水平模式和垂直模式，形成了时空并置的语法原则。屏幕语言的表达方式就是将叙事和数据库结合的新

① 蔡帼芬，张开，刘笑盈主编，媒介素养[M]，中国传媒大学出版社，2005 年，P101。

② Len Masterman，Teaching The Media[M]，London，Routledge，2004，P14-15。

③ 陆晔，复旦大学新闻学院教授，博导，复旦大学信息与传播研究中心“传播媒介与社会研究所”所长，中国新闻教育学会传播学研究分会秘书长。代表作有《成名的想象：社会转型过程中新闻从业者的专业主义话语建构》。

④ 陆晔，媒介素养：理念、认知、参与[M]，经济科学出版社，2010 年，P19-20。

⑤ Lev Manovich，The Laguage of New Media [M]，Cambridge Mass：MIT Press，2001，P27-47。Lev Manovich 是美国当代新媒体理论家，他在《新媒体语言》中提出这一概念，并以此来建立他对新媒体语言的前瞻性设想。

形式。屏幕语言在语义层面又将现实世界抽象为符号的对应物，让抽象、理论的内容具象化，屏幕语言表达与呈现的“奇观”来自创意者与传播者的内在想象，屏幕语言的视听、时空并置，是基于直观性的视听语言和具有科学性的技能语言的。因此，屏幕语言更易被不同素养、不同种族与国别的受众所接纳、消费并理解。屏幕语言直接营造了“沉浸式”言语情境与环境[①]。屏幕作为全知视角的叙述者探入了幽深的思想死角，照亮了混沌的意识黑箱，唤醒了压抑的欲望想象[②]。

▼ 视听媒体信息的当代传播新特征

高新技术与受众需求驱动的融媒体

高新技术的介入，一般都会孕育一种新的媒介形态。然而，每种媒介都有其自身特征，虽有新旧媒介的更迭，但一种媒介不可能完全取代另一种媒介。各类媒介包括报纸、影视、互联网等都各有特点与优势，高科技、新技术为新媒介的诞生提供了更多动力。一直以来，传播受制于技术束缚，高新技术与受众需求成为驱动媒介的一种重要的内在动力。当前媒介融合主要有管理、内容、受众、技术等多种驱动因素，媒介融合也展现为技术、经济、社会、组织、文化和全球融合等形式。当下形形色色的融合仍处于技术主导的融合层面，其行业、市场、受众等因素虽有差异、共存、分歧，但都参与了融合，并仍处于“量变”过程中，因为媒介融合是一个动态过程而非静态的终点与结果。

在高新技术与受众需求两者之间，受众需求是当代媒介最强烈的动力，高新技术则是在这种需求下的社会应用，是一种技术服务性应用。媒介融合则是以受众需求为消费对象的一种综合应用。无论是何种技术，无论是何种内容信息，受众的消费需求是第一位的内在动力。失去了受众需求的应用，再好、再新的技术

① [美]马克·波斯特(Mark Poster)著，范静哗译，信息方式：后结构主义与社会语境[M]，商务印书馆，2000年9月。马克·波斯特生于1941年，1968年获纽约大学历史学博士学位，后任该校历史学系和电影与传播学系教授，批判理论研究所所长，并同时受聘于该校信息科学院和比较文学系。他是著名的西方马克思主义批判理论家，研究领域：西方文化思想史，批判理论，新媒体研究。

② 周莉，屏幕媒体：一种数字影像的全新融合[J]，媒体时代，2011（03）：P66-68。

仅是一种技术而已。同时，技术也在不断驱动媒介探索新的领域，如网络中的“抖音”就是基于网络平台的视听媒体的一种新应用。受众即观看者的观看消费，推动媒体由大众传播定位转向小众需求定位，而无数“小众”的汇总就形成另一种“大众”传播的媒介。

从另一个层面审视，视听信息的消费与传播需求又提出了很多新的要求；从传播的发展演变看，不断地将高新技术拿来并及时应用到传统媒介领域，通过融合、分化、再融合、再分化，不断更新媒介环境的内涵。“媒介融合”（Media Convergence）概念的提出者伊契尔·索勒·普尔[①]认为，各种媒介不再是单一的个性化媒介，而是多功能一体化媒介，尤其是网络、影视、报刊的融合，表象上看是技术融合，在这种技术融合的过程中，实质上是传统媒介的传播模式与传播形态在发生变化并相互融合。无论是视听技术还是视听信息内容，无论是狭义抑或广义的融合，都有一个从“量变”到“质变”的过程，伴随其间的如电子杂志、博客新闻等是形式上的“量变”，还伴生拥有媒介功能、传播手段、所有权、组织结构等结构与手段的“量变”。当众多的变量，构成了视听新媒体的许多不确定因素，最终促使影视、报刊、电视台、电台与互联网、手机、智能终端等技术多要素融合并发生动态变换，出现了报纸电子版、自媒体网站、报网互动、两微一端、“中央厨房”等形式[②]。但这些仍停留在媒介拓展与组织整合层面，最主要的信息内容并没有改变，这些变量中，“内容为王，资源共享”才是受众最关切且强烈需要的消费品。

基于网络架构的多元开放传播格局

任何一种单一的媒介都不会完全记得人们的眼睛与耳朵[③]。媒介技术与受众需求在网络介质下耦合应用，形成了自媒体、私媒体、草根媒体、公民媒体、独立媒体、参与式媒体、社会化媒体等开放多元的传播格局。对传播、媒体以及受

---

① “媒介融合”最早由美国麻省理工学院现代化理论大师伊契尔·索勒·普尔(Ithielde Sola Pool)在《自由的科技》中提出，原指各种媒介呈现多功能一体化趋势。

② 王辰瑶，新闻融合的创新困境——对中外 77 个新闻业融合案例研究再考察 [J]，南京社会科学，2018（11）。

③ Henry Jenkins，Convergence? I Diverge，Technology Review，2001（6），P93.

众及传播者而言，其意义深远，影响巨大。从受众角度看，则是视听消费与欲望表达发生了变化。“智能服务”成为基于网络的视听传播趋势，云计算、大数据、机器人写稿、智能报道指挥系统、智能采编策划、热点追踪、智能审核等技术助力并推动媒体融合向纵深发展，使视听内容与信息生产更高效，分发更精准，用户体验更沉浸，经营管理更多元化。

▼ 视听媒介素养的网络应用与交流功用

弥合网络与数字的鸿沟

网络与数字的鸿沟源于“知识鸿沟”[①]学说（Knowledge-Gap-Hypothesis），其实质是获取信息的个体素养差异而造成的鸿沟。媒介系统性传递信息，不同个体获得的信息因个体的经济、社会地位差异而有所不同，知识与信息的差异随时间的流逝而加大，获得更多信息的群体和获得更少信息的群体之间的差异会日益增长，即个体间的知识鸿沟会越来越大。这实际上是由视听信息传播的均衡性以及受众获取信息的平等性、公平性所致。另外，除媒介环境与经济条件因素外，传播技能差异、个体视听素养、社会文化差异、信息的可接受性、网络媒介性质等都是导致产生“知识鸿沟”的内在因素。在数字与网络时代，“知识鸿沟”在高新技术与资本的助推下，逐步演化成具体的“网络与数字化鸿沟”问题。“知识鸿沟”是个体自身原因造成的差异，而“网络与数字化鸿沟”则是媒体或媒介与受众之间的鸿沟，并呈现渐次扩大的趋势。视听媒介素养的养成是逐步积累，渐次见效并依次克服上次问题的过程。

视听素养从技术技能的“合”向综合素养的“融”转变

视听媒介最易养成的是技术与技能素养，因为这些是最容易用时间与金钱来完成的，那么多项高科技、新技术“合”的量变累积，最后会导致视听媒介素养

① 美国明尼苏达州立大学的菲利普·蒂奇纳（Phillip Tichenor）、多诺霍（G. Donohue）和奥里恩（C. Olien）研究小组1970年发表的《大众传播流动和知识差别的增长》，该文提出“知识鸿沟”假设（Knowledge-Gap-Hyphothesis）。

"融"的质变。究其根本，这种转变是一个潜在的积累过程。视听媒介素养并不存在谁主导谁的问题，而是基于技术技能的多种言语的融合，体现在视听素养的专业技能向综合技能转变上。

视听媒介顶层设计由"自上而下"向"自下而上"转变

传统媒体与新媒体注重意识形态的主导和主观倾向，其转变与革新是形式上的"黏合"，视听媒介的重点是国家意识形态的宣传传播，其顶层设计极为注重"自上而下"。当视听媒介宣传过渡并转身为商品或消费品时，其架构则发生急遽转变。市场决定商品，内容决定品质，受众即用户逆"自上而下"的架构需求，形成视听媒介商品市场"自下而上"的产业链，其核心为受众的关注与消费，没有需求就没有市场。

视觉素养从"媒介沉浸"到"媒体参与"再到"文化参与"演变

媒介是传播信息符号的物质载体，常指信息传递的载体、渠道、中介物、工具或技术手段；媒体是从事新闻工作的组织或机构，常指信息采集、加工制作和传播的社会组织。网络技术影响并改变了传播方式，传统媒体以单向"两次售卖"的模式传播；新媒体是以双向"免费＋收费"的模式传播。网络媒介凭借强大的交互技术创造了一种"媒介沉浸"的交流新景观，随着网络技术的飞跃提升，网络的虚拟性与交互性能发挥到极致，成为一种全新的参与式媒介（Participatory Media），而作为核心的受众的视听信息接收方式也随之变化，成为主动受众（Active Audience）并沉浸其中，并以个体小众方式间接影响传播方式。之后，小众传播汇总成为共性需求，与媒体交互作用，形成了媒体参与的，不分区域、不分介质的双向甚至多向互动。在数字与网络环境下，形成一种视听新媒体的"参与式文化"。这种"参与式文化"主要是通过身份认同、集体表达、共享众筹、交互传播等手段和方式共同创造形成的，这一自发演变在当前青少年的"网迷网瘾"到"网络热点"再到"网络文化"中得到印证。

媒介素养从"批判意识"到"交往能力"的演变

这与新媒体的特性有关，受众个性化信息消费需求，决定了视听信息的传播特性，而受众的个性特征及其文化素养，导致其在同一文化背景下的分析与批判能力上的差异，形成了不同的“网络素养”①，主要包括工具、识别、参与、协作、交互五个层面，素养的不同又受教育的影响较大，强调的是受众个体的媒介文本解读、再创造以及传播能力。个体的独立批判能力因素养不同而差异较大，导致自我意识强而群体意识弱，因为人作为社会性个体有个人表达（Presonal Expression）与交往的基本需求，个体通过对不同数据之间的整合来整体性地认识周围世界，从而具备处理不同视听信息流的能力与交流交往的能力。不仅仅是青少年，任何社会，人都应该掌握和具备这种能力，这就涉及独立的受众个体与环境之间的交往能力。

技术创新与产业范式的成熟

一是高新技术推陈出新，视听媒介不断吸纳应用，推动视听媒介与媒体渐次趋于移动化、轻薄化、自动化和智能化。二是高新技术推动视听媒介形成众多不同类型的新型产业，激励视听产品的消费刺激，视听媒介如云电视、SIRI② 电视、社交电视等就是不断应用高新技术镶嵌于视听媒介之中的一种发展趋势。受众对屏幕语言和观看体验的要求也越来越高。三是视听媒介多样化分化，如直播、互动、弹幕视频等，受众对视频的运用越来越丰富，视频不仅仅是影像储存的载体，还是人际交流的重要帮手。四是巨大的需求市场，行业也在不断攻克超高清视频技术难题。多屏、分屏传播、无人机航拍、监控记录、BIM③ 与 AR、VR、MR 技术使视听媒介更便捷，更符合人的感知和认知需求，媒介甚至通过机器学习来模

---

① 网络素养（Digital Literacy），又称数字素养。常指运用电脑与网络资源来定位、组织、理解、估价和分析信息的能力。保罗·吉尔斯特（Paul Gilster）1997 年在《网络素养》（*Digital Literacy*）书中提出。资讯素养、网络素养、电脑素养等名词有不同程度的交叉，但相互之间出现时间点与频率不相同。

② SIRI 是 Speech Interpretation & Recognition Interface 的英文首字母缩写。原义为语音交流与识别界面，原为苹果公司一款语音软件，可通过软件读短信、介绍餐厅、询问天气、语音设置闹钟等。SIRI 支持自然语言输入，可调用系统自带的天气预报、日程安排、搜索资料等应用，还可学习新的声音和语调，提供对话式的应答。目前已有多款类似软件或应用广泛用于各款系统、媒介与媒体中。

③ BIM（Building Information Modeling 的英文首字母缩写），即建筑信息模型，是以建筑工程项目的各项相关信息数据作为模型的基础。建立建筑模型，通过数字信息仿真模拟建筑物所具有的真实信息，具有信息完备性、信息关联性、信息一致性、可视化、协调性、模拟性、优化性和可出图性八大特点。

仿人的认知和思考模式，依据人的意愿实现媒介价值。五是“适者生存的媒体才是合适的媒体”①，视听媒介或媒体在高新技术的助推下将发展更迅猛，并完全按照受众的个性需求围绕人本身不断变化的需求持续更新。

“新基建”成为视听媒介的延伸战场

2020年新冠肺炎疫情之后，国家提出以5G商用为龙头的“新基建”发展计划②，重点聚焦5G、大数据、人工智能、信息数字化的新型基础设施建设，5G等新型基础设施开始登上宏观经济调控的舞台，开启5G商用的新时代。“新基建”有三个重点，即信息基础设施、融合基础设施和创新基础设施，视听媒介语言在“新基建”中的作用会进一步彰显。2018年，通信运营商就已获得了5G商用许可。规模化商用进一步推动了视听媒介语言的普及和应用，视听媒介将凭借5G出现智能化、泛在化趋势。视听产品的生产、制作、传播等已进入新一轮全产业链升级，也给网络媒体企业带来新的发展机遇。

资本市场加快屏幕语言的普及

屏幕语言从语言学本质上看，其实是一种语体，不是真正意义上的规范语言。早期有人基于“镜头语言”，提出了“屏幕语言”概念，并进而推出“屏幕艺术”概念。从产业发展角度分析，“屏幕语言”已成为一种基于网络与数字的大众语言：一是各种屏幕的广泛应用，尤其是手机屏幕已遍及地球村的每个角落，成为视听媒介语言呈现交流的工具。二是基于网络与数字的原因，资本密集进入视听媒介行业，如光纤技术、宽带技术、卫星传输技术、压缩编码技术、芯片技术、多屏互换技术、显示屏技术、软件平台技术、分布式计算技术（云计算）等高新技术行业为屏幕语言的应用提供了技术支持。三是“技术为媒介提供新的可赢利

---

① [美]保罗·莱文森著，何道宽译，数字麦克卢汉[M]，社会科学文献出版社，2001：P287-288。

② “新基建”是新型基础设施建设的简称，2018年提出，指包括5G基站建设、特高压、城际高速铁路和城市轨道交通、新能源汽车充电桩、大数据中心、人工智能、工业互联网七大领域，涉及诸多产业链，是以新发展理念为引领，以技术创新为驱动，以信息网络为基础，面向高质量发展需要，提供数字转型、智能升级、融合创新等服务的基础设施体系。2020年3月，中共中央政治局提出了加快新基建的号召，5月7日，上海就推出《上海市推进新型基础设施建设行动方案（2020-2022年）》，实施总投资2700亿元共48个重大项目。

的资源并增强不同媒介间的联系能力，从而为媒介合作提供了新的机会”[①]。视听传媒作为传媒的主要组成部分，面对高新技术的涌现和资本市场的崛起，快速进行资本积累与增值，形成了以市场为主导、资本为纽带、技术融合等为核心要素的媒体上市、收购、并购格局，不断进行资本扩张、资源共享、风险防控。

视听媒介产业的资本扩张加剧

主要体现在平台、渠道资源的整合，也包括内容与传播方式的整合。一是平台资源趋向全球化。华谊公司的“I 计划”（即新内容创作计划：Idea、Idol、IP）突出三个“I”：Idea（创意）、Idol（精英创意者）、IP（精品版权）[②]，也是注重以主创为主体，以内容为核心的视听创意计划，如以开发应用视频资源的 IP（如《花木兰》）去追逐全球市场。二是视听内容的全球化运营传播，当代的综合传媒集团多为集资本运作、互联网平台运营于一体的综合性集团。三是基于平台的分众传播将更加明显。无论是集团还是独立的个体，受众的个性化接受成为平台首选的传播原因。

视听媒介素养可规避“屏幕语言”短板

网络与数字并非万能，数字“F 形阅读”[③]陷阱、网络“碎片化阅读”成为一直以来的诟病。屏幕阅读、“三微一端”交流后，许多人发现再难以阅读纸质书籍，即便是经典名著。数字阅读的最大问题是注意力极易分散，视听媒体语言有文字、影像、音频、图像，内容以超链接的形式呈现，点击后就进入另一个全新

---

① [美]大卫·克罗图，威廉·霍伊尼斯，邱凌译，媒介·社会——产业、形象与受众[M]，北京大学出版社，2009，P366。

② 华谊兄弟“新内容创作计划”的内涵以三个“I”总领：Idea（创意）、Idol（精英创意者）、IP（精品版权），是该公司 2017 年提出的，集结了九部网络电影作品，《少女的奇幻日记》《机甲神七》等作品持续受到关注。华谊形成了电影、剧集、综艺、艺人经纪、音乐、动漫、游戏、电影小镇、电影公园、衍生品等业务形态，视听媒介生态圈蔚然成型。“创意”作为创作的原动力，被摆在华谊兄弟的三大战略之首，与之搭配的是精英创意者。

③ F 形阅读，即 F-Shaped Pattern For Reading Web Content。2006 年 4 月，美国网站设计师杰柯柏·尼尔森（Jakob Nielsen）发表《眼球轨迹的研究》报告。报告指出，大多数情况下浏览者眼球的阅读轨迹，以“F”形状的模式阅读网页，这种基本恒定的阅读习惯决定了 F 形的关注热度。第一步为水平移动；第二步则目光下移，然后短范围水平移动；第三步缓慢垂直浏览。

的阅读领域，无法集中精力专注于某一方面。视听媒介素养的养成，一是可以克服网络数字阅读的“耐心杀手”现象；二是消除“F形阅读”难以详尽专注的弊端；三是规避视听时代的“信息茧房”现象，弥补“信息鸿沟”“网络鸿沟”与“参与式文化鸿沟”。其未来，前途光明，但任重而道远。

【实训与练习】

1. 用“网络思维”“传播规律”“视听影像”形式，把一部长篇小说浓缩为5分钟的口述电影，让读过该小说的人判断其叙事表达和影像转换是否准确。

2. 用三段10秒长的短视频写一篇视频日记，主题是“走自己的路，让别人去说吧”。要求有人物和情节，但不得有解说、旁白与对白。

3. 试用华谊公司三“I”电影创作模式拍摄一部联合短视频作业，上传到商业视频网站，记录该片在商业视频网站的点击观看和下载率，以及点赞量等数据，对比、分析该视频与网站其他视频有何不同之处。

4. 将一部电影用3分钟时间口述出来，请看过该电影的第三者判断口述是否准确。

5. 制作一段介绍自己的10秒短视频，清楚地表现你的性别、性格、职业、爱好、姓名与年龄等信息。

责任编辑：余　谦
装帧设计：秦逸云
责任校对：王君美
责任印制：汪立峰

图书在版编目（CIP）数据

视听新媒体语言艺术 / 孙宇龙著 . -- 杭州 : 浙江摄影出版社 , 2021.9
北京电影学院视听传媒专业系列教材
ISBN 978-7-5514-3343-3

Ⅰ . ①视… Ⅱ . ①孙… Ⅲ . ①多媒体－语言艺术－高等学校－教材 Ⅳ . ① G206.2

中国版本图书馆 CIP 数据核字 (2021) 第 104164 号

北京电影学院视听传媒专业系列教材
SHITING XINMEITI YUYAN YISHU
视听新媒体语言艺术
孙宇龙　著

全国百佳图书出版单位
浙江摄影出版社出版发行
地址：杭州市体育场路 347 号
邮编：310006
电话：0571-85151082
网址：www.photo.zjcb.com
制版：浙江新华图文制作有限公司
印刷：浙江新华印刷技术有限公司
开本：710mm × 1000mm　1/16
印张：17.5
2021 年 9 月第 1 版　　2021 年 9 月第 1 次印刷
ISBN 978-7-5514-3343-3
定价：68.00 元